Antonia Grunenberg

Die Lust an der Schuld

Von der Macht der Vergangenheit
über die Gegenwart

Rowohlt · Berlin

1. Auflage Juli 2001
Copyright © 2001 by Rowohlt · Berlin Verlag
GmbH, Berlin
Alle Rechte vorbehalten
Lektorat Frank Strickstrock
Umschlaggestaltung any.way, Walter Hellmann
Satz aus der Palatino PostScript, PageMaker, bei
Pinkuin Satz und Datentechnik, Berlin
Druck und Bindung Clausen & Bosse, Leck
Printed in Germany
ISBN 3 87134 389 7

Die Schreibweise entspricht den Regeln
der neuen Rechtschreibung.

Inhalt

Vorwort 7

Einleitung: Das deutsche Dilemma 13

I. Der Schuld-Komplex 33
Erinnern, Vergessen und politische
Verantwortung

II. Der unterirdische Zivilisationsbrand 70
Über das Erbe des Großen Krieges

III. Die Moral, die aus der Hölle kommt 105
Vom Umgang mit der Schuld
in Ost und West

IV. Vichy oder Das Gedächtnis Europas 163
Das Vermächtnis der Geschichte
und die Schwierigkeit, es anzunehmen

**V. Die Lust an der Schuld oder
   die Lust an der Demokratie** 196
Wider die Macht der Geschichte
über die Politik

Danksagung 224

Vorwort

Ende der sechziger Jahre unterhielt ich mich mit dem Filmemacher Thomas Mitscherlich im Frankfurter Operncafé über die neueste Kampagne der kommunistischen Militanten innerhalb der Studentenbewegung. Deren Protagonisten verlangten, die Intellektuellen müssten ihren luxuriösen Platz des Reflektierens verlassen und sich der Arbeiterklasse anschließen. Wir beide hielten das für Unsinn, aus unterschiedlichen Gründen. Während ich aus einer Erfahrung heraus sprach, die das eigene Unvermögen in den Mittelpunkt stellte – ich hatte als Jugendliche mehrfach in Fabriken gearbeitet und wusste, dass ich als Arbeiterin scheitern würde –, sah Thomas in dieser Art Militanismus die Vorzeichen von etwas Bedrohlichem. «Mich werden sie als Ersten an die Wand stellen», sagte er, anspielend auf einen damals gängigen Droh-Slogan aus dem Kreis der militanten Straßenkämpfer, man müsse widerspenstige Intellektuelle in die Fischmehlfabrik schicken. Thomas begriff die Metapher der Fischmehlfabrik als Anspielung auf den Gulag und die Ausrottung der Intellektuellen unter dem sowjetischen Terrorsystem der dreißiger Jahre. Ich mochte damals solche weitreichenden Parallelisierungen nicht teilen.

Die Episode ist mir auch deshalb im Gedächtnis haften geblieben, weil mir zum ersten Mal der Zusammenhang zwischen Schuld und Gewalt so drastisch begegnete. Das zwanghafte Streben, es besser oder doch zumindest ganz anders machen zu wollen als die Eltern, konnte auch zur versuchten Vergewaltigung der eigenen Biographie und zu gewalttätigen Strategien der Gesellschafts- und Menschheitsverbesserung führen.

Thomas Mitscherlich hat sein gesamtes künstlerisches Schaffen dem Thema «Auschwitz» gewidmet.

Ende 1997 trug ich erste Arbeitshypothesen für dieses Buch im Wissenschaftskolleg zu Berlin vor, in das ich als Gast des Rektors Wolf Lepenies eingeladen war. Meine Zuhörerschaft, die *fellows*, kamen von überall her: aus der Türkei und aus dem Libanon, aus Israel und aus den Vereinigten Staaten, aus Deutschland, aus Frankreich, aus England, aus Australien, aus Japan ... Ihre Spezialgebiete waren Jurisprudenz und Ökonomie, Philosophie und Soziologie, politische und historische Wissenschaften, Biologie, Mediävistik, Anthropologie ...

In der entspannten Atmosphäre des Hauses wurde in einer sehr lebhaft geführten Diskussion deutlich, dass das Thema der Schuld als Trauma alle berührte. Fast jeder berichtete aus dem eigenen Kulturkreis über generationsübergreifende, kollektive Traumata mit anschließenden Schuldgefühlen. Der indische Kollege berichtete über das unerträgliche Schweigen nach dem Krieg mit Pakistan, der zur Abtrennung von Kaschmir geführt hatte; der australische erzählte von seinem Großvater, den die Massaker an den Aborigines sein Leben lang quälten. Erwähnt wurde das nordamerikanische Trauma mit Sklaven und Indianern. Der türkische Kollege erläuterte die Abwesenheit des Schuldbegriffs im islamischen Raum, ohne freilich den Genozid an den Armeniern zu erwähnen. Er gab einen wertvollen Hinweis auf den Unterschied zwischen der privaten und der öffentlichen Schulddimension. Der Gelehrte und Rabbiner aus London verwies auf Unterschiede und Überschneidungen in der christlichen und der jüdischen Tradition. Die französische Kollegin informierte über eine zeitgleich in Frankreich beginnende Debatte über Vichy und die «Rückkehr der Schuld».

Im Nachhinein hat sich mir neben der offenen und angeregten Atmosphäre vor allem eingeprägt, wie differenziert und vielschichtig ein Thema ist, das auf den ersten Blick so eindeutig scheint.

Schuld beherrscht den deutschen öffentlichen Diskurs seit nunmehr drei Jahrzehnten so sehr, dass man versucht ist zu meinen, dies sei ein deutsches Thema. Doch weder ist es ein deutsches Thema, noch ist dies überhaupt ein nationales Thema. Es ist kultur- und zeitenübergreifend. Allenfalls im Vergleich kann man sich ihm nähern. Auch wurde mir klar, dass das Thema der öffentlichen Erinnerung mindestens ebenso wichtig wie das der Schuld ist. Mehr noch: Erinnerung braucht einen Raum, in dem private Erinnerung in öffentliches Gedächtnis übergehen kann. Doch Erinnerung braucht Zeit, und zwar nicht in Jahren gerechnet, sondern in Jahrzehnten und Generationen.

Die ubiquitäre Existenz von Traumata aufgrund von Genoziden oder Kollaboration hat überall auch eine «Kultur des Schweigens» hervorgebracht. Doch anders als die geradezu übliche Annahme, das Schweigen sei gleich einer Verdrängung, war in den Erzählungen der Kolleginnen und Kollegen zu spüren, dass es den Schweigenden keineswegs gelang, das Geschehene zu verdrängen. Das Verschwiegene sitzt vielmehr unter der dünnen Oberfläche der Konventionen, als wenn es darauf warte, artikuliert zu werden. Das Schweigen erscheint als eine zeitliche Form, die dem Unfassbaren eine vorübergehende Gestalt gibt. Unter der alle leiden, die Täter und die Opfer und die Beteiligten-Unbeteiligten sowie deren Nachfahren – und aus der es nur einen Ausweg gibt: den des endlichen Erzählens. Doch auch das Erzählen braucht eine Kultur, und es braucht seine Zeit. Weder ergibt es sich von selbst, noch kann es zielgerichtet organisiert werden.

Die Vielschichtigkeit des Themas habe ich in dem nun vorgelegten Essay keineswegs ausgeschöpft. Weder habe ich einen Vergleich mit anderen Kulturen durchgeführt, auch wenn ich einen Blick nach Frankreich und Europa werfe. Noch habe ich einen historischen Überblick gegeben, auch wenn ich den Horizont der Schuldfrage weiter in die Vergangenheit verlegt habe. Noch auch habe ich eine «Lösung» für das permanente Dilemma, das aus der deutschen Schulddebatte entstanden ist, dass nämlich das Schuldparadigma die öffentliche Erinnerung und das politische Handeln fatal überlagert.

Vielleicht aber kann dieses Buch dazu beitragen, zu verstehen, was in den vergangenen fünfzig Jahren geschehen ist. Überhaupt scheint das Verstehen des vergangenen Jahrhunderts noch vor uns zu liegen. Die Geschehnisse und die Gefühle des Hasses, der Verachtung und der Wut, die sie wachriefen, harren eines sensibleren Verstehensprozesses. Diese große intellektuelle Herausforderung, die Hannah Arendt seit dem Ende des Zweiten Weltkriegs in das Zentrum ihres Denkens gestellt hat und die der französische Denker Paul Ricœur weitergeführt hat, steht noch immer an.

Dieser Verstehensprozess ist an ein Sprechen gebunden, das von den Geschehnissen in Mitleidenschaft gezogen ist. Das Sprechen läuft immer Gefahr, sich dem Ton des Geschehens anzupassen, es in ein analytisches Modell zu pressen oder in geschwätziger Redundanz sich zu verlieren. Tatsächlich muss es auch versuchen, den Raum zu ertasten, der aus der Distanz zwischen dem Geschehenen und dem Erinnern entsteht. Die Dichterin Ingeborg Bachmann hat dieses Dilemma des Sprechens in den Mittelpunkt eines ihrer schönsten Gedichte gestellt.

Ihr Worte
Für Nelly Sachs, die Freundin,
die Dichterin, in Verehrung

Ihr Worte, auf, mir nach!,
und sind wir auch schon weiter,
zu weit gegangen, geht's noch einmal
weiter, zu keinem Ende geht's.

Es hellt nicht auf.

Das Wort
wird doch nur
andre Worte nach sich ziehn,
Satz den Satz.
So möchte Welt,
endgültig,
sich aufdrängen,
schon gesagt sein.
Sagt sie nicht.

Worte, mir nach,
daß nicht endgültig wird
– nicht diese Wortbegier
und Spruch auf Widerspruch!

Laßt eine Weile jetzt
keins der Gefühle sprechen,
den Muskel Herz
sich anders üben.

Laßt, sag ich, laßt.

Ins höchste Ohr nicht,
nichts, sag ich, geflüstert,
zum Tod fall dir nichts ein,
laß, und mir nach, nicht mild
noch bitterlich,
nicht trostreich,
ohne Trost
bezeichnend nicht,
so auch nicht zeichenlos –

Und nur nicht dies: das Bild
im Staubgespinst, leeres Geröll
von Silben, Sterbenswörter.

Kein Sterbenswort,
Ihr Worte! [1]

Ingeborg Bachmann

---

[1] Ingeborg Bachmann: Ihr Worte, in dies.: Gesammelte Werke, Bd. 1: Gedichte.
© Piper Verlag GmbH, München 1978, S. 162

Einleitung: Das deutsche Dilemma

Auschwitz ist Chiffre, kein Ort
Grete Weil

«Wenn die Philosophie ihr Grau in Grau malt, dann ist eine Gestalt des Lebens alt geworden, und mit Grau in Grau läßt sie sich nicht verjüngen, sondern nur erkennen; die Eule der Minerva beginnt erst mit der einbrechenden Dämmerung ihren Flug.»[1]

Diese Passage aus der Vorrede zu Hegels «Grundlinien der Philosophie des Rechts» von 1821 klingt so abgenutzt, dass sie kaum mehr verständlich erscheint. Tatsächlich erklärt hier einer der bedeutendsten Philosophen seine Wissenschaft für inkompetent, in Fragen der Zeitgeschichte zu urteilen. Die Philosophie komme dazu «ohnehin ... immer zu spät». Erst wenn alles fertig sei, «nachdem die Wirklichkeit ihren Bildungsprozeß vollendet und sich fertig gemacht hat» – erst dann tritt das philosophische Denken auf, um den Begriff zu bilden. Einen Begriff bilden, ja mehr noch: auf den Begriff kommen, ist eine nachträgliche Sache. Was Hegel hier beschreibt, sind die Grenzen und die Möglichkeiten des Verstehens. Für das Handeln kommt es zu spät, aber mit dem Urteilen kann es sich verbünden. Aber warum symbolisiert gerade die Eule, der Nachtvogel, der tagsüber blind ist, das Verstehen? Und warum Minerva? Aufschluss erhält, wer bedenkt, dass die römische Göttin Minerva bei den Griechen Athene heißt.

Minerva/Athene verkörpert einen breiten Fächer von Tugen-

---

[1] Georg Wilhelm Friedrich Hegel: Grundlinien der Philosophie des Rechts, Vorrede, in ders.: Werke Bd. 7, Frankfurt/M. 1970, S. 28

den: Klugheit und Aufklärung, Besonnenheit und Würde, Geist und Gedanke. Es heißt, in ihr würde die Besinnung ihren Sieg feiern. Die «helläugige» Eule verdoppelt Athenes/Minervas Geist. Die Göttin schaut durch die Eule.[2]

Denken, will Hegel uns sagen, benötigt ein scharfes (Hin-)Schauen. Dieser Vorgang ist nur aus der Distanz möglich.

Auch das historisch einordnende Denken benötigt die Distanz vom Geschehen. Dieser Prozess dient zugleich der Ablösung von lieb gewonnenen Vorstellungen darüber, wie es gewesen sein könnte oder sollte. Für das vergangene Jahrhundert ist die Dämmerung, die die Eule der Minerva benötigt, um ihren Flug zu beginnen, noch kaum angebrochen. Die jüngste Geschichte ist zu nah, um abschließende Urteile zu bilden; noch immer mischen sich schmerzhafte Gefühle in den Reflexionsprozess. Die Kinder der Opfer, die Kinder der Täter und die Kinder derer, die weder zur einen noch zur anderen Kategorie gehören, ihre Kinder und Kindeskinder denken und handeln freilich inzwischen aus einer «Unmittelbarkeit», die auf keinem realen Erleben mehr beruht. Es hat sich eine Gefühlskultur ohne authentisches Erleben herausgebildet. Strategien der Auslösung von Betroffenheit angesichts des deutschen Genozids an den europäischen Juden neigen dazu, Gefühle anstelle von Wissen und Reflexion zu postulieren. Ihre Befürworter versprechen sich Bleibendes davon. Sie meinen, man könne der Gefahr des Vergessens durch die permanente Mobilisierung von Gefühlen begegnen. Doch Hollywoods Filmindustrie («Schindlers Liste») wandelt auf einem schmalen Grat, wenn sie auf das kollektive Unbewusste zielt. Sie setzt auf die Betroffenheit des Herzens und nicht auf die Bildung der Urteilskraft. Jene aber braucht, wer den Verfall des Gemeinwesens – als der Voraussetzung für die Entstehung von totaler Herrschaft – verhindern will.

Bisher sind alle Versuche eines historisierenden Denkens in

---

2 Vgl. Walter F. Otto: Die Götter Griechenlands. Das Bild des Göttlichen im Spiegel des griechischen Geistes, Frankfurt/M. 1970, S. 44–62

Bezug auf Auschwitz gescheitert. Trotz einer schon seit den fünfziger Jahren gepflegten komparativen Sicht auf den Totalitarismus steht das vergleichende Historisieren nach wie vor unter Ideologieverdacht. Seit die als «Historikerstreit» in die Geschichte eingegangene Kontroverse um den Historiker Ernst Nolte 1985 begann, kreist sie rhythmisch um das gleiche Problem: Während Nolte eine mechanische Chronologie von Stalinismus, Faschismus und Nationalsozialismus konstruierte und den Faschismus bzw. Nationalsozialismus als subjektiv verständliche Reaktion auf das früher etablierte stalinistische Terrorsystem einordnete, beharrten die meisten Kritiker Noltes auf der Einzigartigkeit des deutschen Genozids an den europäischen Juden, ohne sich auf die Frage nach seiner Einbettung in die geschichtliche Realität weiter einzulassen. Zwischen beiden Polen scheint bis heute wenig Raum für Argumente zu sein.

Vor einigen Jahren machte der französische Historiker François Furet darauf aufmerksam, dass erst eine historisierende *und* vergleichende Betrachtung der beiden Herrschaftstypen Kommunismus und Faschismus (Nationalsozialismus) dazu verhelfen kann, ihre spezifischen Voraussetzungen und Folgen, Ähnlichkeiten und Verschiedenheiten zu begreifen. Beide Ideologien seien in Reaktion auf den Liberalismus entstanden. Dieser habe durch seine Offenheit und Widersprüchlichkeit die Ideologien Kommunismus und Faschismus ermöglicht. Für Furet steht das ganze 20. Jahrhundert – und man kann getrost hinzufügen, auch der Beginn des 21. Jahrhunderts – «unter dem Einfluss ihrer Komplementarität-Rivalität»[3]. Seine These, dass der Bolschewismus – und zwar nicht nur der russische (sowjetische), sondern auch der westliche – den Faschismus ideologisch provoziert habe, ist für Italien kaum abweisbar. Für Deutschland sind die besonderen geschichtlichen Voraussetzungen mit einzubeziehen, die unabhängig von der russischen Revolution die kulturel-

---

[3] François Furet: Das Ende der Illusion, München 1996, S. 649, Fußnote 13

len und mentalen Bedingungen für die totale Herrschaft nach Art der Nationalsozialisten schufen.

So haben der Erste Weltkrieg und seine Fortsetzung im Bürgerkrieg in den europäischen Gesellschaften die Bereitschaft für einen völlig neuen Typus der totalen Herrschaft geschaffen.[4] Die Verwahrlosung der zivilen Gesellschaften, der Verfall der Rechtskultur [5], der zunehmende Hass gegen den individualistischen Liberalismus, die Verklärung der Gemeinschaft, die Sehnsucht nach der Verkörperung der Gesellschaft in einer einzigen Partei, alle diese Segmente des öffentlichen Bewusstseins trugen mit dazu bei, den neuen Typus der Herrschaft entstehen zu lassen, der dann im Nationalsozialismus seine Gestalt erhielt.

Gegenüber den verstörenden Fragen, die der französische Historiker stellen konnte, weil er aus einer Position des Abstands heraus über die großen Linien des 20. Jahrhunderts nachdachte, verfängt sich der öffentliche Diskurs in Deutschland nach wie vor in selbstgestellten Fallen. Eine dieser Fallen besteht in der Annahme, wer – wie Furet – die «Komplementarität-Rivalität» ins Zentrum der Aufmerksamkeit stelle, verharmlose unweigerlich Auschwitz und verringere die genuine Verantwortung der Deutschen. Kluge Leute erliegen einer mechanischen Denkungsart, als würde die Aufdeckung eines größeren Zusammenhangs des Verbrechens das Verbrechen selbst verharmlosen.

An der Bruchstelle zwischen einer Vergangenheit, von der man sich nicht trennen will, weil sie so unvorstellbar schrecklich war, und einer Gegenwart, die sich nicht aus der Sicht der Vergangenheit gestalten lässt, will man die Zeit anhalten und die Vergangenheit in ihrer schrecklichsten Gestalt gleichsam zur ewigen Gegenwart machen. Leuchtet dieses Bestreben am ehesten noch bei den Nachkommen der Opfer ein, so führt das Anhalten der Zeit bei den Nachgeborenen zu einer höchst problematischen Verinnerlichung von Auschwitz, die die Wahrnehmung des poli-

---

4 Vgl. Furet, a.a.O., S. 216 f.
5 Vgl. Furet, a.a.O., S. 227

tischen Denkens und Handelns in hohem Maße beeinflusst hat. Wie ein transzendenter Horizont steht Auschwitz über allen Fragen des öffentlichen Lebens. Auch jene, die darüber klagen, dass damals – in den fünfziger oder sechziger Jahren – in den Schulen zu wenig über das «Dritte Reich» unterrichtet wurde, auch jene, deren Väter und Mütter sich weigerten, ihren zornigen Kindern Rede und Antwort zu stehen, die diese in Manier von Anklägern einforderten, sie alle wuchsen in dem Bewusstsein auf, Teil eines immer noch fortwirkenden, unbeeinflussbaren Wirkungszusammenhangs zu sein, «Begünstigte» eines Erbes, das man nicht ausschlagen konnte. War die «Unfähigkeit zu trauern» (A. und M. Mitscherlich), deren Kehrseite das Trauma des Erlebens und das Vergessen war, eine Eigenart der Kriegsgeneration, so standen die Nachgeborenen unter einem Bekenntniszwang. Alle Gewalt dieser Welt, alle Verbrechen wurden an Auschwitz gemessen. Die gewalttätige Reaktion eines Teils der aufbegehrenden Studenten in den sechziger Jahren und das Abgleiten eines Teils in einen elitären Erziehungs-Terrorismus ist auch mit einer Verengung des Erfahrungs- und Denkhorizonts zu erklären.

Wie eine Art moralischer Imperativ durchzieht die Schuld alles Geschehen, den öffentlichen Diskurs, das Denken, die Sprache, das Handeln. Ihre Präsenz beeinflusst nicht nur die Wahrnehmung der Gegenwart, sondern auch die der Geschichte seit Luther – und einer unabsehbaren Zukunft. Metaphorisch gesprochen: Wie in der Erzählung «Die schwarze Spinne» von Jeremias Gotthelf bricht die Spinne, das Zeichen der Schuld, immer wieder durch die Haut. Die andere Seite von Auschwitz heißt «Schuld». Noch in keinem Jahrhundert hat der Schuldbegriff derart den politischen Raum durchdrungen und ist gleichzeitig so diffus konnotiert wie im 20. Jahrhundert. Die deutschen Verbrechen an den europäischen Juden haben die Nachkriegsgeschichte des west- und des ostdeutschen Staates, die Biographien seiner Bürgerinnen und Bürger, ihrer Kinder und Kindeskinder, ihr Denken und ihr Handeln geprägt.

Im Mittelpunkt dieses Gewebes aus historischem Wissen

und Bewusstsein, aus Gefühlen und Zuweisungen, aus öffentlichen Bekenntnissen oder Verdrängungen steht «die Schuld». Auf diesen Begriff hat sich die Welt 1945 beim Anblick der Vernichtungs- und Konzentrationslager in Polen und Deutschland und in anderen, von deutschen Armeen besetzten Ländern verständigt. Das Offenbarwerden der Gräuel, ihres Ausmaßes, ihrer buchhalterischen Planmäßigkeit, ihrer Willkür und Tücke, verschlug seinerzeit der Weltöffentlichkeit die Sprache. Sprache vermittelt etwas, was als sinnhaft vorgestellt werden kann. Das Geschehene aber hatte keinen Sinn. Es war nicht zu verstehen. Auch unsere Eltern und Großeltern verstanden es nicht zu erklären, weder sich selbst noch der Weltöffentlichkeit. Das Geschehene als kriminelle Tat zu brandmarken, war fast eine Beleidigung für die Urheber von kriminellen Taten, es als schweren Schaden für die Weltgesellschaft zu bezeichnen, war verharmlosend. Völkerrechtlich schien das Verbrechen kaum ahndbar; erst die Erfindung der Kategorie «Verbrechen gegen die Menschlichkeit»[6] machte es möglich, Taten wie diese überhaupt zu bezeichnen. Einzig der Rückgriff auf den biblischen – im Unterschied zum juristischen – Begriff der Schuld schien annähernd tauglich, das Ungeheuerliche zu bezeichnen. Denn der Begriff erlaubte, jenseits von der gerichtlichen Verfolgung von Verbrechen und ihren Tätern, die außerordentliche Bedeutung der Taten und ihrer Beziehung zu den Deutschen zu benennen. So kam die Schuld wie ein Fluch, ausgesprochen von den überlebenden Opfern, ihren Verwandten, vermittelt durch die Regierungen der demokratischen Welt, angenommen schließlich von den Kirchen und von gesellschaftlichen Gruppen.

Wie ein Menetekel steht «die Schuld» über der deutschen Geschichte, aus der sie hervorgegangen war, über der Gegenwart,

---

6 Richtigerweise müsste die Übersetzung des im Englischen und Französischen geprägten Begriffes «crime against humanity» oder «crime contre l'humanité» freilich mit «Verbrechen gegen die Menschheit» übersetzt werden; allerdings hat sich der Sprachgebrauch «Verbrechen gegen die Menschlichkeit» durchgesetzt, obwohl er den Tatbestand diminuiert.

die durch sie geprägt ist, und über der Zukunft, die durch sie belastet ist. Seit über fünfzig Jahren werden Dokumente erschlossen, Bücher veröffentlicht, Reden gehalten über die Ursachen des Massenmords und seine Hintergründe. Man will es eben doch erklären, um eine oder mehrere Ursachen dingfest zu machen. Aus dem Bestreben heraus, rationale Gründe für die systematische Vernichtung der europäischen Juden zu finden, griff ein Geschichtsdeterminismus sondergleichen um sich. Auschwitz erscheint vielen als folgerichtiges Ergebnis einer Kette von deutlich bezeichenbaren Schandtaten: urchristlicher Verrat an den Juden, religiöser und säkularer Antisemitismus in Mittelalter, Reformation, Romantik und preußischem Militarismus ... Zwei Generationen von amerikanischen, britischen, französischen und deutschen Forschern prägten das Bild einer nahezu unilinear verlaufenden Vorgeschichte des deutschen Verbrechens. Generationen von Wissenschaftlern im Ostblock stimmten diesem Bild im Namen des Antifaschismus nachdrücklich zu.

Die Konzentrierung auf die «deutsche Schuld» ist historisch verständlich und psychologisch erklärbar. Möglicherweise war sie auch «sinnvoll» in einer historischen Situation, in der die meisten keine Verantwortung übernehmen wollten. Doch dieser Diskurs blockiert inzwischen das öffentliche Nachdenken nachhaltig. Die Zukunft erscheint als Verlängerung einer Gegenwart, welche die Folge einer Katastrophe ist.

Auschwitz wird in diesen Koordinaten zum Symbol einer Geschichte, die man als folgerichtigen Rückschritt, als «Rückfall in die Barbarei» (Horkheimer/Adorno), als «Zivilisationsbruch» (Diner) kennzeichnet. Nicht zufällig werden im öffentlichen Diskurs von heute alle Formen von modernem Rechtsradikalismus in Deutschland als Fortschreibung seiner Geschichte gedeutet, auch wenn sich bei näherem Hinsehen erweist, dass der moderne Rechtsradikalismus die nationalsozialistische Ideologie als Cover für eine Hasskultur verwendet, die aus den Integrationsproblemen der heutigen Gesellschaften gespeist wird und die man in vielfältigsten Formen in der ganzen westlichen Welt findet. Was ihn nicht minder gefährlich macht.

Kein anderes Land ist in seiner Geschichte derart auf einen Begriff gebracht worden. Es ist, als ob weltweit eine Übereinkunft bestehe, dass nur diese Art von verengter Geschichtsschreibung imstande sei, das Unmenschliche, was nicht vorstellbar, aber doch geschehen ist, zu bezeichnen und gleichzeitig zu bannen.

So hat der Schulddiskurs die Geschichte und das öffentliche wie private Selbstbewusstsein in der Bundesrepublik und der DDR nachhaltig geprägt. Für die Nachfahren der Familien, deren Väter in das Verbrechen verstrickt waren, ist der kollektive Mord an den Juden zum Erbe geworden, das noch ihren Urenkeln in der Wiege liegt. In der Sprache der Schuld werden Kinder und Enkel als «Täterkinder» und «Täterenkel» apostrophiert. Die quasi genetisch eingeschriebene Rolle überlagert die Verantwortung des Bürgers, der Bürgerin für die Gegenwart.

Die Enthistorisierung der Geschichte aus der Perspektive der Schuld hat sich zerstörerisch auf das Gemeinwesen ausgewirkt. Sie hat für eine vordergründige Re-Moralisierung individuellen Handelns gesorgt. Der moralische Imperativ lautet seither nicht: «Handle nach einer Maxime, welche zugleich als ein allgemeines Gesetz gelten kann ...», sondern: Tue so etwas nie wieder. Zivile Sittlichkeit verengte sich auf das Tötungsverbot. In einer Zeit, in der die Grundregeln menschlichen Zusammenlebens systematisch außer Kraft gesetzt worden waren, war dies der zunächst erreichbare Minimalkonsens. Im Abstand der Jahre hat sich diese Reduktion des Gemeinwohls auf das «Nie wieder» jedoch als sehr begrenzter Grundkonsens erwiesen. In der pazifistischen Denk- und Gefühlskultur der ersten kritischen Nachkriegsgeneration wurden die anderen Dimensionen der Zivilität, die sich in einer demokratischen Kultur zeigen – wie etwa die Rechtsstaatlichkeit, Pluralität, Kompromissfähigkeit – geradezu rigoros verdrängt.

Dieser ausschließlich negativ abgegrenzte Begriff von Zivilität führte dazu, politisches Denken und Handeln, philosophisches Reflektieren, Erzählen, um Auschwitz und die Schuld zu zentrieren. Im Ergebnis einer solchen Enthistorisierung entsteht eine anhaltende Jetzt-Zeit; sie reicht einerseits von Auschwitz bis heute und andererseits bis zum Beginn des Christentums zurück. Im politischen Raum führt der Versuch, die Zeit anzuhalten und aus ihr eine repetitive Erzählung zu machen, zu einer Aushöhlung von Geschichte und Gedächtnis. Im Ergebnis steht ein selbstreferentielles Kreisen der Deutschen um die eine Epoche der deutschen Geschichte und ein borniertes Starren auf die «deutsche Identität». Daraus folgen ein mentales Abschotten von der Welt, eine falsche Ängstlichkeit, auch mitunter eine scheinheilige Subalternität, deren Kehrseite Arroganz ist. Dies sind schlechte Grundlagen, um vernünftige Politik zu begründen.

An den bekannten öffentlichen Streitgesprächen – ob «Historikerstreit» (1985) oder «Jenninger-Rede» (1987), ob die Debatte um Daniel J. Goldhagens Buch «Hitlers willige Vollstrecker» (1996) oder der Streit um die Ausstellung «Die Verbrechen der Wehrmacht» (1997/2000), ob die Kontroverse über Martin Walsers Rede zur Verleihung des «Friedenspreises des deutschen Buchhandels» (1998) oder schließlich die Debatte um das Mahnmal für die ermordeten Juden – lässt sich ein ähnlicher Verlauf erkennen. Immer geht es um den einen Punkt: Ist der Versuch, Auschwitz auch vor dem Hintergrund der europäischen und Weltgeschichte jener Zeit zu verstehen, moralisch zulässig oder führt er zur Verharmlosung des Verbrechens? Zwischen der Präsenz von Auschwitz und seiner Leugnung ist wenig Raum.

Doch fällt auf, dass die Auseinandersetzung darum, was richtige und was falsche «Bewältigung» ist, ob zu viel, genügend oder zu wenig Aufklärung betrieben wurde, ob zur ersten Schuld inzwischen die «zweite Schuld» (Giordano) gekommen ist, in immer kürzeren Abständen wiederkehrt.

Die Diskurse bilden ein festes Gewebe. In ihm erscheinen folgende Positionen:

1. Mit dem Genozid an den europäischen Juden ist ein noch nie da gewesener «Zivilisationsbruch» (Dan Diner) geschehen, etwas Einmaliges, das es nie wieder erlauben wird, zur «Normalität» – das heißt zu einem unhinterfragten Zustand der Existenz – zurückzukehren. Nicht nur die Täter und ihre Helfershelfer, sondern das deutsche Volk, der deutsche Staat, jeder einzelne Bürger bleiben auf ewig an diese Erbschaft gebunden. Da der Mord an den Juden die schlimmste aller denkbaren Handlungen in der Geschichte der Menschheit war, muss die weitere Geschichte im Banne der Erinnerung an diese Tat stehen, damit Ähnliches nicht wieder geschehen kann. Auschwitz wird so zur Gründungslegende *ex negativo* des demokratischen Deutschland.
2. Auschwitz ist ständig präsent, weil sich inzwischen eine Art «Behagen in der Schuld» (Christina von Braun) verbreitet hat.[7] Große Teile der Bevölkerung und ihre Eliten haben sich in der Rolle des «Volks der Täter» eingerichtet. Es bildet sich eine Art von Fatalismus, ja eine innere Zufriedenheit heraus, man findet sich mit einer Rolle ab, über die man nicht mehr nachzudenken braucht. Tatsächlich hat sich eine Art kollektives Unbewusstes gebildet, das mit der ständigen öffentlich-rhetorischen Beschwörung der Schande eine – uneingestandene – Entschuldung vornimmt. Die Kehrseite dieses Einrichtens in der Schuld ist die seit den fünfziger Jahren in bestimmten Kreisen verbreitete Ansicht, Auschwitz sei ein «Betriebsunfall» in einer sonst normalen Geschichte gewesen, auf die man stolz sein könne. Beide Einstellungen ergänzen sich, weil sie nicht unterscheiden zwischen persönlicher Schuld und ziviler Verantwortung, zwischen der Negation der deutschen Geschichte und der Suche nach historischen Ursprüngen für das Entstehen und die Akzeptanz des Nationalsozialismus.

7 Vgl. Christina von Braun: Das Behagen in der Schuld, in: Lilli Gast, Jürgen Körner (Hg.): Psychoanalytische Anthropologie I: Über die verborgenen anthropologischen Entwürfe der Psychoanalyse, Tübingen 1997

3. Auschwitz ist zum identitätsstiftenden Paradigma sowohl für die Deutschen als auch für Juden und Israelis geworden (Moshe Zuckermann).[8] Diese These zielt auf die reale identitätsstiftende Funktion, nicht nur auf die symbolische Ebene. In Israel ist der Genozid an den Juden inzwischen zur metaphysischen Begründung für den Staat geworden. In dieser Sichtweise wurde der israelische Staat einerseits gegründet, um den Juden eine völkerrechtlich abgesicherte Heimstatt zu geben und sie nicht erneut der Vernichtungsgefahr (und sei es durch Araber bzw. Palästinenser) auszusetzen. Der Völkermord an den Juden ist andererseits identitätsstiftend für die Gründung des Staates Israel geworden, als grauenhaftestes Ereignis in der Geschichte der Juden und als das schlimmste Verbrechen des 20. Jahrhunderts. Seine inzwischen für viele Juden in Israel mythisch gewordene Bedeutung nimmt noch zu. Der Mord an den Juden hat so nicht nur historische, sondern metaphysische Bedeutung für den Staat Israel angenommen. – Für den deutschen Staat hingegen soll in diesem Modell die Erinnerung an Auschwitz das wichtigste Moment seiner Gründungsgeschichte 1949 sein.

Auf allen Ebenen geht es darum, ob die «deutsche Schuld» – wie in der christlichen Tradition – gesühnt werden kann oder ob sie – wie in der jüdischen Tradition – auf immer weitererzählt werden muss. Diese Positionen scheinen unüberbrückbar. In allen Debatten spiegelt sich das mühsame Bestreben, eine Form für das öffentliche Gedenken zu finden.

Die Debatten überlagern die zivile Gestalt der Republik. Denn es geht auch darum, wie weit Auschwitz das zivile Selbstverständnis der Republik prägt. Deutlicher noch: Inwieweit Schuldbewusstsein eine zivile Grundlage des Gemeinwesens ist und was diese zivile Grundlage darüber hinaus anspricht.

8 Vgl. Moshe Zuckermann: Zweierlei Holocaust. Der Holocaust in den politischen Kulturen Israels und Deutschlands, Göttingen 1998

Gegenwärtig scheint es so, als legitimiere Auschwitz eine neue deutsche «Sonderrolle»: die des Bösen, der zum Musterknaben geläutert ist. In dieser Dimension wird Auschwitz (vermeintlich positiv) funktionalisiert. Danach wären die Deutschen jetzt Demokraten, weil sie der Welt beweisen müssen, dass sie keine Ungeheuer sind. Der Staat, der auf dem Erbe der Täter gründet, würde den Mord dann auf eine verquere Weise ebenso benötigen wie der Staat, der auf dem Erbe der Opfer aufgebaut ist.

Der Diskurs – in welcher Facette auch immer – wird immer mehr zum Ersatz für das öffentliche Selbstgespräch über Wohl und Wehe der Gesellschaft. Ausländerintegration, Flüchtlingshilfe, Asylrecht, jugendlicher Rechtsradikalismus, Beteiligung deutscher Soldaten an Einsätzen der NATO und der Vereinten Nationen, europäische Einigung – jegliche politische Debatte ist von der Perspektive der Schuld und der «Wiedergutmachung» besetzt.

Auch in der internationalen Politik nimmt das neue Deutschland die Rolle des ehemaligen Bösewichts, der zum Moralwächter geworden ist, ein. Ob es um den Krieg im ehemaligen Jugoslawien geht, um Rwanda oder Somalia, um einen deutschen Sitz im Sicherheitsrat der Vereinten Nationen, stets werden die Interessen, wird alle Interpretation von Geschehnissen an Auschwitz und dem Blick auf die deutsche Schuld gemessen. Jede weit greifende politische Handlung steht unter dem Anspruch, ein Stück Wiedergutmachung zu sein. (Was könnte «wieder gut gemacht» werden?) Im Kosovo-Krieg begründeten Verteidigungsminister Rudolf Scharping und Außenminister Joseph Fischer die Bombardements der NATO mit dem Verweis darauf, dass Auschwitz sich nicht wiederholen dürfe. Wenn die österreichischen Wähler den Rechtspopulisten Haider stärken, sorgt man sich in Europa und in Deutschland mehr über die Wiederauferstehung des Ungeheuers von Braunau als über den verbreiteten Überdruss gegenüber der sozial- und christdemokratischen Filzokratie in Österreich. Prophylaktisch verkündete ein deutscher Kanzler, dass Italien ebenso unter Boykott gestellt werden würde wie Österreich, wenn seine Wähler sich erdreisteten, die pseudofaschistische «Alleanza Nazionale» in die Regierung zu wählen. Und dies alles im Zeichen «Nie wieder Auschwitz». Eine neue moralische Überheblichkeit scheint im Anzug.

Insbesondere Intellektuelle sind nach 1945 zu moralischen Wächtern geworden, die mahnend die Wiederkehr des Bösen gewärtigen. Intellektuelle sind zu Tugendwächtern in einer scheinbar tugendlos gewordenen Welt geworden. In dieser Funktion haben sie eine Renaissance erfahren, die das historische Gegenbild zu ihrer Rolle als Kritiker, wenn nicht Verächter der Demokratie in der Weimarer Republik ist. Für viele von ihnen ist Auschwitz biographisch identitätsbildend geworden.

Doch der Wille zum Guten verdunkelt mitunter die politische Vorstellungskraft und das Urteilsvermögen. Die Gewissheit darüber, was man verabscheut, ersetzt nicht einen positiven Begriff politischer Zivilisation. Was sich in öffentlichen Debatten zeigt, ist die verdrehte Gestalt eines republikanischen Diskurses, der sich immer wieder selbst blockiert. Die Debatte über die «deutsche Leitkultur» zum Beispiel erschöpfte sich im dichotomischen Gegeneinander von Projektionen. Hie die Vertreter einer neuen völkisch begründeten Identität – dort die Vertreter einer moralischen Kultur des Unpolitischen. Jede Seite verdächtigt die andere des Verrats. Dabei wurde hier etwas Wichtiges zur Sprache gebracht: die fehlende republikanische Stiftung des Gemeinwesens, das Fehlen von Vorbildern, das Fehlen von Geschichtsbildern.

Die Verengung des Blickwinkels ruft mitunter reflexhafte Reaktionen hervor. Vor einigen Jahren sagte ein deutscher Diplomat auf einem Empfang in einer deutschen Kulturinstitution in den Vereinigten Staaten sinngemäß, Deutschland habe viel getan zur «Wiedergutmachung» jener großen Schuld, nun solle man sich auch der Zukunft zuwenden. Ein Raunen ging durch den Raum: Die eingeladenen amerikanischen Akademiker schauten sich viel sagend an, ihre deutschen Kollegen waren empört. Schließlich wies ein deutscher Professor die Bemerkung des Diplomaten in schroffen Worten als Verharmlosung von Auschwitz zurück. Der peinliche Zwischenfall ist aufschlussreich. Keinem der Beteiligten kann unterstellt werden, er habe nicht «in bestem Gewissen» gehandelt. Der Professor wie der Diplomat agierten wie nach einem eingeübten Script. Sie repräsentierten die Rollen des Bösewichts und des moralischen Wächters nach außen hin. Der «Bösewicht» plädierte (angeblich) für die Abschaffung der Vergangenheit, der «Moralist» für ihre ständige Vergegenwärtigung.

Doch das «deutsche Dilemma» ist so nicht aufzulösen. Andrei Markovits und Simon Reich beschreiben in ihrem Buch «Das deutsche Dilemma», welche Folgen das gespaltene Selbstbewusstsein der Deutschen zeitigt.[9] Die deutsche Selbstdarstellung im Ausland krankt an einer aufgesetzten Devotheit, deren Kehrseite eine latente Aggressivität ist. Auf der Oberfläche wird Bescheidenheit demonstriert, unter der Oberfläche wird freilich – wie andernorts auch – handfeste, robuste Interessenpolitik betrieben.

Der Blick auf die Welt durch das Prisma von Auschwitz ist inzwischen kein allein deutsches oder deutsch-israelisches, er ist zu einem europäischen, ja westlichen Phänomen geworden. In vielen Ländern Europas – wie auch in den Vereinigten Staaten – gibt es einen nationalen Holocaust-Gedenktag oder es soll ihn in naher Zukunft geben. Auschwitz soll zum Bestandteil der Identität der europäischen Gesellschaften werden. Und dies hat einerseits seine guten Gründe. Der Genozid und die Kollaboration haben sich in fast allen europäischen Staaten zu einem Trauma verdichtet, das von 1945 bis 1989 kaum angetastet wurde. Aber gehört nicht für die Hälfte Europas auch der Gulag zur Erinnerung? Müsste nicht zur Erinnerung ebenso die Vergegen-

[9] Andrei S. Markovits und Simon Reich: Das deutsche Dilemma, Berlin 1998

wärtigung jenes Sogs zur Selbstzerstörung gehören, der die europäischen Gesellschaften nach 1918 erfasste?
1989 – die Jahreszahl steht für eine Zäsur. Sie beschließt das totalitäre Zeitalter, ohne dass die Umrisse des nächsten Zeitalters schon sichtbar wären. 1989 steht für den Neubeginn einer europäischen Geschichtserzählung, die ein halbes Jahrhundert im Schatten von totalitärer Herrschaft stand. Doch diese Geschichtserzählung muss weiter greifen, sie sollte nicht bei Auschwitz oder den Leiden unter den Deutschen enden.
Die «deutsche Schuld» ist inzwischen zu einem globalen und zugleich funktionalen Paradigma geworden. Gibt es auch andernorts, in der Türkei, in Indien, in Japan, in Australien, in Rwanda, in Chile, in China, in Spanien und in den Vereinigten Staaten, nationale Traumata aufgrund von Völkermorden: das moderne Sinnbild dafür bildet die deutsche Schuld. Namen und Amtsbezeichnungen der Massenmörder und ihrer Helfer sind zur Metapher in politischen Streitfällen geworden. Im Golfkrieg von 1991 bezeichnete der Dichter Hans Magnus Enzensberger den irakischen Diktator Saddam Hussein als Wiedergänger Hitlers, in Lateinamerika werden den Polizeibehörden von der kritischen Öffentlichkeit Gestapomethoden vorgeworfen, in Israel beschimpfen sich Repräsentanten unterschiedlicher politischer Lager im Parlament als SS-Schergen oder Hitler-Jungen. Die schwarze Minderheit in den USA beruft sich auf den Holocaust, um Forderungen nach «Wiedergutmachung» zu legitimieren. Kolonialismus-Kritiker aus Afrika fordern Entschädigung für die Folgen eines «afrikanischen Holocaust».

Ungeachtet der Vulgarisierung von Auschwitz stehen nach wie vor wichtige Fragen, die auf Antworten warten:
- Welches ist die angemessene, Generationen überschreitende Form des öffentlichen Gedächtnisses, und wo liegen seine Grenzen?
- Wer setzt die Maßstäbe, ob «die Schuld» angemessen erinnert wird? Die Opfer, deren Nachfahren, die Nachfahren der Täter,

die Weltöffentlichkeit, das Streitgespräch zwischen den Bürgern?

Wer die Debatten aus der Distanz betrachtet, den überkommt das beklemmende Gefühl, dass eine wichtige Frage nahezu vollständig ausgeklammert wird: Aus welchen Quellen sollen die Regenerationskräfte in der Demokratie kommen, die eine Wiederholung der Katastrophe verhindern? Aus dem Staat? Der Gesinnung der Einzelnen? Der Religion? Der Moral? Die Fragen sind beunruhigend.

Doch weder kann der gottgläubige Einzelne verhindern, dass Ähnliches noch einmal passiert, noch kann es derjenige, der sich abstrakt moralisch verantwortlich fühlt. Protestaktionen und Lichterketten allein können den Zerfall der öffentlichen Verantwortung nicht verhindern. Auch der Staat kann mit Gesetzen und Maßnahmen das Wegbrechen dieser Dimension nicht verhindern.

Es geht um eine weitergehende Verantwortung für den Zustand des Gemeinwesens. Bei den amerikanischen Gründervätern hieß diese Dimension: die gemeinsame Verantwortung für das «öffentliche Glück». Dazu gehört: «Ich muß verantwortlich gehalten werden für etwas, was ich nicht getan habe. Und der Grund für meine Verantwortlichkeit muß meine Mitgliedschaft in einer Gruppe (einem Kollektiv) sein, die kein willentlicher Akt von meiner Seite aus lösen kann, das heißt eine Mitgliedschaft, die gänzlich anders ist als eine Geschäftsbeziehung, die ich durch meinen Willen lösen kann.»[10] Gemeinsame Verantwortung erschöpft sich nicht in der Zustimmung oder Ablehnung zu dem, was die gewählten Repräsentanten tun, es impliziert auch eine Vorstellung davon, was es heißt, ein «gutes Gemeinwesen» zu haben.

---

10 Hannah Arendt: Collective Responsibility, in: James W. S. J. Bernauer (Hg.): Amor Mundi. Explorations in the Faith and Thought of Hannah Arendt, Boston 1987, hier zit. aus der deutschen Übersetzung: Kollektive Verantwortung, MS S. 3

In der Idee des «öffentlichen Glücks» sind die Freiheit aller und die Freiheit des Einzelnen Voraussetzung für die kollektive und persönliche Verantwortung gegenüber dem Gemeinwesen. Diese Verantwortung kann delegiert werden, aber sie kann nicht aufgehoben werden. Dieser Gedanke, nicht zu verwechseln mit jenem «Gemeinschaftsdenken», das in Deutschland zu Recht einen üblen Nachgeschmack hat, bedeutet, dass jeder und jede in gewissem Maße Anteil am Gemeinwesen nimmt. Ein Versagen des Gemeinwesens ist also immer auch ein Versagen derer, die es tragen. Im Extremfall müssen die Bürger ihren Anspruch auf den Schutz des Gemeinwesens zum Beispiel auch gegen den Staat in Anspruch nehmen. Aber hier interessiert nicht der Extremfall, sondern der Normalfall. Wodurch zeichnet sich persönliche und kollektive Verantwortung innerhalb einer funktionierenden Demokratie aus?

Am Beispiel des Umgangs mit dem neuen deutschen Rechtsradikalismus zeichnet sich ab, wie schwierig diese Frage zu beantworten ist.

Der neue deutsche Rechtsradikalismus unterscheidet sich vom klassischen Rechtsradikalismus dadurch, dass die Ideologie zum Versatzstück geworden ist. So finden sich Elemente aus der DDR-Ideologie neben klassischen NS-Parolen und stumpfer Gewalttätigkeit. Seine Träger agieren aus einer Mischung aus Enttäuschung über die Offenheit der Gesellschaft, autoritätshöriger Sehnsucht nach dem Ordnungsstaat, nihilistischer Lust an der Revolte, jugendspezifischem Protestverhalten und Deklassierungserfahrungen. Die «Gesellschaft der Normalen» weicht vor ihnen zurück, sei es billigend, sei es nach dem Ordnungsinstrumentarium des Staates rufend. Die Repräsentanten des Staates agieren (in den Augen vieler zu spät und zu wenig) und verweisen zugleich auf die Verantwortlichkeit der Gesellschaft. Es bilden sich gesellschaftliche Gruppen, die auf eigene Initiative mit Rechtsradikalen arbeiten oder gegen sie protestieren. In der Öffentlichkeit taucht das problematische Argument auf: Was wird «das Ausland» dazu sagen?

Die Verantwortlichkeit für diesen Zustand zu übernehmen, würde aber nicht nur bedeuten, den Rechtsradikalismus öffentlich abzulehnen, den Kindern zu verbieten, sich den Rechtsradikalen anzuschließen oder Protestaufrufe zu initiieren. Es würde bedeuten, die öffentliche Aufmerksamkeit – und nicht nur die der Spezialisten – auf jene «Leerstellen» zu richten, in denen sich die Rechtsradikalen eingerichtet haben:
- die kulturelle Verödung der ost- und westdeutschen Kleinstädte;
- das Fehlen anerkannter Autorität in Elternhaus und Schule, das heißt auch das Fehlen von Vorbildern in der Demokratie;
- die Verwechselung von offener Gesellschaft mit einer falschen Liberalität, die jeden das seine tun lässt, auch wenn es sich gegen das Leben des anderen richtet;
- die noch steigende Erwartungshaltung in einen Staat, der immer mehr gesellschaftliche Funktionen übernehmen muss und die Bürger doch frustriert;
- die Einstellung, als sei das Verhältnis zum Gemeinwesen eine interessengeleitete Geschäftsbeziehung des «do ut des» (ich gebe dir meine Steuern, damit du sie mir in Form von Leistungen zurückgibst), die man aufkündigen kann, um sich in den privaten oder – die Kehrseite – den öffentlich-gewalttätigen Protest zurückzuziehen;
- die vermeintlichen oder wirklichen Gefühle des Scheiterns an den gestiegenen Anforderungen des technologischen Zeitalters;
- die Angst vor der Undurchschaubarkeit von Entscheidungsprozessen, von denen man vermutet, dass sie immer weniger von den nationalen Kontrollgremien (Regierung, Parlament) abhängen;
- das Beharren auf der Wichtigkeit einer rein deutschen Identität, die in der Abgrenzung von dem «Fremden» und nicht im Austausch mit ihm besteht; als könne man, ausgestattet mit «deutscher Identität», ein Bollwerk gegen die Zumutungen der Globalisierung errichten.

Dies sind nur einige Facetten einer komplexen Zustandsbeschreibung des deutschen Gemeinwesens. Sich diesen Fragen zu stellen hieße, die Probleme zunächst anzuerkennen. Aus dieser Diagnose lassen sich keine «Maßnahmen» ableiten, aufgrund deren sich der Rechtsradikalismus auflöst. Staatliche Maßnahmen können den Rechtsradikalismus eindämmen, aber nicht beseitigen. Aber das Phänomen in seinem vollen Ausmaß und seinen Ursprüngen verstehen zu wollen, hieße Einblick in den Zustand des Gemeinwesens zu nehmen, von dem die Rechtsradikalen ein Teil sind. Dieser Einblick könnte die Sorge erhöhen, mit der Bürger dem Gemeinwesen begegnen. Man würde möglicherweise gewahr werden, dass die politische Zivilisation etwas Kostbares, Zerbrechliches und Beschützenswertes ist. Auf dieser Grundlage könnte politische Verantwortung entstehen.

Demokratie ist die offenste Form des politischen Gemeinwesens, die Menschen erdacht haben. Sie verändert sich ständig. Die Bürger und ihre politischen Vertretungskörperschaften, die die Demokratie tragen, müssen ständig Sinn stiften, er tradiert sich nicht von selbst. Die soziale Marktwirtschaft ist ihre Grundlage, aber sie ersetzt die politische Sinnstiftung nicht. Der große Irrtum der zweiten Hälfte des 20. Jahrhunderts liegt darin, den Sozialstaat zur einzigen Antwort auf die Katastrophe erhöht zu haben. Aber der Sozialstaat hat auf wichtige Fragen immer nur die eine Antwort: das Wachstum zu erhöhen und den Wohlstand zu vermehren.

In allen westlichen Ländern gibt es Gruppen, die sich durch die Ungeschütztheit, das als bedrohlich empfundene Risiko des eigenen Lebens, das Unabgeschlossene in der Demokratie bedroht fühlen. Daher bringt die Demokratie selbst immer wieder die Sehnsucht nach der totalen Verkörperung der Menschen (im Staat, in einem «System», in Ideologien) neu hervor, eine Sehnsucht, die auch aus dem menschlichen Schutzbedürfnis entspringt. Last but not least schützen die Grundrechte der modernen Demokratie selbst noch jene, die ihre Abschaffung anstreben. Die Frage, was man tun kann, um zu verhindern, dass sich Ähnliches wie im Nationalsozialismus wiederholt, kann also nicht nur auf der Ebene der öffentlichen Erinnerung beantwortet werden. Deren Reflexion schließt die Erfahrung totaler Herrschaft ein, aber sie sollte sich nicht in der Reproduktion dieser Erfahrung erschöpfen. Gefragt ist ein intensiveres öffentliches Nachdenken über die Erneuerung der Demokratie. Es gibt eine Politik nach Auschwitz.

Politik nach Auschwitz heißt Demokratie stiften, sie fortschreiben. Das öffentliche Gedenken muss einen festen Platz im öffentlichen und im privaten Raum der Deutschen wie der europäischen Völker haben. Um dies angemessen tun zu können, muss dem Gedenken an die ermordeten europäischen Juden und die anderen Opfer nationalsozialistischer Vernichtungspraxis ein würdiger öffentlicher Ausdruck gegeben werden.

Doch das Gedenken darf nicht den Platz usurpieren, der der Sorge um das Gemeinwesen zusteht. Diese muss von politischer Verantwortung und von Offenheit gegenüber der Zukunft getragen werden und nicht von Schuldgefühlen.

Wenn in diesem Essay von Schuld gesprochen wird, so nicht in jenem rekonstruierenden Sinne, dass man sich vergewissert, wer wann wo was zur Schuld gesagt hat. Dazu ist einschlägig geschrieben worden.[11] Ich werde daher auch keine Übersicht über Thesen und Theoreme zum Thema «Schuld» geben. Die Schulddebatte wird – wie Grete Weil über die Bedeutung von Auschwitz formuliert – als «Chiffre» genommen. Ich werde einen «fremden Blick» aus dem 21. Jahrhundert auf das 20. werfen und fragen: Was bedeutet die Schuld-Chiffre im politischen Geschehen des 20. und des 21. Jahrhunderts, welche politischen Dilemmata verbergen sich dahinter?

---

11 Siehe Ralph Giordano: Die zweite Schuld oder Von der Last, Deutscher zu sein, München 1990; Norbert Frei: Vergangenheitspolitik, München 1996; Gesine Schwan: Politik und Schuld. Die zerstörerische Macht des Schweigens, Frankfurt/M. 1997; Helmut Dubiel: Niemand ist frei von der Geschichte, München 1999

I. Der Schuld-Komplex

Erinnern, Vergessen und
politische Verantwortung

Der Dichter Simonides wurde einst zu einem Festmahl bei dem thessalischen Edlen Skopas geladen. Aus diesem Anlass trug er ein Loblied auf seinen Gastgeber vor. Seine Hymne enthielt etliche Verse zu Ehren von Kastor und Pollux, den Zwillingssöhnen Zeus', die von den Göttern zu Gestirnen erhoben worden waren. Der Sage nach nahm der Gastgeber die Referenz an die Zwillingsgötter in Simonides' Vortrag zum Anlass, dem Dichter die Hälfte seines Honorars zu verweigern. Die andere Hälfte möge er sich gefälligst von jenen Göttern holen. Wenig später stürzte die Decke des Festsaals ein, in dem Simonides vorgetragen hatte. Der Dichter überlebte nur deshalb, weil er zuvor aus dem Saal gerufen worden war mit dem Hinweis, draußen warteten zwei junge Männer auf ihn. Als er jedoch draußen ankam, war da niemand. Durch die Wucht des Einsturzes waren die Leichen so verstümmelt, dass sie zunächst nicht identifiziert werden konnten. Der Dichter aber erinnerte sich an die Sitzordnung und war so in der Lage, zur Identifizierung der Toten entscheidend beizutragen.

Die Rettung seines Lebens wurde Kastor und Pollux zugeschrieben. Simonides nahm den Vorfall zum Anlass, über die Kunst des Gedächtnisses nachzudenken. In den Mittelpunkt seiner Gedächtniskunst stellte er die Fähigkeit, dasjenige, was erinnert werden sollte, an bestimmte Orte zu binden: «Wer diese Fähigkeit (des Gedächtnisses) trainieren will, muß deshalb bestimmte Orte auswählen und von den Dingen, die er im Gedächtnis behalten will, geistige Bilder herstellen und sie an die bewußten Orte heften. So wird die Reihenfolge dieser Orte die Anordnung des Stoffs bewahren, das Bild der Dinge aber die Dinge selbst bezeichnen, und wir können die Orte anstelle der Wachstafel, die Bilder statt der Buchstaben benützen.»[1]

Der Dichter Simonides gilt seither als der Erfinder der «Gedächtniskunst». Was er der Nachwelt vermittelte, war einfach und klar: Erinnerung braucht eine Ordnung, das Erinnerte einen Platz. Simonides wäre es indessen nie in den Sinn gekommen, von einem «Gebot zum Gedächtnis» zu sprechen oder gar davon, dass alle Bewohner Griechenlands die Kunst des Gedächtnisses erlernen müssten.

Eine andere, für die Moderne ebenso bedeutsame Ursprungserzählung ist aus der jüdischen Mythologie überliefert. Sie handelt vom (Wieder-)Auffinden des Gedächtnisses in der jüdischen Geschichte.[2] Es ist die Erzählung von der Auffindung des Buches Deuteronomium im Tempel von Jerusalem. Dieses Buch war ein lange verschollen geglaubtes Gesetzeswerk, auch «Buch der Torah» und «Buch des Bündnisvertrags» genannt. In ihm waren die Gebote und Verbote benannt, die das Bündnis des Volkes Israel mit Gott beschrieben. Und es waren in ihm Sanktionen verzeichnet, die diejenigen treffen sollten, die die Ge- und Verbote verletzt hatten.[3] Tatsächlich hatte sich der religiöse Kult zur Zeit der Auffindung des Gesetzeswerks weit von den Regeln entfernt. Es waren Altäre errichtet, Götzenbilder aufgestellt worden; Fruchtbarkeitskulte waren entstanden, die nun wieder rückgängig gemacht werden mussten. Denn in dem wieder gefundenen heiligen Buch war eindeutig die Zentralisierung der Gottesdienste auf den Tempel von Jerusalem festgelegt.

---

1 Die Geschichte des Simonides, die Cicero überliefert, ist Frances Yates' bedeutendem Buch Gedächtnis und Erinnern, Weinheim 1990, S. 11, entnommen

2 Vgl. Jan Assmann: Das kulturelle Gedächtnis. Schrift, Erinnerung und politische Identität in frühen Hochkulturen, München 1999, S. 215

3 Vgl. Assmann, a.a.O., S. 216

Der Überlieferung nach zerriss König Josiah seine Kleider, nachdem ihm aus dem Buch vorgelesen worden war. Denn das Buch rückte nun alle Schicksalsschläge des jüdischen Volkes in ein neues Licht: Sie wurden als göttliches Strafgericht erkennbar.[4] Das unabweisliche Faktum, sich nicht erinnert zu haben, aber wurde als schuldhaftes Versagen offenbar. Kollektive Erinnerung ist hier also eng mit Schuld verbunden, die sich auf den Bruch des Vertrages mit Gott bezieht. Denn die Treue gegenüber den Gesetzen Gottes war Maßstab weltlichen Lebens und Herrschens. Auch «die katastrophalen Ereignisse der Gegenwart (sollen noch) als Handeln Jahwes» verstanden werden. «Unter dem Kriterium der Schuld ordnet sich nun die Sequenz der Ereignisse zu einer Geschichte, die mit unausweichlicher Konsequenz auf die Katastrophe zusteuert», schreibt Assmann. «Die Geschichte ... wird durch Schuld generiert.»[5]

Die Erzählungen von Treue und Bruch formieren sich zu einer Auffassung von Geschichte als göttlicher Offenbarung. Geschichte und Erinnerung sind Pflicht und werden zum Bestandteil der Theologie. «Der Gedanke der Schuld bringt Sinn in die Vergangenheit, Konsequenz in die Sequenz der Könige und Regierungszeiten. Was er sichtbar macht, ist Bruch, Wandel, Umschwung. In dieser Form erst wird Vergangenheit bedeutsam, erinnerbar und zukunftsweisend.»[6]

Freilich hat man sich die jüdische Geschichte der Erinnerung wie auch die jüdische Erinnerung an Geschichte nicht als Kontinuum vorzustellen. Nach der Niederlage gegen die Römer, noch vor Christi Geburt hört die Geschichtsschreibung auf.[7] Denn nach Meinung der Rabbiner war die Struktur der Geschichte in der Bibel aufbewahrt. «Sie wußten, daß die Geschichte ein Ziel

---

4 Vgl. Assmann, a.a.O., S. 216
5 Vgl. Assmann, a.a.O., S. 253 f.
6 Assmann, ebd.
7 Yosef H. Yerushalmi: Zachor: Erinnere dich! Jüdische Geschichte und jüdisches Gedächtnis, Berlin 1988, S. 29

hat – die Errichtung des Reiches Gottes auf Erden – und daß dem jüdischen Volk dabei eine Schlüsselrolle zukommt», schreibt der Historiker Yosef Yerushalmi.[8]
Nicht kontinuierlich, sondern wellenartig verläuft die jüdische Geschichtsschreibung. Im 19. Jahrhundert fällt in Zusammenhang mit der jüdischen Assimilationsbewegung in Europa der jüdischen Geschichte «eine völlig neue Rolle zu – sie wird zum Glauben ungläubiger Juden ... So gut wie alle jüdischen Ideologien des 19. Jahrhunderts, von der Reformbewegung bis zum Zionismus, beriefen sich zur Legitimierung auf die Geschichte.»[9] Der Aufstieg der jüdischen Geschichte hängt – so paradox das klingt – mit dem Verfall des jüdischen Gedächtnisses zusammen.[10] Damit in Zusammenhang tritt der Glaube in den Hintergrund, als werde die Geschichte von der Vorsehung gesteuert. Jüdische Geschichte wird nun aus dem Blickwinkel des abendländischen Historismus betrachtet. Diese Hinwendung zur Geschichte ist im 20. Jahrhundert durch Auschwitz erneut unterbrochen worden. Heute existieren historistische und theologische Geschichtsauffassung nebeneinander.

Aus den zwei hier erwähnten Ursprungslegenden des Gedächtnisses hat sich im Rückblick eine Mischung aus jüdisch-christlichen und hellenistischen Traditionsbeständen herausgebildet, vor allem aber:
- die Technik des Gedächtnisses, das Erinnerte an Orte zu binden, und
- der Zusammenhang von Erinnern und Schuld.

Entscheidend für unser Thema ist, dass sich Schuld und Erinnerung in der christlich geprägten Moderne von ihrem göttlichen Ursprung ablösen. Schuld entzündet sich nicht mehr am Bruch des Vertrags mit Gott, sondern am Bruch des Vertrags gegenüber

---

8 Yerushalmi, a.a.O., S. 35
9 Yerushalmi, a.a.O., S. 92
10 Vgl. Yerushalmi, a.a.O., S. 105

dem Gemeinwesen oder den Mit-Menschen. Es bleibt zwar ein Schuldverhältnis vor Gott bestehen (der Einzelne bzw. das Kollektiv der Gläubigen als Sünder gegenüber Gott), aber es wird privatisiert und zum Teil entkollektiviert. Und in der christlichen Tradition folgen auf das Schuldbekenntnis die Sühne und die Vergebung. Schuldbekenntnis, Sühne und Vergebung vollziehen sich im privaten und nicht im öffentlichen Raum. Die Schuld muss daher auch nicht öffentlich immer wieder einbekannt werden.

In der säkularen öffentlichen Welt ist der Einzelne verantwortlich, sowohl gegenüber sich selbst (Autonomie des Willens) als auch gegenüber den anderen. Wie diese Verantwortung wirkt, das regeln die irdischen Gesetze. Ein Volk kann in der Moderne in keinem Schuldverhältnis stehen.

Schuld im öffentlichen Sinne kann nur zwischen bzw. gegenüber Menschen entstehen. Zwar erhält sich der Gedanke des «Bundes» zum Beispiel in der amerikanischen Revolution, aber die Verletzungen des Bundes werden irdisch, das heißt gesetzlich geahndet. Dieser Bund ist nicht mehr nur ein Bund vor Gott, sondern ebenso sehr vor den Menschen. Öffentliche Erinnerung aber ist schuldlos.

Im 20. Jahrhundert hat das Thema «Schuld und Gedächtnis» eine Art «demokratische» Erneuerung erfahren. Zwei Ereignisse haben im vergangenen Jahrhundert dazu beigetragen, diese «Demokratisierung» zu bewirken: Der Erste Weltkrieg, der im Gedächtnis der Beteiligten als «Großer Krieg» bewahrt wurde, ist an die Vorstellung von den Schützengräben an der westlichen Front gebunden. Die Orte des Gedächtnisses sind Ebenen und Hügel, Kathedralen und Dörfer, Flüsse (Somme, Marne) und Städte (Verdun, Cambrai, Ypres), an denen Millionen deutscher, französischer, britischer, amerikanischer Soldaten ihr Leben ließen. An seinem Ende kehrt der Schuldbegriff erneut in den öffentlichen Raum ein (siehe Kap. II).

Auch der zweite Krieg ist mit vielen Orten verbunden: mit Stalingrad und Dresden, mit Leningrad und Coventry, mit Minsk,

Oradour, Lidice und Hamburg. Und doch überlagert ein einziger Ort das gesamte Geschehen: Auschwitz. Das Vernichtungslager steht als Symbol für einen Krieg, der auf unabsehbare Zeit mit den Massenmorden und der Schuld verbunden bleiben wird. Beide Kriege haben Spuren in der Kultur des Gedächtnisses hinterlassen. So hat der Erste Weltkrieg eine Flut von Erinnerungsliteratur und mündlichen Erzählungen hervorgerufen. Die ganze «Zwischenkriegszeit» hält dieser Strom der Erzählung an. Der zweite Krieg mit seiner noch stärkeren Vernichtungsmacht bewirkte zunächst eine fast vollständige Blockade des Gedächtnisses bzw. des Erinnerns. Diese Blockade drängte sowohl das Geschehen auf den Kriegsschauplätzen in den Hintergrund als auch das Erleben des Krieges im zivilen Raum. Sie verdrängte zunächst die Vernichtung der europäischen Juden, russischer Zivilisten und Kriegsgefangener wie auf andere Weise die Bombardements deutscher Städte, die Vertreibung von Millionen von Deutschen aus Polen und der Tschechoslowakei wie die Verluste von -zig Millionen Soldaten an beiden Fronten des Krieges. Winfried G. Sebald bemerkt zu Recht, die deutsche Literatur des Kriegserlebens und der Zerstörung sei, gemessen an dem traumatischen Geschehen, auffällig dünn.[11] Weder konnten oder wollten die Täter sprechen, wie Alexander und Margarete Mitscherlich in den sechziger Jahren mit ihrem Buch «Die Unfähigkeit zu trauern» beschrieben haben, noch waren die Opfer in der Lage, sich zu äußern. Manche der erst Jahrzehnte später einsetzenden Erzählungen von den Vernichtungslagern – ob von Jean Améry, Ruth Klüger oder Imre Kertesz – berichten darüber, dass man nach der Befreiung aus den Lagern nicht darüber habe erzählen können. Zum einen habe es niemanden interessiert. Alle, einschließlich der Erzähler, seien viel zu sehr mit dem Überleben beschäftigt gewesen, als sich der Rückschau zu widmen. Zum anderen habe es die Scham gegeben, überlebt zu haben; sie habe das Erzählen ihrerseits blockiert.

11 Winfried G. Sebald: Luftkrieg und Literatur, München 1999, S. 18 ff.

Aber auch die vielen anderen konnten lange nicht über den Krieg und die Verbrechen sprechen. Der Alltag überlagerte alles. In Monika Marons Familiengeschichte «Pawels Briefe» ist zu lesen: «Daß der Krieg einen Alltag hat, erscheint rückblickend sogar denen unbegreiflich, die es selbst erlebt haben. Die Erinnerung an das Grauen will das Banale daraus verbannen. Aber ... das Alltägliche wird bedeutender, je gefährdeter es ist: ein Stück Butter, ein Paar Schuhe ohne Bezugsschein, ein warmer Mantel, eine Ration Kaffee, Schlaf in der Nacht, überleben, überleben wollen.» [12]

W. G. Sebald bemerkt, dass private Erinnerungen oft von der Flucht in die Idylle geprägt sind. Die schnelle Rückkehr zu alltäglichen Verrichtungen wie dem Säubern des Vorgartens oder dem Aufdecken der nachmittäglichen Kaffeetafel auf dem Balkon – zwischen zwei Bombenangriffen – sicherte eine Kontinuität der Normalität, die dem Nachgeborenen unverständlich bleibt.

Eine vergangene, biedermeierliche Lebensidylle spricht auch aus den Briefen deutscher Soldaten.

Aus einem Brief aus dem Kessel von Stalingrad:

«Mein ganz liebes gutes Else-Muttilein u. liebes Uschilein!
Und wenn es nur ein kurzer Herzensgruß ist, aber er ist sehr lieb gemeint ... In Gedanken bin ich ja jetzt immer bei Euch, das ist ja auch schön so. Eure lieben Bildchen bringen mir viel Freude ...» [13]

Doch wenn man näher hinschaut, findet man unter Umständen eine nicht mehr kaschierte Sprachlosigkeit, in der das idyllische Klischee als letzter Halt vor dem tödlichen Schweigen erscheint.

---

12 Monika Maron: Pawels Briefe. Eine Familiengeschichte, Frankfurt/M. 1999, S. 116
13 Zit. aus: Jens Ebert (Hg.): Stalingrad – eine deutsche Legende, Reinbek 1992, S. 80 f.

Der gleiche Soldat schreibt an seine Eltern:

«Liebe Eltern!
Heute möchte ich Euch einen Brief schreiben. Bin noch gesund und munter. Dasselbe hoffe ich auch von Euch. Hier ist es noch sehr kalt. Es liegt noch viel Schnee hier. Ich glaube, Ihr denkt Euch, der schreibt ja immer dasselbe. Ich weiß auch nichts anderes zu schreiben. Die wissen alle nicht, was sie schreiben sollen. Ich habe noch einen Wunsch. Schicke mir doch bitte eine Pfeife, meine ist gebrochen, ohne Pfeife kann man hier gar nichts anfangen.
Und bitte bald Schreibpapier, sonst muß ich aufhören zu schreiben ...»[14]

Den Nachkommen hinterlassen solche Zeugnisse die Frage: Wie ist es möglich, das Grauen des Kriegserlebens so zu banalisieren? Offensichtlich hat der Soldat das zu bannen versucht, was er nicht auszusprechen wagte. Die instinktive Ausschließung des Grauens und das Festhalten an einer «Normalität» im Chaos wird zum letzten Halt.

Vor diesem Bild erschrecken die Außenstehenden und später Geborenen. Mit dem Zusammenbruch und der Befreiung werden die Deutschen für jene, die von außen kommen – Siegermächte, Rückkehrer aus dem Exil, Journalisten und Schriftsteller – und jenes Beharren auf der Normalität miterleben, zu einem mysteriösen Kollektiv, das des wissenschaftlichen Studiums bedarf. Man versteht ihre Sitten und Gebräuche nicht, so sehr klaffen Erwartung und Realität auseinander. Angesichts dieser von außen amorph erscheinenden Masse, die verlernt hatte, sich im öffentlichen Raum zu bewegen (obwohl sie sich in den ersten Nachkriegsjahren wie in einer Völkerwanderung ständig bewegte), schien eher anthropologische Beobachtungsgabe am

---

[14] Zit. aus: Jens Ebert (Hg.): Stalingrad, a.a.O., S. 81

Platz. Diese Haltung der Fremdheit überträgt sich in der Folge auf einen Teil der nächsten Generation. Die Kinder werden ihren Eltern in den sechziger Jahren mit jener Fremdheit begegnen; sie zeigt sich auch mehr als zwanzig Jahre nach Kriegsende in der Wut ihrer Anklage.

Erinnerungskultur

Als hätte in jener Erinnerungsblockade ein Ferment gegärt, das sie, wie einen schütteren Damm, zum Bersten gebracht habe, setzte seit den siebziger Jahren – insbesondere in Westdeutschland, in geringerem Maße auch in der DDR – eine öffentliche Erinnerungsflut ein. Wissenschaftliche Forschungsgebiete entstanden, Dokumente wurden ausgegraben oder neu gelesen, Zeitzeugen befragt, Konferenzen veranstaltet, Autobiographien und Erinnerungen herausgegeben, Zeitungsartikel verfasst. An die Stelle der Erinnerungsverweigerung trat der befreiende, öffentliche Akt der Erinnerung.

Aus dieser «Erinnerungskonjunktur» ist eine neue Moral hervorgegangen: Demnach können oder wollen, ja müssen sich Individuen, Kollektive, insbesondere das deutsche, erinnern.

Auch das Präsentieren des Gedächtnisses hat sich demokratisiert. Erinnern ist keine Kunst mehr und kein Privileg. Heute ist das «Darüber-Sprechen» zum Ausweis der «autonomen», gereiften Persönlichkeit geworden.

Das Erinnern als Bestandteil des gesellschaftlichen Lebens hat zwei neue Funktionen übernommen. Es hat zum einen die Wissenschaft beflügelt, indem das Nachdenken über Erinnern zur Wissenschaft geworden ist. Dazu hat die Popularisierung von Freuds Tiefenpsychologie beigetragen. In ihrem Deutungsraum ist Erinnern ein Prozess, in dem zum einen immer neue Tiefenschichten des Erinnerns zum Vorschein gebracht werden können und zum anderen immer neue Objekte der Erinnerung an die Oberfläche des Bewusstseins kommen. Die Psychoanalyse hat diesen Bearbeitungsprozess in der Trias «Erinnern – Wiederholen – Durcharbeiten» zusammengefasst.[15] Da das Geschehene, so die Annahme, nicht auf einmal memoriert werden könne, weil Verdrängungsmechanismen und Reflexe dem entgegenstünden, solle der Erinnerungsvorgang immer wieder von neuem wachgerufen werden. Denn das Geschehene tauche nicht als Gesamtes, sondern in Teilen aus dem Unbewussten auf. Erst wenn es durch wiederholtes Erinnern ganz präsent sei, könne das Durcharbeiten (und die Heilung) einsetzen.

Man nimmt bis heute an, dass die Psychoanalyse die dem Geschehen angemessene Weise der privaten *und* öffentlichen Verarbeitung ist. Die freudsche Tiefenpsychologie ist daher zum festen Bestandteil der Erinnerungskultur geworden.

Aus dem Bekenntnis (dem «Confiteo») ist der Glaube an die Erinnerung (das «Credo») geworden. Die freiwillige Übernahme der Pflicht zum Erinnern gehört zum Status des aufgeklärten Bürgers. Während sich das private Individuum auf sich und die Reproduktion des immergleichen Lebenszyklus zurückzieht, in dem der Vorgang des Erinnerns sich nur auf die eigene, private Biographie bezieht, ist der Bürger gehalten, sich zum Erinnern zu bekennen, Teil eines größeren Prozesses zu sein, der Erinnern heißt. Gemeint ist hier «öffentliches Erinnern», jener Teil des kollektiven Gedächtnisses, der zur Selbstvergewisserung eines Kollektivs, einer Gesellschaft dient. Öffentliches Erinnern ist ein Prozess, in dem konstitutive Daten und Geschehnisse der Vergangenheit (Kriege, große Leiden von Kollektiven, Ruhmestaten, Gründungen, herausragende Persönlichkeiten) sprachlich und bildlich in den öffentlichen Diskurs gehoben werden. Zu dieser Erinnerung gehören das Eigene und das Andere, die Erinnerung der Täter wie die der Opfer, des Individuums wie des Kollektivs. Gestützt wird die Erinnerung durch das öffentliche Gedächtnis und seine sichtbaren Zeichen: Denkmäler, Straßen-

---

15 Vgl. Sigmund Freud: Erinnern, Wiederholen und Durcharbeiten, in ders.: Gesammelte Werke, zehnter Bd., Werke aus den Jahren 1915–1917, Frankfurt/M. 1969

inschriften, Gedenktafeln, Museen. Diese sichtbaren Zeichen sind zugleich Bestandteile eines symbolischen Bezugsrahmens, auf den sich alle berufen sollen. Das öffentliche Gedächtnis setzt in jenem unsicheren Gelände der Gefühle und Reflexionen, der individuellen und zufälligen Erinnerungen deutliche Zeichen. Es ist der geronnene Prozess des Erinnerns, ist jenes gedankliche, dingliche und symbolische Netz, in das der öffentliche Prozess der Erinnerns hineinverwoben ist. Seine Grenzen werden durch den Mythos markiert, jene kohärente, bildhafte Erzählung von der Vergangenheit, die auf historische Exaktheit nicht mehr angewiesen ist.

Doch das öffentliche Gedächtnis tendiert auch dazu, zu erstarren. Die Ritualisierung als Folge einer Regeln schaffenden Institutionalisierung ist unausweichlich, das Gedächtnis in unserem Kulturkreis kommt nicht ohne sie aus. Und doch geht darin auch etwas verloren. Die Qual des Erinnerns der Überlebenden wird ausgegrenzt. Diese Qual hat Jean Améry als Krankheit beschrieben: «Erinnern. Das Stichwort ist gefallen und unsere Reflexionen schwingen von selbst zurück zu ihrem Hauptgegenstand: dem Heimatverlust dessen, den das Dritte Reich vertrieb. Er ist gealtert, und er hat in einer Zeitspanne, die nun schon nach Jahrzehnten zählt, lernen müssen, daß ihm nicht eine Wunde geschlagen wurde, die mit dem Ticken der Zeit vernarbt, sondern daß er an einer schleichenden Krankheit laboriert, die mit den Jahren schlimmer wird.»[16] Der Überlebende erinnert sich an die unvorstellbaren Leiden, Demütigungen, an die Todesangst, aber eben auch an die Entwurzelung, das Vertriebensein, die Heimatlosigkeit. Seine Erinnerung mahnt die Nachwelt, das Geschehene in der Erzählung aufzubewahren.

Wer freilich in alten Gerichtsreportagen über die großen Nazi-Prozesse in den sechziger Jahren liest, der stößt auf ein besonderes Phänomen: die Verweigerung als kollektives Ersatz-Gedächtnis. Wie viele Angeklagte antworten auf die Fragen des

16 Jean Améry: Jenseits von Schuld und Sühne, Stuttgart 1997, S. 97

Vorsitzenden Richters bei den Frankfurter Auschwitz-Prozessen Mitte der sechziger Jahre, indem sie an «ihrer», die Geschehnisse vernebelnden Erzählung festhalten, wenn sie sich denn nicht in die stereotype Floskel «Ich kann mich nicht erinnern» flüchten. Danach hat nicht das Geschehene stattgefunden, sondern etwas anderes. Die wieder ins bürgerliche Leben zurückgekehrten Kapos und Wachleute geben ihrer Verweigerung den Status einer Quasi-Erinnerung. Hannah Arendt hat diesen Typus von Verhalten als Nicht-Denken beschrieben. Als «Gedankenlosigkeit» bezeichnet sie die Abwesenheit von Reflexion und Urteilskraft, die zum gänzlichen Sich-Anheimgeben an Personen (Führer), Institutionen und Ideologien führt.[17]

Einen harmloseren Typus der Überlagerung von Erinnerung durch Verweigerung haben wir vor uns, wenn aus der Generation unserer Mütter darauf insistiert wird, dass «die Juden» vor dem Krieg «unverschämt» gewesen seien. So enthüllen einige ihre individuelle «Erinnerung» als Teil einer darüber hinausreichenden kollektiven Muster-Erinnerung. Jene beruht auf der Verinnerlichung von kollektiven Stereotypen. Dieser Typus des «kollektiven Erinnerns» blockiert die Erfahrung wie auch die Reflexion. Die Untiefen, die er enthält, machen uns schaudern. Und doch müssen wir eingestehen, dass über dreißig Jahre systematische Aufklärungsarbeit über den Mord der Deutschen an den Juden diese «kollektive Erinnerung» nicht gänzlich haben auflösen können.

Die Alten haben die traumatische Geschichte der zwanziger und dreißiger Jahre, haben Bürgerkrieg, Zerstörung der bürgerlichen Existenz und der politischen Gesellschaft nicht wirklich verarbeitet. In ihr erinnern sie noch. Die Bundesrepublik wie auch das vereinigte Deutschland haben in ihrer jungen Geschichte keine Atmosphäre schaffen können, um diesen weiter zurückliegenden Traumata einen öffentlichen Raum zu geben.

---

17 Vgl. Hannah Arendt: Vom Leben des Geistes. Das Denken. Das Wollen, München 1998, S. 14

Weimar war für das öffentliche Bewusstsein der Bundesrepublik nur böse Vorgeschichte, bestenfalls die unglückliche Republik (zu viele Parteien!), die man über der Erfolgsgeschichte nach 1945 am besten vergäße. Mit der Vermeidung der (vermeintlichen und tatsächlichen) Konstruktionsfehler von Weimar glaubte man sie endgültig überwunden. Für die DDR war die erste deutsche Republik der Boden, auf dem sich einerseits der Faschismus aus dem Monopolkapitalismus entwickelte und andererseits die glorreiche revolutionäre Vergangenheit erstand, in der Kommunisten dem heraufziehenden Faschismus ihre Klassenschlachten lieferten. Alle weiteren Realitäten der Vergangenheit gab sie dem Vergessen anheim.

Die wirtschaftliche Erfolgsgeschichte der Bundesrepublik, die ebenfalls auf das Vergessen setzte, und die antifaschistische Indoktrination der DDR haben hier eine Leerstelle erzeugt: Es gibt bis heute keinen republikanischen Kontext, kein republikanisches Geschichtsbewusstsein, das im Prisma von geschichtlichen Brüchen, von Genozid, Schuld und Leiden den Biographien ihren Raum gäbe. Indem die Geschichte der Deutschen auf eine Vor- und Nachgeschichte von Auschwitz verkürzt worden ist, sind die einzelnen Biographien auf ihren Anteil am Verbrechen reduziert worden. Auf diese Verengung der geschichtlichen Wahrnehmung hat ein Teil der älteren Generation so reagiert, dass er seine Erinnerungserzählung konserviert und sich der Aufforderung verweigert, die eingekapselte Vergangenheit noch einmal aufzubrechen. Etwas Vergleichbares geschieht gegenwärtig mit der älteren Generation in der ehemaligen DDR, jenen, die den antifaschistischen Staat seinerzeit aufgebaut haben. Auch sie konservieren «ihre Erinnerung».

Die Hauptlast des öffentlichen Erinnerns liegt daher auf jenen Nachgeborenen, die selber den Nationalsozialismus und die Nachkriegszeit nicht mehr erinnern können. In ihrem Dilemma, emotionale Betroffenheit aufzubringen oder – vice versa – das Geschehen emotional zu blockieren, könnte jedoch auch eine Chance liegen. Wenn das öffentliche Erinnern jene emotionale

Dimension verliert, die es gegenwärtig noch stützt – und begrenzt –, könnte die öffentliche Erinnerung für den politischen Raum frei werden. Sie könnte zu *einer* Dimension der Politik heute werden und würde sich nicht im Ritual jenseits der Politik erschöpfen.

Schuldgefühle und Erinnerung

Im Zentrum des öffentlichen Erinnerns steht – als Symbol für die reflexive Rekonstruktion des traumatischen Geschehens – in Deutschland und Europa «die Schuld». Ja, man könnte sagen, dass die Schuld nahezu vor das Geschehen getreten ist. Gemeint ist hier nicht nur die strafrechtlich relevante Schuld. Vielmehr geht es um die Schuld als das gedankliche Prisma, durch das das Geschehen betrachtet wird. Die Zentrierung um die Schuld machte Sinn, weil die Ermordung von Millionen Menschen von vielen Einzelnen begangen und mitgetragen wurde. Deren Taten wollen rekonstruiert werden, in dem Versuch, das Geschehen zu verstehen. Die Re-Personalisierung der namenlos gemachten Opfer ist die eine Aufgabe des Erinnerns, die Rekonstruktion des Geschehens und die Namhaftmachung der Täter die andere Seite. Erst dies ermöglicht die Rekonstruktion des Gesamtzusammenhangs, der mehr ist als die Geschichten von Opfer und Tätern.

Der Schuldbegriff im deutschen, ja im europäischen Kontext ist bis heute auch deshalb so wirksam, weil er seinerzeit in ein intellektuelles und moralisches Vakuum stieß. Er entsteht in der Leere eines zerstörten Gemeinwesens, von dem – jedenfalls von außen gesehen – nur mehr eine Masse von Menschen übrig geblieben ist. Die Besiegten treten nicht als Bürger auf, sondern als doppelt durch den Krieg und die Besatzung Geschädigte. Nach 1945 setzt sich – neben dem strafrechtlichen – auch ein moralischer Schuldbegriff durch. Er wird möglich, weil unabhängig von dem Umgang der Deutschen mit dem Massenmord im internationalen Raum Maßstäbe gefunden wurden, die die Verbrechen als Schuld überhaupt erst hervortreten lassen (Kodifizierung der «Verbrechen gegen die Menschlichkeit» in den Nürnberger Prozessen). In der Vermengung von politischer, moralischer, juristischer und philosophischer Argumentation wird es dann möglich, eindeutig von der «Schuld eines Volkes» zu sprechen.

Das Besondere an diesem Vorgang ist, dass er die Reflexion von den individuellen Taten und Tätern löst und den Charakter einer kollektiven Zuschreibung, bildlich gesprochen eines Schleiers, angenommen hat, der sich über das Geschehen legte. Eine der Ursachen für diesen Vorgang, der sich im Übrigen auch bei anderen Genoziden wiederholt, liegt darin, dass die vielen Tausend, die Verbrechen begangen haben, von vielen Hunderttausenden umgeben sind, die die Ermordung toleriert haben. Die Rekonstruktion der Schuld im strafrechtlichen Sinne reichte nicht aus, um jene ins Licht der Reflexion zu führen, die mitgewirkt hatten, ohne sich strafbar gemacht zu haben. Aus diesem Dilemma entstanden seinerzeit jene philosophischen Erörterungen wie die von Karl Jaspers aus dem Jahre 1946, der als erster die Schuld als Schlüsselkategorie des öffentlichen Diskurses einbrachte, indem er die deutsche Gesellschaft im Moment des Zusammenbruchs als Gesellschaft von Schuldigen in den Blick nahm und die Aufgabe des Nach-Denkens entlang jener vier Kategorien beschrieb, die bis heute von vielen als gültig empfunden werden: kriminelle, politische, moralische und metaphysische Schuld.[18]

Diese Fokussierung auf eine säkulare, in den politischen Raum reichende Schuld entstand aus dem realen Dilemma, dass es weder eine Sprache noch eine Gedankenwelt noch einen Raum des politischen Handelns gab, die das Geschehen hätte einfassen können. Einzig die Sprache der religiösen und moralischen Metaphern war vom Geschehen scheinbar unberührt.

---

18 Vgl. Karl Jaspers: Die Schuldfrage, München 1987, S. 17; vgl. auch Kapitel III

Nicht zufällig streifen Schriftsteller, die während des Nationalsozialismus in Deutschland geblieben waren (wie zum Beispiel Hans Erich Nossack in «Der Untergang»[19]) bei Kriegsende ins Metaphysische und suchen dort nach erklärenden Metaphern für die Vernichtungswut des Krieges, eine gedankliche Volte, die uns heute so fremd vorkommt und die damals, als das Gewissen verschwunden und der öffentliche Raum zerstört war, so nahe lag. Allein gelassen in ihrer Angst, einer Herrschaft ausgeliefert, deren Zerstörungskraft sie nicht geahnt haben, wenden sich die Einzelnen an Gott, an den sie möglicherweise im normalen Leben gar nicht glauben. Die Beziehung auf das transzendente Abwesende ist das einzige gedankliche Ordnungsgerüst, das unter all der Zerstörung unberührt geblieben war, denn die weltliche Transzendenz (zum Beispiel die Rechtskultur, das politische Bewusstsein) war bis zur Unkenntlichkeit manipuliert worden. Und die Kirchen in Deutschland hatten – mehr oder weniger – mit dem Regime kollaboriert und die Rolle, die ihnen hätte zuwachsen können, nicht angenommen. Aus diesen Kreisen erfährt jedoch nach dem Krieg die Bereitschaft zur Annahme einer generellen abstrakten Schuld (Kollektivschuld) eine starke Unterstützung.

Schuld und Angst

Das Thema Schuld greift im 20. Jahrhundert weit über über den Nationalsozialismus hinaus. Und es impliziert mehr als die Schuld am Massenmord. Systeme der totalen Herrschaft fußen auf der Schuld(igkeit) des Einzelnen. Der Nationalsozialismus funktionalisierte die Schuldigkeit des Menschen. So mussten zum Beispiel alle Deutschen beweisen, dass sie keine Juden waren, nicht etwa musste das Regime ihnen nachweisen, dass sie keine «Arier» waren. Der «Ariernachweis» erst machte sie «wür-

---

19 Hans Erich Nossack: Der Untergang, Frankfurt/M. 1961

dig», in die «nationalsozialistische Gemeinschaft» aufgenommen zu werden. Diese Beweisschuld wurde ersonnen, um die Juden, die diesen Nachweis nicht erbringen konnten, zu Schuldigen qua Existenz zu machen.

So vermengen sich hier die ideologisierte Entmündigung – und Einbindung – des («arischen») Bürgers mit der rassistischen Vernichtung des («jüdischen») Bürgers. Beides sind Vorgänge der Entmündigung, nur dass der eine mit der Unterordnung abgeschlossen ist, während der andere auf die Austilgung aus ist.

Doch auch die dem nationalsozialistischen Führer zujubelnden Massen empfinden eine abstrakte Bringschuld, allerdings nicht gegenüber den Opfern, sondern gegenüber dem «Führer» («... im Sinne des Führers ihm entgegen ... arbeiten»).[20] Und Schuld-(Angst-)Gefühle haben auch die vielen anderen, die weder jubeln noch Opposition leisten. Doch jenseits dieser Schuld leben sie ein Leben in Sicherheit, einen weitgehend unbehelligten Alltag.

In der Sowjetunion der dreißiger und vierziger Jahre steht die Erzeugung von Schuldbereitschaft im Mittelpunkt des Systems: Die vielen Einzelnen werden – unabhängig von ihrer ethnischen Abstammung – zu objektiv immer schon Schuldigen. Sie sind schuldig vor der Geschichte und der Partei. Diese Schuld kann zur Vernichtung führen, muss es aber nicht. Darüber entscheiden Partei und Geheimdienste nach Nützlichkeitskriterien. Die Angeklagten in den Moskauer Prozessen in den dreißiger Jahren des 20. Jahrhunderts, die sowjetischen Bauern (die «Kulaken»), die Getreide für die Aussaat zurückbehielten; sie waren schuldig, bevor sie angeklagt oder erschossen oder dem Hungertod preisgegeben wurden. Partei und Geheimdienst befinden über die Schuld, ob sie suspendiert wird oder ob sie zur Bestrafung führt. Eine dauerhafte Entschuldung gibt es im Üb-

---

20 Das Zitat ist einer Rede von Werner Willikens entnommen, Staatssekretär im preußischen Landwirtschaftsministerium im Jahre 1934 (vgl. Ian Kershaw: Hitler 1889–1936, Stuttgart 1998, S. 665)

rigen nicht. Das Opfer war immer schon schuld und bleibt es, selbst wenn es überlebt. Die Schuld ist ständig präsent; die Machthaber können das Individuum, die Gruppe jederzeit aus der Zugehörigkeit zur Gesellschaft ausstoßen. Die Atmosphäre der Unsicherheit und der Angst vor Denunziation, die Präsenz der Geheimpolizei tun ihr übriges, um das Schuldgefühl ständig aufrechtzuerhalten.

Der Kommunismus wollte nicht nur die politische Kultur zerstören, er hat wirklich den schuldigen Menschen geschaffen, der nach Nützlichkeitserwägungen verstoßen oder erlöst wird. Das liberale Konzept der Selbstverantwortlichkeit (und Ausgesetztheit) wird durch eines der Abhängigkeit (und Aufgehobenheit) ersetzt. Die dem Christentum entlehnte Reziprozität von Schuld und Erlösung ist eine geniale wie teuflische Erfindung – und das wirksamste Instrument zur Massenmanipulierung, das bisher erfunden wurde.[21] Nicht zufällig widmen sich berühmte Schriftsteller in den vierziger Jahren dem Geheimnis der totalen Herrschaft, wie Unschuld in Schuld zu verwandeln ist. Arthur Koestler beschreibt in «Sonnenfinsternis», wie Nikolai Bucharin sich in Selbstgesprächen von seiner Schuld überzeugt. Das Buch ist in den späten vierzigern erschienen. (Heute weiß man, dass Bucharin keineswegs so willig sich der Schuld bezichtigte, wie uns der Roman das erzählt.) Arthur London («Das Geständnis») beschreibt die Erfindung des Schuldigen in der kommunistischen Tschechoslowakei der vierziger Jahre.[22] Karen Boye («Kallocain»)[23] und George Orwell («1984»)[24] übertragen diese Konstellation gar in eine unbestimmte Zukunft jenseits der politischen Lager und erzählen von der existenziellen Schuld des Individuums in einer totalitären Moderne, in der es dem Einzelnen

---

21 Die Verarbeitung dieser Reziprozität ist im Übrigen älter als der Totalitarismus; vgl. in der russischen Literatur Fjodor Dostojewski: Verbrechen und Strafe, Frankfurt/M. 1996
22 Arthur London: L'aveu. Dans l'engrenage du procès de Prague, Paris 1969
23 Karen Boye: Kallocain, Leipzig 1992
24 George Orwell: 1984, München 2000

nicht gelingt, seine individualistischen Bedürfnisse (nach Einsamkeit und freiwilliger Gemeinschaft) zu unterdrücken, und der deshalb schuldig wird.

Das Pendant zur Schuld ist die Angst. Die Angst ist die große Gleichmacherin in der totalen Herrschaft. Der Dichter Ossip Mandelstam hat diese Angst aus dem Schuldgefühl 1928 in einer Erzählung beschrieben: «Die Angst nimmt mich bei der Hand und führt mich. Ein weißer zwirnener Handschuh. Ein Handschuh ohne Finger. Ich liebe, ich verehre die Angst. Beinah hätte ich gesagt: Wenn sie bei mir ist, habe ich keine Angst! Die Mathematiker müssten der Angst ein Zelt errichten, weil sie Koordinatenschnittpunkt von Zeit und Raum ist: die beiden haben Teil an ihr wie der gerollte Filz an einer kirgisischen Nomadenjurte. Die Angst spannt die Pferde aus in dem Moment, wo man zu fahren hätte, und schickt uns Träume mit grundlos niedrigen Zimmerdecken ...»[25]

Diese Angst führt zur Vernichtung des Gedächtnisses, schreibt die Publizistin Sonja Margolina. Um den Zustand des Gedächtnisverlustes zu erreichen, mussten ihre Eltern, die unter Stalin, dem großen Gedächtnisvernichter, aufgewachsen waren, in den Zustand der Angst (und des Glaubens) gelangen. Nur so war es möglich, sich so radikal von seiner Vergangenheit abzuwenden, dass man sie vergaß: «Die Revolution hat sich bemüht, einen neuen Menschen ohne Vergangenheit zu schaffen. Die Biographie sollte er (der Vater – AG) von der Revolution erhalten. Unsere Eltern legten keinen Wert auf ihre Vergangenheit, das heißt auf die Erfahrungen ihrer Eltern und der Eltern ihrer Eltern, deren unbegreifliches Leben im altertümlichen Stettl oder in rückständigen Dörfern nichts enthielt, worauf man hätte stolz sein können und was ihrer Existenz in der erneuerten Welt hätte einen Sinn geben können.»[26] Die Technik des «Vergessen-Ma-

---

[25] Ossip Mandelstam: Die ägyptische Briefmarke, in: Ders.: Das Rauschen der Zeit. Gesammelte «autobiographische» Prosa der 20er Jahre, Frankfurt/M 1989, S. 240

[26] Sonja Margolina: Gedächtnis und Angst, in: Frankfurter Allgemeine Zeitung, 22. 11. 1997

chens» wurde seit Ende der zwanziger Jahre in der Sowjetunion zu teuflischer Perfektion gebracht. Während der sowjetische Kommunismus den Gedächtnisverlust zur Voraussetzung seiner Herrschaft macht, erzwingt ihn der Nationalsozialismus in Bezug auf die Opfer seiner Vernichtungspolitik – sie sollen vergessen werden –, aber er erzwingt sie nicht von den anderen, die sich beugen. Daher ist die Gedächtnisblockade, die nach 1945 in Deutschland einsetzt, nicht mit der erzwungenen Gedächtnislosigkeit gleichzusetzen.

Eine nachlastende Angst und Schuldgefühle haben die vielen, die aus dem Krieg kommen und von ihren Träumen gepeinigt werden – ein Gedanke, den Wolfgang Borchert 1946 in seinem Stück «Draußen vor der Tür»[27] aufgreift.

Zusammenbruch der Zivilgesellschaft

Die Macht der Schuld konnte auch deshalb so dominieren, weil sie auf einem Zusammenbruch der Intellektualität basierte, der weit zurückreichte. Schon in den zwanziger und dreißiger Jahren waren namhafte und kluge Intellektuelle von Nationalsozialismus und Kommunismus nicht nur fasziniert, sondern sie haben die totale Herrschaft herbeigesehnt – mit einer Bereitschaft zur Verleugnung intellektueller Verpflichtung, die die Nachgeborenen schaudern macht. Die Lust an der vollständigen Loslösung des Denkens von der republikanischen Verantwortung, die wir bei Martin Heidegger ebenso finden wie bei Ernst Jünger, bei Louis Ferdinand Céline ebenso wie bei Carl Schmitt, gibt uns noch immer Rätsel auf. Bei genauerem Hinsehen löst sich dieses Rätsel jedoch auf. Viele Intellektuelle zeigen einfach die gleiche Faszination, die «die Massen» angesichts Hitlers oder Mussolinis ergriff. Sie geben ihr nur eine andere sprachliche Form. Ihre Denkfähigkeit bewahrt sie nicht davor, in der Zerstörung des

---

27 Wolfgang Borchert: Draußen vor der Tür, Reinbek 1998

von Bürgerkrieg und manichäischer Ideologie beschädigten Gemeinwesens die Erlösung zu sehen – und nicht den Untergang. Bei der Lektüre ihrer Schriften kann man noch im Abstand von Jahrzehnten jene Lust an der Zertrümmerung spüren, in der sich künstlerische Anarchie, philosophischer Rigorismus und politische Verantwortungslosigkeit paaren, als hätten sie schon immer zusammengehört.

Das Bild wird noch komplexer, wenn man sich vergegenwärtigt, dass sich der Zusammenbruch der gedanklichen Ordnung spiegelbildlich verzerrt bei den Intellektuellen im Lager wieder findet. Bittere Worte hat Jean Améry in den sechziger Jahren für den Zusammenbruch des «Geistes» angesichts der Demonstration von Macht und Gewalt im Konzentrationslager gefunden. «Mehr als den ungeistigen Kameraden lähmte den Intellektuellen im Lager auch sein historisch und soziologisch erklärbarer tieferer Respekt vor der Macht; tatsächlich hat der geistige Mensch sich immer und überall in völliger Abhängigkeit von der Macht befunden. Er war und ist es gewohnt, sie geistig anzuzweifeln, sie seiner kritischen Analyse zu unterwerfen – und doch im selben intellektuellen Arbeitsgang vor ihr zu kapitulieren. Die Kapitulation wurde dort vollends unvermeidbar, wo der feindlichen Macht nichts Sichtbares gegenüberstand. Es mochten draußen riesige Armeen den Vernichter bekämpfen, aber im Lager hörte man davon nur von fernher und wollte nicht mehr recht daran glauben. Ungeheuerlich und unüberwindlich türmte sich die Machtgestalt des SS-Staates vor dem Häftling auf, eine Wirklichkeit, die nicht umgangen werden konnte und die darum am Ende als *vernünftig* erschien. Jedermann, er mochte es geistig draußen gehalten haben wie auch immer, wurde in diesem Sinne hier zum Hegelianer: Der SS-Staat erschien im metallischen Glanz seiner Totalität als ein Staat, in dem die Idee sich verwirklichte.»[28]

Der Geist, dessen Bezug zur Welt zerstört worden ist, erweist sich nicht nur als ohnmächtig vor dem totalen Staat; er ist von

---

28 Améry: Jenseits von Schuld und Sühne, a.a.O., S. 33

ihm fasziniert, auch wenn er seine Repräsentanten hasst. Der ungarische Schriftsteller Imre Kertesz berührt dieses Problem in seinem «Roman eines Schicksallosen», wenn er seinen Erzähler zunächst in jeder Handlung eines Lager-Schergen eine Vernunft, eine erkennbar rationale Absicht walten sieht, ehe er sich der ungeheuerlichen Einsicht öffnet, dass das Lagersystem auf die Vernichtung der Insassen aus ist.

Die Selbst-Aufgabe des Geistes vor der Zerstörungswut stellt neue Probleme für die Erinnerungsthematik. Im einen Falle freiwillig, im anderen erzwungen, zerbricht der Geist am Fehlen des Bezugs zur Welt, zu den «anderen». Dies gilt, obwohl das Schicksal der Opfer unvergleichlich mit dem der Täter oder der Unbeteiligten ist. Dieses Versagen ist das Trauma der Intellektuellen. Ein Teil von ihnen findet nach dem Krieg in der (Kollektiv-) Schuld das vermeintlich erlösende Paradigma. Doch das Paradigma hat sich als Sackgasse erwiesen. Denn im Bezug auf die Schuld öffnet sich jene Sphäre der Mit-Weltlichkeit der Handelnden nicht, die der Nationalsozialismus bzw. die totale Herrschaft zerstört haben. Die Schuld kennt nur den Einzelnen oder das Kollektiv. In der gedanklich beschränkenden Rückführung des Geschehens auf die Schuld wird die Zerstörung der gemeinsamen Welt noch gar nicht berührt, um die es eigentlich geht. Damit wird jene intellektuelle Verstörung bagatellisiert, der man sich eigentlich widmen müsste: die Faszination des Intellektuellen gegenüber der totalitären Macht und sein Rückzug aus dem politischen Raum.

Dieses Kapitel der intellektuellen Geschichte Deutschlands und Europas ist bisher nur unzulänglich beschrieben worden.

Schuld und Kollektivschuld

Es war die Sprache des Exils, der Sieger und jener einzelnen Persönlichkeiten, die sich aufgrund besonderer Umstände eine innere Distanz und Klarsicht bewahren konnten, welche nach 1945 der Vergiftung des Denkens entgegenwirkten. Es war die Sprache derer, die, von außen kommend, die Konzentrations- und Vernichtungslager entdeckten und öffentlich aussprachen, dass sie sich so etwas nicht in ihren schlimmsten Albträumen hätten vorstellen können. In diesem Szenario der Rat- und Sprachlosigkeit, der Verlogenheit und der traumatischen Blockaden, war der Rückgriff auf das Paradigma der Schuld wie das Greifen des Ertrinkenden nach dem Strohhalm. Die Schuld bot sich an, sie war da, sie musste nicht erst gefunden werden.

Der Begriff der «Kollektivschuld» sollte beides enthalten: Er sollte auf die Verbindung zwischen den Taten der Einzelnen und der Kooperation der Vielen hinweisen. Jean Améry gibt wohl die Stimmung auf Seiten der Opfer in den fünfziger und sechziger Jahren treffend wieder, wenn er schreibt: «Kollektivschuld. Das ist natürlich blanker Unsinn, sofern es impliziert, die Gemeinschaft der Deutschen habe ein gemeinsames Bewußtsein, einen gemeinsamen Willen, eine gemeinsame Handlungsinitiative besessen und sei darin schuldhaft geworden. Es ist aber eine brauchbare Hypothese, wenn man nichts anderes darunter versteht als die objektiv manifest gewordene *Summe* individuellen Schuldverhaltens. Dann wird aus der Schuld jeweils einzelner Deutscher – Tatschuld, Unterlassungsschuld, Redeschuld, Schweigeschuld – die Gesamtschuld eines Volkes. Der Begriff der Kollektivschuld ist vor seiner Anwendung zu entmythifizieren und zu entmystifizieren. So verliert er den dunklen, schicksalhaften Klang und wird zu dem, als das er allein zu etwas nütze ist: zu einer vagen statistischen Aussage.»[29]

Die Rationalisierung des Begriffs gelang jedoch nicht. Vielmehr trat jene Mystifizierung des Begriffs und Geschehens ein, die Améry vermieden wissen wollte.

Viele Deutsche griffen aus Orientierungsbedürfnis zu dem Angebot, das Geschehen in den Kontext der christlichen Glaubenstradition (Schuld – Sühne – Vergebung und Neuanfang) zu

---

29 Améry, a.a.O., S. 117

stellen und es zum Ergebnis des Waltens höherer Mächte zu erheben. Es wurde eine rasche Aufklärung der Verbrechen verhindert, deren Urheber sich in der öffentlichen Meinung hinter dem Nebel der allgemeinen Schuldhaftigkeit verbergen konnten. Die Entstehung eines diffusen Schuld-*Gefühls* verhinderte auch, dass die politische Dimension der Schuld ans Licht der Öffentlichkeit treten konnte. Die Frage nämlich, welches die politischen und kulturellen Elemente jener Disposition waren, die die deutsche Gesellschaft veranlassten, sich zu großen Teilen willig dem Totalitarismus zu überantworten, entstand so erst gar nicht.

Schuld und Bewältigung

Die Geschichte des Schuld-Begriffs nach 1945 ist undenkbar ohne den Begriff der «Bewältigung». Schon sehr früh taucht das Wort «bewältigen» in Zusammenhang mit der Schuld auf. Gutmeinende sprechen bis heute immer wieder davon, man müsse die Schuld bewältigen oder: man habe nicht genügend bewältigt. Im öffentlichen wie im privaten Sprachgebrauch haben wir uns daran gewöhnt, beide Begriffe wie selbstverständlich miteinander zu denken.

Als Pendant zur Bewältigung erscheint die Verdrängung. Bewältigen – Verdrängen, in dieser Dichotomie mäanderte der Schuld-Diskurs lange Zeit. Von Kritikern wird bis heute vorgebracht: Die Deutschen verdrängten ihre Vergangenheit, statt sie zu bewältigen. Dahinter verbirgt sich nicht nur vulgärpsychologische Argumentation. So als sei es möglich, in einem kollektiven therapeutischen Vorgang eine Gesellschaft durch jene Stadien der Verarbeitung zu bringen, an deren Ende die Heilung steht. Auch die christliche Tradition spielt hier mit hinein. «Es ist vollbracht», sagt Jesus kurz vor seinem Tod am Kreuz. Er hatte die Schuld der Welt («peccata mundi») als Gottes Sohn stellvertretend übernommen.

Die etymologischen Wurzeln des Wortes weisen indes auf etwas Befremdliches hin: Bewältigen ist das schwache Verb zu Gewalt. Und in der Tat eignet dem Schuld-Diskurs zu Teilen etwas Gewalthaftes an. «Bewältigung» zielt auf ein Ende, einen Abschluss hin. Kann man diesen Typus von Schuld bewältigen, wie man etwa eine Arbeit oder Schulden bewältigt?

Im Kontext der jüdischen Exegese ist die Vorstellung, man könne Schuld bewältigen, nicht vorstellbar. Schuld bleibt bestehen. Der schuldbeladene Mensch macht *in ihr und mit ihr* einen Neuanfang; keinesfalls jedoch kann es gelingen, die Schuld zu «bewältigen». Man kann sie kodifizieren. Man kann ihrer gedenken, aber sie bleibt präsent. Jedenfalls ist der Wunsch oder die Forderung nach Bewältigung kaum mit jener permanenten Herausforderung zu vereinbaren, als die Auschwitz im intellektuellen Diskurs seit 1945 immer wieder thematisiert worden ist, von Hannah Arendt und Theodor W. Adorno ebenso wie von Jean Améry und Claude Lefort.

Auch eine republikanische Thematisierung der Schuld lässt sich mit der Bewältigungssehnsucht nicht vereinbaren. Die neu aufgebaute zivilisierte Welt muss mit dem Bewusstsein ihrer (Selbst-)Gefährdung leben. Diese Gefahr kann sie nicht dauerhaft bannen.

Schuld und Vergessen

Ebenso wichtig wie die Kunst des Erinnerns war den Gedächtniskünstlern der Antike die Kunst des Vergessens. Harald Weinrich erwähnt, dass das Gedächtnis seinerzeit als Fläche vorgestellt wurde, die ab und zu gesäubert werden muss.[30]

Durch Cicero ist überliefert, dass Simonides eines Tages zu dem Kriegsherren Themistokles kam, um ihm seine Kunst des Gedächtnisses anzubieten. Dieser soll geantwortet haben, er

---

30 Harald Weinrich: Lethe. Kunst und Kritik des Vergessens, München 1997, S. 251

wünsche sich lieber von ihm, das zu vergessen, was er vergessen wolle.[31]

Hier wird Vergessen mit einem befreienden Akt ineinsgesetzt. Vergessen als Sich-Erleichtern, das Belastende löst sich auf. Vergessen auch, um etwas Neues anzufangen. Gedächtnis kann hier Fluch, Vergessen hingegen Segen sein. Doch Themistokles spricht auch an, dass er nicht alles vergessen kann; daher sein Wunsch, das Vergessen zu erlernen.

Nicht alle Gedächtnisschichten können vom Vergessen-Wollen erreicht werden. Diesen Sinnkontext spricht Sigmund Freud in seinem Gleichnis vom «Wunderblock» an. Dieser Block ist eine frühe Version des Durchschreibeblocks, bei dem die Oberfläche aus Papier und Zellophan leergewischt werden kann (um Platz für das neu zu Schreibende zu schaffen), die darunter liegende Wachsschicht aber all das bewahrt, was auf der Oberfläche eliminiert worden ist. Freud bezeichnet diesen Wunderblock als «eine Versinnlichung der Art, wie ich mir die Funktion unseres seelischen Wahrnehmungsapparats vorstellen wollte»[32].

Jorge Luis Borges, der literarisch nicht wenig zur Theorie der Erinnerung beigetragen hat [33], bezeichnet das Vergessen als «eine der Formen des Gedächtnisses, sein weites Kellergeschoss ... die geheime Kehrseite der Münze».[34] Keineswegs ist hier das Vergessen der bloße Antipode des Gedächtnisses, seine Negation. Es ist vielmehr das Gegenüber des Gedächtnisses.

Auch Paul Ricœur spricht Erinnern und Vergessen als komplementäre Vorgänge an. Ihm folgend, könnte man Erinnern und Vergessen als zwei Pole beschreiben, die sich auf der Suche nach ihrem Gleichgewicht ständig umkreisen.[35] Aber Ricœur spricht

---

31 Vgl. Weinrich, a.a.O., S. 24

32 Vgl. Sigmund Freud: Notiz über den ‹Wunderblock›, in ders.: Studienausg., Bd. III, Frankfurt/M. 1975, S. 369

33 Vgl. auch Jorge Luis Borges: Das unerbittliche Gedächtnis, in ders.: Erzählungen 1935–1944, München 1981

34 Zit. nach Weinrich, a.a.O., S. 262

35 Paul Ricœur: Le Mémoire. L'Histoire. L'Oubli, Paris 2000, S. 537

noch eine weitere Tiefendimension an. Es gibt Geschehnisse, die «nicht vergessen» werden dürfen. Also würde man mit Ricœur Erinnern als Kampf gegen das Vergessen umschreiben. Dies gilt insbesondere für das Geschehen um Auschwitz.

Zurückkommend auf Freuds Metapher vom «Wunderblock»: An der Generation unserer Eltern und Großeltern lässt sich veranschaulichen, wie ambivalent die Wirkungen des nazistischen Angriffs auf das Gedächtnis sind. Vergegenwärtigt man sich die mentale Blockade 1945, so war die Zerstörung des kollektiven Gedächtnisses durchaus erfolgreich.[36] Aber sie entsprang ebenso sehr einem Selbstschutzmechanismus wie der «Gedächtnispolitik» des Nationalsozialismus. Und sie wirkte eben nicht dauerhaft und nicht bei allen. Das Verdrängte war abgesunken und stieg – unter den Bedingungen der Freiheit und des Druckes von außen – wieder empor. Nicht bei allen damaligen Zeitgenossen und vor allem in der nachfolgenden Generation.

Und hier tritt eine weitere Dimension hervor: Vergessen kann mit Schuld behaftet sein. Wer vergisst, was nicht vergessen werden *darf* oder erinnert werden *muss*, macht sich schuldig.[37] Ebendarauf hat sich die Weltöffentlichkeit angesichts von Auschwitz verständigt – und ebendiese kollektive Lernleistung – das Vergessene ins Bewusstsein zu heben – hatten die Deutschen nach 1945 zu erbringen.

Andererseits kann Vergessen selbst als Strafe wirken bzw. als solche intendiert sein. Man erinnere sich an Heines berühmtes Wort: «Nicht gedacht soll seiner werden.» In Dantes *damnatio memoriae* taucht das Vergessen als äußerste Strafe auf, die schlimmer ist als der Tod.[38] Und wieder sei hier verwiesen auf den Angriff der totalen Herrschaft auf das öffentliche Gedächtnis und die private Erinnerung. Die dem Vergessen Ausgesetzten – die Juden Europas, die Opfer des Terrors in der Sowjetunion – soll-

36 Vgl. auch Weinrich, a.a.O., S. 232
37 Vgl. Weinrich, a.a.O., S. 168
38 Vgl. Weinrich, a.a.O., S. 169

ten nicht nur physisch, sondern auch spirituell vernichtet werden. Von ihnen sollte keine Spur bleiben. Damit dies geschehen könne, wurden die, die Zeugen waren, einer kollektiven Amnesie unterzogen.

Wie die öffentliche Schuld zur privaten Schuld wurde

Als zugleich prägend und aporetisch hat sich in der Schuld-Debatte erwiesen, dass die moralische Schuld, ob kollektiv oder individuell, die Dimension der politischen Verantwortung gar nicht in Erscheinung treten lässt.

Ein Blick auf die Geschichte des Schuldbegriffs lehrt, dass sich zwei Strömungen darin seit jeher kreuzen: die politische und die moralische, die öffentliche und die private Dimension. Aristoteles unterscheidet zwischen tragischer, das heißt unausweichlicher, Schuld und bewusst eingegangener Schuld. Die Geschichten von Schuld – wie zum Beispiel jene von Ödipus – und was sie für das Gemeinwesen bedeuten, werden über die Gedächtniskunst in den Erzählungen weiter getragen. «Alle Tugenden in Griechenland oder in Rom sind ausschließlich politische Tugenden. Hier stellt sich niemals die Frage, ob ein Einzelner gut *ist*, sondern ob sein Verhalten für die Welt, in der er lebt, gut ist. *Im Zentrum des Interesses steht die Welt und nicht das Selbst* (Hervorhebung von mir – AG).»[39]

In diesem Verständnis von Schuld scheint eine politische Dimension des Schuldbegriffs auf; Schuld hängt hier mit der Freiheit des Handelns im öffentlichen Raum zusammen und mit der Verpflichtung des Einzelnen gegenüber den vielen. Individuelle Schulden bleiben davon ausgenommen.

---

39 Hannah Arendt: Collective Responsibility, in J. W. Bernauer (ed.): Amor Mundi, Dordrecht 1987, zit. nach der dt. Übersetzung. («Kollektive Verantwortung») von Frank Stühlmeyer und Ute Vorkoeper, Ms., S. 4

In der christlichen Denktradition ist jedoch die Schuld ins Private abgesunken, da sie keinen Platz im öffentlichen Raum mehr hatte, merkt Hannah Arendt an.[40] Die Kirchenväter verbinden Schuld mit der Lehre von der Erb- und Sündenschuld, individualisieren und privatisieren sie. Ausgenommen sind die öffentlichen Ketzerverbrennungen, auf denen die «Schuldigen» verbrannt werden. Die Seele soll sich um die eigenen Angelegenheiten (das Seelenheil) kümmern und sich von den öffentlichen Angelegenheiten fern halten. In der Interpretation Hannah Arendts wird diese Einstellung bei dem römischen Moralisten Tertullian auf den Punkt gebracht: *nec ulla magis res aliena quam publica* (keine Sache ist uns fremder als die der Öffentlichkeit).[41] Die Höherwertigkeit der Seele gegenüber dem handelnden Menschen bewirkt, dass der Verstoß gegen die moralischen (bzw. religiösen) Regeln strenger gewertet wird als der Verstoß gegen die weltlichen Regeln. In unserem Fall bedeutet dies: dass die moralischen Regeln in der Werteskala Vorrang vor den politischen haben. Lediglich im Recht wird jene Verpflichtung gegenüber der Welt noch festgehalten.

Das aufklärerische Denken, das die Willensfreiheit in den Vordergrund stellt, kann jene starke religiöse Tradition nicht brechen, die durch Luthers Protestantismus in Deutschland noch einmal bestätigt wird. Einzig der Verlust des Glaubens an die religiöse Sanktionsgewalt unterminiert diese Ordnung, aber ohne dass der in der Öffentlichkeit handelnde Mensch stärker in den Vordergrund tritt. Nietzsche setzt an diesem Punkt an, wenn er die Bindung des sozialen Lebens an die Schuld kritisiert.

Im 20. Jahrhundert erhält der Begriff aufs Neue eine ins Metaphysische übergehende Universalität. Es ist aufschlussreich, dass der Begriff der Schuld im Kontext des Ersten Weltkriegs wieder auf Kollektive übertragen wird. Dies ist nur möglich,

---

40 Hannah Arendt: Kollektive Verantwortung, a.a.O., S. 5
41 Arendt, ebd.

weil schon vor dem Ersten Weltkrieg moralische Maßstäbe in den politischen Raum übertragen werden, die es ermöglichen, Handeln von Kollektiven überhaupt erst als Schuld (und Verantwortung) zu bezeichnen. Nach dem Ersten Weltkrieg wird diese Tendenz mit der Ächtung des Angriffskrieges und bestimmter Kriegswaffen in internationalen Verträgen weitergeführt, zugleich wird mit der Ableitung der finanziellen Entschädigung der Sieger aus der «Schuld (der unterlegenen Seite) am Krieg» ein Paradigmenwechsel herbeigeführt, der diese Moralisierung befördert.[42] Der Unterlegene ist nicht nur Verlierer; er bleibt über das Geschehen hinaus mit der Schuld behaftet. Diese Dimension ist in der Kriegsgeschichte neu. Da es nicht gelingt, die moralisch-finanzielle Schuld in die politische Verantwortung aller zu übersetzen, erschwert dies seinerzeit den politischen Neuanfang enorm (vgl. Kap. II).

Nach dem Zweiten Weltkrieg erfordert der deutsche Genozid in Osteuropa das Einbringen einer moralischen Dimension neben und jenseits der kriminellen Schuld, da das Geschehen die «normalen» Maßstäbe des Urteils und des Urteilens übersteigt.

So findet hier ein Einzug der Moral in die Politik statt vor dem Hintergrund eines vorgängigen Verlusts politischer Urteilsmaßstäbe. Nach der Katastrophe tritt das moralische an die Stelle des politischen Urteils. Ein paradoxer Befund: Einerseits ist die Ethik in der Geschichte des westlichen Denkens mehr und mehr auf das private gottgefällige Leben reduziert, wodurch seine politische Dimension bedroht wird; andererseits erfährt sie einen verspäteten Einzug in den öffentlichen Raum, als Ersatz für die verloren gegangene politische Urteilskraft.

---

42 Vgl. Jörg Fisch: Reparationen und Entschädigungen nach dem Zweiten Weltkrieg, in: Blätter für deutsche und internationale Politik, Heft 5/2000, S. 687

Schuld und Verantwortung

Hannah Arendts Unterscheidung zwischen moralischem und politischem Urteil macht auf einen Vorgang aufmerksam, der sich im Laufe der Geschichte des Denkens und der menschlichen Gesellschaften quasi naturwüchsig vollzogen hat. Ihre Kritik richtet sich darauf, dass der Begriff der «Kollektivschuld» davon ablenke, was eigentlich geschehen sei. Worum es in Wirklichkeit gehe, sei die Trennung von strafrechtlich relevanter Schuld, die immer nur beim Einzelnen (oder bei einer identifizierbaren Tätergruppe) liegen könne, und politischer Verantwortung, sei eine Reformulierung der kollektiven politischen Verantwortung als einer weltlichen Tugend. Dafür müssten zwei Bedingungen erfüllt sein: «Ich muß verantwortlich gehalten werden für etwas, was ich nicht getan habe. Und der Grund für meine Verantwortlichkeit muß meine Mitgliedschaft in einer Gruppe (einem Kollektiv) sein, die kein willentlicher Akt von meiner Seite aus lösen kann, das heißt, eine Mitgliedschaft, die gänzlich anders ist als eine Geschäftsbeziehung, die ich durch meinen Willen lösen kann.»[43]

Die politische Verantwortung macht auch den, der recht gehandelt hat, für das in seinem Namen geschehene Unrecht verantwortlich. Entscheidend ist, dass diese Verantwortlichkeit gegenüber der gemeinsamen Welt besteht und nicht gegenüber Gott oder einer höheren Vernunft – und auch nicht allein gegenüber den Opfern. Allein die Verantwortlichkeit aller für den Zustand der Welt könne diese vor der Selbstzerstörung bewahren. Diese Verantwortlichkeit sei gleichbedeutend mit Ethik in ihrem ursprünglichen Sinne.[44]

Das heißt aber auch: Die Debatte darüber, wer Verantwortung

---

[43] Arendt, a.a.O., S. 3

[44] «Beide Worte bedeuten ursprünglich nicht mehr als Bräuche oder Sitten und dann, in einem höheren Sinne, die für die Bürger angemessenen Bräuche und Sitten.» (Arendt, a.a.O., S. 4)

trägt, setzt die Existenz eines Gemeinwesens voraus und ein Urteilsvermögen seiner Bürgerinnen und Bürger.

Bezogen auf die Aporien der Schuldkultur im 20. Jahrhundert wäre zu fragen: Dient nicht die Dominanz der Schuld gerade zur Verwischung der politischen Verantwortung? Wie aber wäre die Zuwendung gegenüber der Welt zu formulieren, der man verantwortlich ist? Die «Bürde des jüdisch-christlichen Erbes»[45] ist nicht reversibel. Auch ist die Privatisierung des Selbst, seine Loslösung von der politischen Verantwortlichkeit des Bürgers nicht umzukehren. Und doch gibt es ein Element, an dem sich anknüpfen ließe: das Gewissen, verstanden im platonischen Sinne als Gespräch des Selbst mit sich. Dieses Selbstgespräch bereitet einen Raum, es ermöglicht einen Zugang zur Welt der anderen, zur Mitwelt.

Die Vorstellung des Gewissens bedeutet in unserem Kontext: Das handelnde Subjekt begleitet sich denkend. Es reflektiert über sein Tun. Dies geht nur, wenn der Handelnde sich ertragen kann. Einen Mörder aber kann er nicht aushalten; mit ihm kann er nicht leben. Diese Moral setzt auf die Selbstkorrektur im Zwiegespräch. In ihr ist die Unterscheidungsfähigkeit zwischen Gut und Böse angesiedelt, aus der die Fähigkeit zu urteilen hervorgeht. Der innere Dialog macht die politische Verantwortung überhaupt erst möglich. Sie entsteht in der Beziehung der vielen Einzelverantwortlichkeiten aufeinander. Beide, individuelle wie kollektive Verantwortung, bestehen gegenüber der Welt – und eben nicht nur gegenüber dem privaten Selbst. Verpflichtung gegenüber der Welt heißt, diese Welt bewohnbar zu halten und sie den Nachkommen in einer menschenwürdigen Weise zu hinterlassen.

Die Übertragung des platonischen Zwiegesprächs auf die Zivilgesellschaft fußt auf der Annahme, dass jeder einzelne die Möglichkeit (Fähigkeit) zur Vernunft besitzt. Was aber ist mit denen, die kein Gewissen haben? Die Massenmörder haben sowohl die Verpflichtung gegenüber der Welt verloren – oder sie

---

45 A.a.O., S. 5

haben sie nicht ausgebildet oder umdefiniert – wie auch die Fähigkeit zum inneren Dialog. Es ist dieser Umstand, mit dem am schwersten umzugehen ist. Der Angeklagte Eichmann, vermerkt Hannah Arendt fast ungläubig, kann sich in seinem Prozess in Jerusalem darüber erregen, dass die Massentötungen mit Grausamkeiten verbunden waren, lautete doch die Vorschrift, «unnötige Härten» zu vermeiden. Aber den Massenmord selbst stellte er nicht in Frage. Es ist unter anderem diese Erkenntnis, dass das platonische Gewissen nicht in jedem wirkt, die Arendt davon sprechen lässt, dass die Moderne mit der Möglichkeit der totalen Herrschaft lebt. Sie ist davon überzeugt, dass es in der Moderne eine Art von moralischer Degression gibt, die aus dem Verschwinden der politischen Dimension herrührt. Dieses Verschwinden ist konstitutiv für die Moderne; ihm zu begegnen ist die größte Herausforderung für das politische Denken.

Anlässlich des Eichmann-Prozesses streicht Arendt heraus, dass es in erster Linie darauf ankommt, die Verantwortung des Einzelnen retrospektiv freizulegen, um sie überhaupt wieder in Erscheinung treten zu lassen. Sie verweigert also jenen Schritt, nach dem damals alle Beteiligten wie die Ertrinkenden nach einem Strohhalm griffen: die Kollektivschuld. Jene hält sie für eine «trügerische Annahme», ja für «absurd».[46] Und wenn gar die Deutschen den Begriff auf sich selbst anwendeten, so trete er als «Inbegriff moralischer Verwirrung» auf.[47]

Worum es also geht, ist zunächst die Unterscheidung zwischen individueller Schuld, persönlicher Verantwortung und politischer Verantwortung. Während Schuld den strafrechtlichen Aspekt des Geschehens betrifft – wer ein Verbrechen begangen hat, der muss sich verantworten, und er wird dann bestraft –,

---

46 Vgl. Hannah Arendt: Personal Responsibility under Dictatorship, Rundfunkvortrag, zuerst in «The Listener» vom 6. August 1964; dt. unter dem Titel: Diktatur und persönliche Verantwortung, in: Befreiung. Zeitschrift für Politik und Wissenschaft, o. J. (1985), Nr. 29; zit. nach dem ungekürzten Abdruck unter der Überschrift «Die Persönliche Verantwortung unter der Diktatur» in: Konkret, Nr. 34, 1991, S. 36
47 Arendt: Die persönliche Verantwortung , a. a. O., S. 38

betrifft die persönliche Verantwortung das Unterscheidungsvermögen zwischen Gut und Böse. Wer etwas Böses getan hat, von dem muss angenommen werden, dass er darum weiß und danach beurteilt werden kann. Politische Verantwortung hingegen betrifft die gemeinsame Sorge um die Welt. Der Begriff der «Sorge» wiederum richtet sich nicht in erster Linie auf soziale Aufgaben (das Elend der Welt), sondern den Schutz (oder die Gründung) der freiheitlichen Ordnung.

Die Frage der persönlichen Verantwortung kommt überhaupt erst auf, wenn man voraussetzt, dass eine solche Verantwortung für jeden Einzelnen, unabhängig von der politischen Ordnung, in der er oder sie lebt, im Prinzip existiert. Als Zustand der «moralischen Desintegration» bezeichnet es Arendt, den Gehorsam gegenüber Befehlen oder Gesetzen über die eigene Unterscheidungsfähigkeit zwischen Gut und Böse zu stellen oder zuzulassen, dass eine Regierung die Ordnung der Freiheit zerstört.[48] Der Publizist Sebastian Haffner hatte dieses Phänomen Jahre zuvor für die Weimarer Republik als «einen kollektiven Kollaps – einen millionenfachen simultanen individuellen Nervenzusammenbruch» beschrieben.[49]

Vor dem Hintergrund dieses Kollapses aber wäre kollektive politische Verantwortung zu reformulieren. Erst die Wiederherstellung eines öffentlichen Raumes, in dem Verantwortung überhaupt wahrgenommen werden kann, könnte kollektive Verantwortung wieder möglich zu machen.

Das Erbe von Auschwitz

Die Ubiquität des Schuld-Paradigmas hat zu einem Außerkraftsetzen der geschichtlichen Zeit geführt. Als Folge wird die

---

48 Vgl. Arendt, a.a.O., S. 37

49 Vgl. Sebastian Haffner: Geschichte eines Deutschen. Die Erinnerungen 1914–1933, München Stuttgart 2000, S. 121

Welt in ein «Vor Auschwitz» und in ein «Nach Auschwitz» aufgeteilt. Auf der Suche nach «den Ursachen» ist über das Schuld-Paradigma eine quasi subkutane Teleologie in die Welt eingeführt worden, nach der alles vorherige Geschehen auf Auschwitz zuläuft und alles Geschehen danach seine Legitimation oder Delegitimation von der Erzählung des Mordes empfängt. So vorzugehen, schreibt der Literaturwissenschaftler Geoffrey Hartmann, erhöbe Auschwitz zu einem «Äquivalent des Erhabenen». «Wenn man das Jahr 2000 als das Jahr 55 nach Auschwitz bezeichnet, *stigmatisiert* man die Geschichte. Es ist aber unerlässlich, sich einer Zusammenfassung des datierten Grauens als einer reinen Verkörperung des Bösen zu widersetzen: Eine solche Stigmatisierung führt lediglich zu einem Weltbild, das ebenso manichäisch ist wie das des Nationalsozialismus, das absolute Ergebenheit forderte und sich selbst als das Übel erwies, welches es bis auf den Tod zu bekämpfen vorgab. Man kann das sich als erlösende geistige Kraft maskierende Böse nicht einsperren, indem man es von der übrigen Zeit abtrennt: Es ist ein *revenant* (Wiedergänger – AG), der uns verfolgt und unsere stete Wachsamkeit verlangt.»[50]

Ein *Wiedergänger* ist unsichtbar und zugleich omnipräsent, er taucht unvermutet, zufällig auf. Er kann nicht gebannt werden, solange die Kräfte, die ihn rufen, unbekannt sind. Eine Repräsentation des Bösen aber verkürzt das Weltbild auf eine endgültige Gestalt. Dies ist der Dreh- und Angelpunkt des Diskurses über Auschwitz (und den Gulag). Sind beide Ereignisse Wunden, die versorgt werden müssen, damit sie vernarben, oder besteht ihre Herausforderung darin, die Selbstgewissheit des Denkens in der Moderne immer wieder in Frage zu stellen? Auschwitz als das hehre absolute Böse – dies ist der Reflex und die Versuchung. Doch schlagen wir nicht damit das Erbe aus, das uns Auschwitz – und der Gulag – präsentieren? Der Text des

---

50 Geoffrey Hartmann: Das beredte Schweigen der Literatur. Über das Unbehagen an der Kultur, Frankfurt/M. 2000, S. 135 f.

Testaments lautet: «Die Gaskammern des Dritten Reichs und die Konzentrationslager der Sowjetunion haben die Kontinuität abendländischer Geschichte unterbrochen, weil niemand im Ernst die Verantwortung für sie übernehmen kann. Zugleich bedrohen sie jene Solidarität von Menschen untereinander, welche die Voraussetzung dafür ist, daß wir es überhaupt wagen können, die Handlungen anderer zu beurteilen und abzuurteilen.»[51] Die Schlüsselworte dieses Testaments lauten: Unterbrechung, Verantwortung, Solidarität, Handlung und Urteilen. Eine Unterbrechung kann man weder rückgängig machen, noch lässt sie sich zuschütten. Sie existiert unabhängig davon, dass die geschichtliche Zeit weitergeht. Wie anders kann sich diese Unterbrechung heute zeigen, als im Mitdenken ihrer Möglichkeit?

Politische Verantwortung für das Geschehene kann niemand übernehmen, und doch kann ohne Verantwortung kein Gemeinwesen bestehen. Die Solidarität von Menschen ist außer Kraft gesetzt worden, und doch ist ohne das Vertrauen auf Solidarität menschliches Zusammenleben unmöglich. Handeln ist zum Verbrechen geworden, und doch kann nur aus der Welt der Handelnden etwas Neues entstehen. Urteilen ist unmöglich geworden, und doch fußen darauf die Beziehungen der Bürger untereinander. Die Begriffe markieren jenen Scheitelpunkt im Denken, an dem sich Auschwitz ereignet hat, einerseits außerhalb der menschlichen Solidarität und des Raums, für den man Verantwortung übernehmen kann – und andererseits als größte Herausforderung für diesen Raum.

Auschwitz als das erhabene Böse blendet diesen Kontext aus. Dies ist letztlich ein Akt der Selbstüberheblichkeit. Die große Ent-Täuschung darüber, dass der Intellekt bei seiner absoluten Negation mitwirkte, führt hier zur permanenten Weigerung, weiter zu denken, zum Kreisen um das Geschehen. Die Gefahr liegt darin, dass das Politische, das Handeln, das Urteilen zur Unmaßgeblichkeit verdammt werden, zum eh schon Schlechten.

---

51 Hannah Arendt: Elemente und Ursprünge totaler Herrschaft, München 1986, S. 704

Als der Dichter Simonides die Gedächtniskunst erfand, ging es um das Aufbewahren des Geschehenen. Nur indem er es an sichtbare Orte band, konnte die Einbildungskraft das Geschehene zurückrufen. Auschwitz und der Gulag sind in dieser Form des Gedächtnisses überliefert. Die Konzentrations- und Straflager ebenso wie die Vernichtungsstätten sind zu Orten der Erinnerung geworden. Nationale Mahnmale sollen dieses Gedenken «komplettieren». Doch die Nachwirkungen von Auschwitz und dem Gulag auf die zivilen Gesellschaften sind womöglich noch gar nicht ausgelotet.

II. Der unterirdische Zivilisationsbrand

Über das Erbe des Großen Krieges

> «Was am 1. August 1914 in Europa geschah, kann keine Geschichte der Verursachungen und Veranlassungen, die zum Ersten Weltkrieg führten, und keine Analyse der Motive und Hintergedanken, die hinter den offiziellen Kriegserklärungen lagen, erhellen. Das Schlaglicht der Katastrophe mag uns heute noch so blenden, daß wir die Konturen des Ereignisses nur mit Mühe sehen und nachziehen können; es ist jedenfalls das einzige Licht, das wir haben, und es beleuchtet, wie alle Ereignisse, die ihr Licht in den Geschehniszusammenhang der Geschichte werfen, nicht nur sich selbst, sondern seine eigene Vergangenheit und seine unmittelbare Zukunft. Wir können aus der Geschichte des 19. Jahrhunderts den Ersten Weltkrieg nicht ‹erklären›; aber wir können gar nicht anders, als im Lichte dieser Katastrophe das Jahrhundert verstehen, das in ihr sein Ende fand.» [1]
>
> Hannah Arendt

Der Erste Weltkrieg endete mit einem Waffenstillstand. Im Friedensvertrag von Versailles wurde dem Deutschen Reich die alleinige materielle und moralische Verantwortlichkeit für seinen Ausbruch («Schuld am Krieg») und für alle im Krieg entstandenen Schäden («Schuld im Krieg») zugesprochen. Im Friedensschluss wurde Deutschland zu einem Schuldnerstaat von 32 alliierten Siegermächten. Das Deutsche Reich wurde gezwungen, die Monarchie abzuschaffen und eine parlamentarische Demokratie zu errichten.

---

[1] Hannah Arendt: Elemente und Ursprünge totaler Herrschaft, a.a.O., S. 422

Der Zweite Weltkrieg lässt sich kaum mit dem Ersten vergleichen, und doch legt die Abfolge beider Kriege innerhalb von wenigen Jahrzehnten dies nahe. Während die Ursachen für den Ausbruch des ersten Krieges bis heute strittig sind, war seit Hitlers Machtübernahme die Orientierung auf einen zweiten Krieg geradezu vorgegeben.[2] Während der Erste Weltkrieg aus einer jahrzehntelangen Rivalität unter den europäischen Großmächten hervorging, war der zweite ein rassistisch motivierter Angriffs- und Vernichtungskrieg, der die Ermordung der europäischen Juden und anderer sozialer Gruppen, politischer Minderheiten und Völker zum Ziel hatte.

Beide Kriege waren «demokratische» Kriege insofern, als an ihnen unvorstellbare Menschenmassen beteiligt waren. In beiden Kriegen standen Gesellschaften gegeneinander; die Trennung zwischen Kriegsgeschehen und Zivilleben wurde zunehmend verwischt. Und wenn man dies für den ersten Krieg schon sagen kann (15 Prozent der Toten waren Zivilisten), um wie viel mehr dann für den zweiten Krieg, in dem der Anteil der Toten unter der Zivilbevölkerung (die ermordeten Juden eingeschlossen) auf 65 Prozent anstieg.[3]

Und doch unterscheiden sich die beiden Kriege fundamental: Waren die «Ideen von 1914» noch eine spezifische Ideologie zur Legitimierung des Krieges, so trat schon lange vor Beginn des zweiten Krieges eine geschlossene rassistisch geprägte Weltanschauung auf, die letztendlich die planmäßige Vernichtung fremder Staaten, Gesellschaften, Kulturen und Menschengruppen propagierte.

So wie die Faktizität beider Kriege das nachfolgende politische Geschehen prägt, so ziehen sich die Debatten um die «Schuld am Krieg» und die «Schuld im Krieg» durch das Jahrhundert. Sie dominieren bis heute den politischen Diskurs. Sie

---

2 Vgl. François Furet: Das Ende der Illusion, a.a.O., S. 53

3 Vgl. Barbara Ehrenreich: Blutrituale. Ursprung und Geschichte der Lust am Krieg, Reinbek 1999, S. 250 f.

hielten Einzug in die politische Sprache und in die Mentalitäten der Beteiligten. Politik ist seither untrennbar mit der Frage nach Schuld und Moralität verbunden. Freilich: Die «Menschen, die 1914 den Krieg entfesseln, wissen nicht, dass sie den Grundstein zu jener moralischen Entwicklung Europas im 20. Jahrhundert legen, und sie wissen erst recht nicht, um welch furchtbaren Preis».[4] Doch im Rückblick sind wir gehalten, zu jener Situation zurückzukehren, bei der sich furchtbarste (Selbst-)Zerstörungswut mit der Geburt des Zeitalters der Menschenrechte trifft.

Der Große Krieg und die Schuld

«Meine Herren Delegierten des Deutschen Reichs! ... Sie haben vor sich die Versammlung der Bevollmächtigten der kleinen und großen Mächte, die sich vereinigt haben, um den fürchterlichsten Krieg auszufechten, der ihnen aufgezwungen worden ist. Die Stunde der Abrechnung ist da.»[5]

Der schneidende Ton, den der französische Premierminister Georges Clemenceau bei der Übergabe der Friedensbedingungen am 7. Mai 1919 anschlug, war wohl gesetzt. Am «Sieg gefällt ... (Clemenceau) die Entmachtung der gegnerischen Throne: die Flucht Wilhelms II. und das Ende des Kaiserreichs in Wien. Er frohlockt gleichermaßen über den Sieg der Nationalitäten und die Erniedrigung Deutschlands. Aus einem Akt der Diplomatie, mit dem er eine neue Ordnung herbeiführen will, macht er einen Urteilsspruch über ein schuldiges Volk.»[6] Die deutsche Delegation unter ihrem Außenminister Graf Brockdorff-Rantzau hatte nächtelang beraten, tage-, wochen- und monatelang waren die Depeschen zwischen Berlin und Compiègne

---

4 Vgl. Furet, a.a.O., S. 56

5 Zit. bei Gerd Krumreich: Vergleichende Aspekte der ‹Kriegsschulddebatte› nach dem Ersten Weltkrieg, in: Wolfgang Michalka (Hg.), Der Erste Weltkrieg, München 1994, S. 917

6 Furet, a.a.O., S. 83

hin- und hergegangen. Minimal waren die Änderungen, die sie aufgrund ihrer unflexiblen Haltung hatte erreichen können. Was schließlich übrig blieb, war der Affront, den sich der nervlich stark angegriffene Graf Brockdorff-Rantzau leistete: Er blieb bei der Verlesung seiner Antwort auf die Rede Clemenceaus demonstrativ sitzen, während alle anderen standen.[7]

Der Krieg ging als der «Große Krieg» in die Annalen ein, bis er durch einen zweiten großen Krieg zum Ersten Weltkrieg wurde.

Zahlreich sind die Versuche zu erklären, warum der «Große Krieg» ausbrach. Der britische Historiker John Keegan verweist darauf, dass zu keiner Zeit vorher die internationale Durchdringung und Vernetzung von Ökonomie, Bankwesen und neuer Technologie (drahtlose Kommunikation und Eisenbahnverbindungen) so intensiv gewesen sei wie zu Beginn des Jahrhunderts. Auch außenpolitisch habe Europa durchaus geschlossen agieren können, wie zum Beispiel bei der Niederschlagung des Boxer-Aufstands in China 1900.[8] Nicht zu vergessen die diplomatische Kultur der Einhegung des Krieges durch verschiedene «Kriegsordnungen» wie zum Beispiel die «Haager Landskriegsordnung», die Ächtung bestimmter Waffengattungen vor dem Krieg. Nicht zu vergessen die zahlreichen Massendemonstrationen der europäischen Arbeiterbewegung gegen den Krieg, lange bevor er begann. In diesem Ambiente entstanden zum Beispiel auch gut gemeinte Versuche einer zivilen Neudefinition der Nation, wie etwa bei Ernest Renan. Er wollte Nation folgendermaßen verstanden wissen: «Eine große Ansammlung von Menschen gesunden Geistes und warmen Herzens erzeugt ein Moralbewusstsein, welches sich eine Nation nennt.»[9] Moral ist

---

7 Vgl. Harold Nicolson: Aufzeichnungen von den Verhandlungen über den Versailler Friedensvertrag, in: Der Vertrag von Versailles, München 1978, S. 95
8 John Keegan: The First World War, New York 1999, S. 10 ff.
9 Ernest Renan: Was ist eine Nation. Rede am 11. März 1882 an der Sorbonne, Hamburg 1998, S. 37

in diesem Kontext etwas der Machtpolitik Übergeordnetes, ein Ordnungssystem, das sich von den Bürgern «warmen Herzens» her erhebt. Doch wie ohnmächtig erweist sich dieser Gedanke, den Nationalismus des 20. Jahrhunderts an die Ideale der Aufklärung zurückzubinden.

Es gab eine sozialdemokratische Antikriegskultur, in der sich nicht nur radikale Pazifisten versammelten. Aus allen diesen Zeugnissen, so rührend und hilflos sie sich auch heute ausnehmen mögen, spricht eine Vorahnung, dass man es nicht zu einem nächsten Krieg kommen lassen dürfe, weil er alle bis dahin bekannten Dimensionen sprengen würde. Ihr Spiegelbild findet diese Furcht in der Sehnsucht nach dem Krieg als einem «reinigenden Gewitter», einer «Katharsis», wie wir sie bei jugendlichen Künstlern, Intellektuellen und der bürgerlichen Mittelschicht finden.

Für John Keegan bleibt der Ausbruch des Krieges auch heute noch ein Geheimnis. Der französische Historiker François Furet kommentiert: «Alle sahen ihn im Sommer 1914 heraufziehen, und alle ließen es geschehen, die Regierungen ebenso wie die Öffentlichkeit.»[10]

«Hineingeschlittert» sei man in den großen Krieg, hieß es lange Zeit. Diese Erklärung klingt hilflos; in Deutschland diente sie lange zur Entlastung von der eigenen politischen Verantwortung. Aber auch die Gegenthese: Allein Deutschland habe auf diesen Krieg planmäßig hingearbeitet, läuft ins Leere. Denn der Prozess, der zum Krieg führte, und der scheinbar so unabweisbar war, erhält – abhängig vom Blickwinkel – auch etwas Zufälliges. Keiner wollte ihn, aber ebenso wollte keiner ihn verhindern. Keegan führt an, dass der Krieg möglicherweise zu verhindern gewesen wäre, wenn man sich der neuen Kommunikationsmittel wie zum Beispiel des Telefons bedient hätte. Die technischen Möglichkeiten dazu bestanden bereits. Offensichtlich ergab sich aber aus dem Stand der Rüstungsindustrie auch

---

10 Furet: Das Ende der Illusion. A.a.O., S. 68

ein Handlungszwang. So schritten am Ende die Staaten Europas wie auf einem «Todesmarsch oder in einem Dialog der Tauben in die Zerstörung ihres Kontinents und seiner Zivilisation»[11].

Spuren dieses unerklärlichen Soges findet sich auch in den Worten, die Walther Rathenau 1919 für die Erklärung des Desasters findet: «In diesem unglücklichen und nichtswürdigen Europa brach der Krieg nicht am 1. August 1914 aus. Schon vor Jahrzehnten war er ausgebrochen. Wenn auch nicht die sichtbaren Armeen des Imperialismus und Nationalismus marschierten, sich eingruben und zerrissen, nicht die sichtbaren Schlacht- und Mordschiffe zerbarsten, die sichtbaren Menschenvögel sich zerhackten. Im Ätherraume der Erde kreiste der geballte Haß, die böse Tücke, der entfesselte Tod. Jeder, der einen Schimmer sehenden Gefühls hatte, wußte, daß der Krieg nicht drohte, sondern längst ausgebrochen war; daß die armen Weltbezwinger Kinder waren, die zwischen Pulverfässern mit wichtiger Miene unerlaubte Zigaretten rauchten.

Wenn es eine Schuld gibt, so ist es die Schuld des europäischen Gewissens. An ihr ist jeder beteiligt, der aus dem verborgenen Weltkrieg der Konkurrenz und des Brotneides Vorteil und Unterhaltung zog, gerecht zu sein glaubte, weil es ihm gutging, und die Stimme nicht erhob, weil er sich fürchtete.»[12]

Alle europäischen Mächte fürchteten, ihr Gesicht als Nation zu verlieren. Doch das Gesicht einer zur kämpferischen Selbstbehauptung bereiten und ihre Ehre verteidigenden Nation war mehr auf die Vergangenheit als auf die Zukunft gerichtet. Die Zukunft verlangte nach neuen Formen der Kooperation – wie die Friedenskonferenzen und Verhandlungen vor Beginn des Krieges zeigten.[13]

---

11 John Keegan: The First World War, a.a.O., S. 23
12 Walter Rathenau: Die Schuld am Kriege, (1919), in: Frankfurter Hefte, 4. Jg. 1949, H. 2, S. 173
13 Vgl. Veit Valentin: Geschichte der Deutschen, Köln 1991, S. 496 f.

Krieg, Schuld und Demokratie

Auf den ersten Blick beruhte die «deutsche Schuld» am Ersten Weltkrieg auf einem semantischen Missverständnis. In den alliierten Dokumenten zum Friedensvertrag von Versailles ist von «responsabilité» und von «responsibility», also von Verantwortung bzw. von Verantwortlichkeit die Rede, aber auch von Schulden im Sinne von Reparationen. Dennoch wäre es falsch, die «deutsche Schuld» nach dem Ersten Weltkrieg als eine Erfindung der Deutschen zu qualifizieren, gar als Ausgeburt ihrer Paranoia. Die Alliierten sehen in der Alleinverantwortlichkeit Deutschlands eine notwendige, retrospektive Begründung der ungeheuren Anstrengungen ihrer Wirtschaften, der Opfer ihrer Zivilbevölkerungen und ihrer Heeresführungen. So weisen sie die deutsche Ablehnung der Alleinverantwortlichkeit zurück. «‹I could not accept the German point of view›, schrieb der britische Premier Lloyd George später, ‹without giving away the whole of our case for entering into the War.›» Er hatte keinen Zweifel daran, dass Deutschland die Alleinverantwortlichkeit am Ausbruch des Krieges zugesprochen werden *musste*.[14] Diese zirkelschlüssige Argumentation kehrt am Ende des Zweiten Weltkriegs wieder, in der Begründung für die ungeheure Zerstörungswucht der alliierten Luftangriffe auf deutsche Städte. Auch nach 1945 wird von den Beteiligten argumentiert, dass die ungeheuren materiellen, wirtschaftlichen und organisatorischen Anstrengungen auf Seiten der Sieger mit einem Sieg beziehungsweise einer umfassenden Rechtfertigung ihrer Aktionen enden *muss-*

---

14 Martin Gilbert zitiert aus dem Artikel 231: «‹... the war imposed upon them by the aggression of Germany›: seldom can ten words have led to such dusturbing, and in due course violent repercussions, culminating in a renewal of war, so that the Great War of 1914–18 had to be renamed the First World War, and its successor became the Second. The link between the two world wars, separated by only twenty years, was this ‹war guilt› clause as perceived by Germans, aggravated by her extremist politicians, and set up to be shot down in flames and fury by Hitler, the former corporal who was to see his mission as revenge on the Allied and Associated Powers (three of which, Italy, Roumania and Japan, were to become his allies in the Second World War).» (Gilbert, a.a.O., S. 514)

ten.¹⁵ Angesprochen ist hier eine Dynamik, aus der sich die Beteiligten nicht mehr herausbewegen können: die Dynamik der wirtschaftlichen Produktivität, die in Zerstörungskraft umgesetzt wird.

Die Gründe, warum die Deutschen 1918 mit moralischen Urteilen konfrontiert wurden, die, wenn sie auch nicht in den Papieren zum Friedensschluss wörtlich paraphiert sind, doch unüberhörbar mitschwingen, sind vielfältig.

Schon vor dem offiziellen Beginn der Friedensverhandlungen zwischen dem Deutschen Reich und den Entente-Mächten im Januar 1919 war deutlich, dass Deutschland von Seiten der Alliierten als alleiniger Kriegsverursacher (und als kriegstreibende Macht) angesehen und die von Deutschen verursachten Zerstörungen als moralisch verwerflich und nicht einfach als Kriegshandlungen eingestuft wurden. Akte wie die Versenkung des Passagierdampfers «Lusitania» 1915, die Erschießung von belgischen Zivilisten als Vergeltung für die Aktionen der dortigen Partisanen (den so genannten «Franc-Tireurs»); die Exekution der britischen Krankenschwester Edith Cavell in Brüssel, die britische Kriegsgefangene versorgt hatte; die Zerstörung von Kulturgütern wie die Beschießung von belgischen und französischen Kirchen und Bibliotheken und der deutsche U-Boot-Krieg trugen erheblich dazu bei, die Rolle der Deutschen als barbarisches Hunnenvolk festzuschreiben.¹⁶

Dabei war gerade im U-Boot-Krieg und im Luftkrieg der Symbolwert mindestens ebenso hoch wie das tatsächliche Geschehen. Die Tatsache, dass der Feind in der Luft und unter Wasser beim damaligen Stand der Technik (fast) unerreichbar und deshalb so unberechenbar war, trug zur Mythenbildung

---

15 Vgl. W. G. Sebald: Luftkrieg und Literatur, a.a.O., S. 77; Sebald zitiert einen Brigadier der amerikanischen Luftwaffe, der auf die Frage nach der Begründung für die anhaltenden Bombardierungen von zivilen Zielen antwortete: «Man kann das praktisch auch nicht auf die Berge oder auf das freie Feld hinschmeißen, nachdem es mit viel Arbeitskraft zu Hause hergestellt ist.» (A.a.O., S. 78)

16 Vgl. Gilbert, a.a.O., S. 157

bei. Selbst die Tatsache, dass die Alliierten die gleichen Kriegsmittel (zum Beispiel Gas, Flugzeuge; über Tanks verfügten hauptsächlich die Engländer und die Amerikaner) eingesetzt hatten, änderte nichts daran. Die Tatsache, dass die Deutschen diese Mittel jeweils zuerst benutzten – lässt man einmal die britische Verminung der Nordsee und die Tanks beiseite –, ließ es für die alliierte Propaganda gerechtfertigt erscheinen, Kultur und Gesellschaft der Deutschen mit verantwortlich für die Handlungen der deutschen Armeen zu machen. Bei Worten wie «Verantwortung» und «Abrechnung», die die alliierten Siegermächte vor und während der Friedensverhandlungen verwenden, schwingt daher die moralische Verurteilung mit.

Verantwortung wurde einerseits bei der deutschen militärischen Führung und bei der deutschen Regierung verortet. Andererseits wurden über die Reparationen und die Erzwingung der Demokratie das Deutsche Reich insgesamt – und damit auch die demokratischen Kräfte und die Zivilbevölkerung – haftbar gemacht. Brutale Kriege mit vielen zivilen Opfern hatte es auch vorher gegeben. Aber mit diesem Krieg war eine Grenze überschritten worden, eine Schallmauer durchbrochen. Die Schuldmetapher taucht hier auch deshalb auf, weil dieser Krieg das menschliche Maß verloren hatte und seine intellektuelle Verarbeitung ohne Rückgriff auf mythologische Kategorien offensichtlich schwer möglich war. Niemals zuvor war die kollektive moralische Verurteilung nach einem Krieg so stark gewesen. Das öffentliche Brandmarken der deutschen Kriegsführung als unbegründete Angriffsstrategie, das Hineinregieren in die innere Verfassung mit Propaganda-Kampagnen; die Kommentierung des Kriegsgeschehens mit Begriffen wie «Niedermetzelung», die Qualifizierung der deutschen Kriegsführung mit Worten wie «Täuschung», «Intrige», wie dies in der berühmt gewordenen Mantelnote zum Versailler Vertrag geschah, macht deutlich, dass die Sprache des Friedensschlusses ex post das Unfassbare einholen wollte. Aus der Sicht der Alliierten stehen sich in Versailles nicht nur Kriegsgegner gegenüber, sondern auch die Repräsentanten der aufklärerischen Zivilisation gegen ihre Feinde.[17] Die Wurzeln des Paradigmenwechsels liegen auch in der Formel von der «alleinigen Verantwortlichkeit» des deutschen Feindes. Gleichwohl ist die Gewichtung ambivalent. Es geht nicht nur um eindeutige Verurteilung. In den sich als katastrophal erweisenden Friedensschlüssen geht es auch um die Verankerung der Menschenrechte und des Selbstbestimmungsrechts der Nationen in der Politik. Jetzt wird möglich, was vor dem Krieg an der Unwilligkeit der Regierungen, ein Stück ihrer Souveränität aufzugeben, gescheitert war, das jedenfalls glauben die Siegermächte. Sie fühlen sich beauftragt, in die Gesellschaften der unterlegenen Kriegsgegner hineinzuregieren. Auch dies ist ein Indiz dafür, dass dieser Krieg den europäischen Ge-

17 Art. 231 im Teil VIII. des Versailler Vertrags: «Die alliierten und assoziierten Regierungen erklären, und Deutschland erkennt an, daß Deutschland und seine Verbündeten als Urheber für alle Verluste und Schäden verantwortlich sind, die die alliierten und assoziierten Regierungen und ihre Staatsangehörigen infolge des Krieges, der ihnen durch den Angriff Deutschlands und seiner Verbündeten aufgezwungen wurde, erlitten haben.» (Gesetz über den Friedensschluß zwischen Deutschland und den alliierten und assoziierten Mächten, vom 16. Juli 1919, in: Der Vertrag von Versailles, a.a.O., S. 238) In der berühmt gewordenen «Mantelnote» zum Vertrag wurde Deutschland nicht nur als Kriegsverursacherin bezeichnet, sondern auch als Alleinschuldige am Krieg: «Deutschland ist unter dem Einfluß Preußens die Vorkämpferin der Macht und der Gewalt, der Täuschung, der Intrige und der Grausamkeit in der Behandlung der internationalen Angelegenheit gewesen. Während mehrerer Jahrzehnte hat Deutschland unausgesetzt eine Politik getrieben, die darauf hinzielte, Eifersucht, Haß und Zwietracht zwischen den Nationen zu säen, nur, damit es seine selbstsüchtige Leidenschaft nach Maß befriedigen konnte. Deutschland hat sich dem ganzen Strom des demokratischen Fortschritts und der internationalen Freundschaften in der ganzen Welt entgegengestemmt. Deutschland ist die Hauptstütze der Autokratie in Europa gewesen. Und zum Schlusse, in der Erkenntnis, daß es seine Ziele nicht anders erreichen konnte, entwarf es und begann es den Krieg, der die Niedermetzelung und Verstümmelung von Millionen von Menschen und die Verwüstung Europas von einem Ende bis zum anderen verursachte.» (Zit. nach : Michael Dreyer und Oliver Lembcke: Die deutsche Diskussion um die Kriegsschuldfrage 1918/19, Berlin 1993, S. 154 f.)
Die relative Verschwommenheit des Art. 231 machte erst seine Uminterpretation zum Schuldartikel möglich.

sellschaften nicht mehr äußerlich blieb; er wird in die Gesellschaften hineingetragen und setzt sich als Bürgerkrieg nach innen fort.

Die Sieger wollen seinerzeit das Trauma des massenhaften Tötens und Getötetwerdens auf allen Seiten der Fronten bannen, indem sie das unbegreifliche Geschehen auf eine Ursache, die Bestialität der Deutschen, projizieren. Mit dem Versailler Vertrag und den ihm folgenden Friedensverträgen mit Deutsch-Österreich (Saint Germain-en-Laye), mit Bulgarien (Neuilly), Ungarn (Trianon) und der Türkei (Sèvres) glaubten vor allem die USA, England und Frankreich, zu einer grundlegenden Neuordnung der europäischen Staatenlandschaft kommen zu können. Indem sie die beiden Großreiche im Zentrum Europas auflösten und – im Falle Österreich-Ungarns – durch eine Vielzahl ungefestigter kleiner Nationalstaaten ersetzten, brachten sie tatsächlich die Machtbalance im europäischen Staatengefüge aus dem Gleichgewicht. Nicht nur in dem ehemaligen österreichisch-ungarischen Reich, aber vor allem dort, entstanden riesige wurzellose Menschenmassen – die staatenlosen Minderheiten, die Bürgerkriegsflüchtlinge. Revisionistische Bewegungen gründeten sich in vielen Ländern, die die Rückgängigmachung der Friedensverträge und die Zerstörung der auf den Oktroi reduzierten demokratischen Systeme zum Ziel hatten.

Das Schuldparadigma entsteht an der Schnittstelle zwischen der Unbegreiflichkeit eines Krieges, der sämtliche Dimensionen des bisherigen Kriegführens gesprengt hatte, einer subjektiven Wahrnehmung dieses Krieges in den althergebrachten Maßstäben von Niederlage und Sieg, von Ehre und Schande, Tapferkeit und Feigheit und einer uns schemenhaft erkennbaren neuen öffentlichen Moral. Dass die alliierten Siegermächte den Deutschen (sowie den Österreichern und Ungarn) die traditionelle Verbindung von Ehrgefühl und Interesse verwehren, das heißt ihre Kriegsgründe delegitimieren und sie einem moralischen Verdikt unterwerfen, aus dem dann «Reparationen» abgeleitet werden, war bis dahin einzigartig in der Kriegsgeschichte.[18]

Natürlich war die Wirkung des neuen Paradigmas – der unterlegene Gegner ist der Schuldige – auch darauf zurückzuführen, dass die neue Dimension von kriegerischer Zerstörung nach neuen Formen der verbalen Stigmatisierung verlangte. Unvorstellbare Bestialitäten, auch Demütigungen des unterlegenen Gegners hatte es auch vorher schon gegeben (so 1871, als neue Waffentechnik ausprobiert wurde, der die französischen Gegner in großen Mengen zum Opfer fielen oder als in der Folge des Krieges in Frankreich die Monarchie gestürzt wurde und ein Bürgerkrieg ausbrach). Das quantitative Ausmaß des Tötens und die neuen technischen Vernichtungswaffen im Ersten Weltkrieg haben jedoch das Selbstbild des Krieges noch weiter ausgehöhlt. Die moralische Stigmatisierung des Feindes war eine der neuen Formen, in denen der veränderten Lage Tribut gezollt wurde.

Das Schuldparadigma ist aber auch deshalb erfolgreich, weil es aus moralisierenden Gesellschaften hervorgeht. Schon vor Beginn des Krieges wird die wechselweise Moralisierung des Feindes in den europäischen Gesellschaften gepflegt. Im Interesse der Siegermächte, das Deutsche Reich nachhaltig zu schwächen sowie Österreich-Ungarn zu zerschlagen, begegnen sich Macht- und Moralpolitik. Die Moralisierung entsteht vor 1914, und sie ist in allen europäischen Gesellschaften präsent. Sie trägt ein doppeltes Gesicht: Sie ist präsent in den zahlreichen Friedenskonferenzen, die vor dem Krieg einen Stimmungsumschwung herbeizuführen versuchen. Sie ist aber auch präsent in der politischen Propaganda. Jede Seite rechtfertigt ihre Machtansprüche mit Gottes Willen und der moralischen Höherwertigkeit der eigenen Elite, des eigenen Volks, der «eigenen Rasse». Die europäische Politik in der Phase vor Ausbruch des Krieges besteht auch

---

18 Der Historiker Jörg Fisch verweist darauf, dass bis 1871 die dem unterlegenen Gegner auferlegten Lasten als «Zahlungen» bezeichnet wurden und erst 1918/19 der Begriff «Reparationen» eingeführt wurde. (Vgl. Jörg Fisch: Reparationen und Entschädigung nach dem Zweiten Weltkrieg, a.a.O., S. 687 f.)

in der wechselseitigen Delegitimierung dessen, was alle zugleich tun oder tun wollen: der imperialistischen Expansion. Der Vorwurf der Gewalttätigkeit an die andere Seite schließt die eigene Gewalttätigkeit immer ein, die die europäischen Mächte gegeneinander aber vor allem in Übersee anwenden. Diese Disposition zeigt sich in der Dichotomie von Feindbild und Selbstbild: Russland als Hort der asiatischen Barbarei vs. Russland als Heimat der einfachen, gläubigen Seelen; Deutschland als gewalttätiges Hunnenvolk vs. Deutschland als herausragendes europäisches Kulturvolk; England als raffgierige Handelsnation vs. England als Wiege der modernen Demokratie, Frankreich als dekadente Zivilisation oder als Grande Nation. Die gegnerischen Seiten halten es für ihre heilige Pflicht, den Feind nicht nur niederzuwerfen, sondern auch moralisch bis zum äußersten zu diskreditieren. Natürlich verwenden sie diese Mittel auch, um die Kampfmoral der eigenen Truppe und der heimatlichen Öffentlichkeit zu stärken.

Mit moralischem Unterton wird der Krieg auf Deutschlands Seite als «gerechter» und «deutscher Krieg» gepriesen.[19] Deutsche Schriftsteller und Künstler, Politiker und Essayisten werden nicht müde, eine Kluft zwischen der flachen französischen Zivilisation und der tiefen deutschen Kultur zu stilisieren.[20]

Die amerikanische Publizistin Barbara Ehrenreich weist darauf hin, dass die Kriegsverherrlichung in allen Staaten Europas wirkt, und sie zitiert den Bischof von London mit den erstaunlichen Worten, die man – mit umgekehrten Vorzeichen – auf deutscher Seite hören konnte: «Tötet die Deutschen – tötet ... die Guten und die Schlechten, tötet die jungen Männer und die alten ... Wie ich schon tausendmal gesagt habe, betrachte ich diesen Krieg als einen Krieg um Reinheit und sehe jeden Gefallenen als Märtyrer.»[21]

19 Vgl. Max Scheler: Der Genius des Krieges und der Deutsche Krieg, Leipzig 1915
20 Vgl. auch Thomas Mann: Betrachtungen eines Unpolitischen, Frankfurt/M. 1988
21 Roland H. Bainton: Christian Attitude towards War and Peace: A Historical Survey and Critical Re-evaluation, Nashville 1960, S. 209, zit. nach Ehrenreich: Blutrituale, a.a.O., S. 249

Im Krieg und nach seinem Ende unterstreicht ein moralisierender Diskurs zwischen Siegern und Besiegten, dass es hier auch um Einschluss oder Ausschluss aus einer dann hypostasierten Gemeinschaft der Humanität geht. Aber natürlich geht es hinter den Kulissen nicht nur um Humanität, sondern um handfeste Interessen. An der unübersichtlichen Verquickung von Kriegsinteressen, politischer Modernisierung und Moralisierung nehmen alle teil, die unterlegenen Nationen ebenso wie die Sieger.

Schon vor dem Ersten Weltkrieg sind die Vorboten der Zäsur überall zu spüren, im Expansionsfieber des noch jungen Kapitalismus, der nach Ausweitung und der Eroberung neuer Märkte drängt und sich Afrika und Asien zu unterwerfen sucht, im Gründungsfieber von Industrie und Börse, in der Architektur, in Kunst, Literatur und Musik, in einer weit verbreiteten Kriegserwartung – und in der bis weit in bürgerliche Kreise hineinreichenden Anti-Kriegs-Stimmung.[22] Eine solche kollektive Krisenatmosphäre entsteht nicht aus dem Nichts, sie bildet sich langsam heraus. Durch das 19. Jahrhundert hindurch wird in Deutschland ein Bewusstsein der Benachteiligung kultiviert, aus dem heraus die deutschen Eliten neidisch mitansehen, wie die anderen europäischen Nationalstaaten, insbesondere aber England und Frankreich die Einflusssphären der Welt unter sich aufteilen. Die Reichseinigung von 1871, die auf dem Rücken Frankreichs ausgetragen wird, vermag diesen «Hunger nach Anerkennung» nicht zu stillen. Vielmehr ist sie in den Augen der militärischen und industriellen Eliten nur der Auftakt einer großen Entscheidungsschlacht, die Deutschland die endgültige Anerkennung als vierte europäische Großmacht neben Russ-

---

[22] Modris Eksteins nimmt die Uraufführung von Igor Strawinskys «Le Sacre du Printemps» in einer Choreographie des russischen Balletttänzers Nijinski am 29. Mai 1913 im Pariser Théâtre des Champs-Élysées als Symbol für das Heraufkommen einer völlig neuen künstlerischen Dimension des Durchbruchs, als «Markstein dieser Epoche» (vgl. Modris Eksteins: Tanz über Gräben. Die Geburt der Moderne und der Erste Weltkrieg, Reinbek 1990, S. 26 ff. und 35).

land, Österreich-Ungarn und England und vor Frankreich sichern sollte. Auch die deutsche Kriegspropaganda konzentriert sich darauf, dass Deutschland sich in diesem Krieg «nur das hole, was ihm gebühre». Dieses materielle und weltanschauliche Interesse am Krieg, das sich in der verbreiteten Hoffnung präsentiert, dieser Krieg werde eine Bereinigung der Konkurrenz-Situation zwischen den Großmächten bringen, wird jedoch getragen von den alten Denkweisen der Kriegsführung des 18. und 19. Jahrhunderts. Im Bewusstsein der militärischen Elite wird der Krieg auch um der nationalen Ehre willen geführt und nicht nur um Rohstoffe und strategische Ziele. Auf der anderen Seite stigmatisieren die Gegner des Deutschen Reiches Deutschland zum kulturlosesten Land Europas und das deutsche Volk zum barbarischen Hunnenvolk, sich selber aber als die größten, keineswegs imperialistischen Kulturnationen.

In England erregte das Verhalten der deutschen Verhandlungsdelegation nach dem Waffenstillstand so viel Ärger [23], dass dortige Politiker «darauf bestanden, die im Vertrag und in allen diplomatischen Verlautbarungen bis dahin vermiedenen moralischen Verdikte aufzugreifen und das Hohenzollernreich in der Mantelnote mit der Hauptschuld am Krieg zu belasten»[24]. Der ehemalige britische General Douglas Haig sagte bei seiner Antrittsrede als Rektor der St. Andrews University 1919: «Wir zogen in die Schlacht für eine höhere Form der Zivilisation, in der die Pflicht eines Mannes gegenüber seinem Nachbarn einen wichtigeren Raum einnimmt als die Pflicht gegenüber sich selbst; wir kämpften gegen ein Reich, in der Tat, aber ein Reich,

---

23 In England war der moralische Wille, den deutschen Feind zu besiegen, in der Öffentlichkeit wie auch in privaten Kreisen die Hauptlegitimation für den englischen Kriegseintritt. So berichtet Hartmut Pogge von Strandmann über den britischen Historiker William G. S. Adams, für den der Krieg «einen Kampf der ‹Freiheit gegen den Militarismus›» bedeutete. (Vgl. Hartmut Pogge von Strandmann, Britische Historiker und der Ausbruch des Ersten Weltkrieges, zit. nach William G. S. Adams: The Reasons for the War, Oxford Pamphlets, 1914, in: Michalka (Hg.), Der Erste Weltkrieg, a.a.O., S. 932)

24 Ulrich Heinemann: Die verdrängte Niederlage, Göttingen 1983, S. 48

dessen Effizienz weder durch Ritterlichkeit noch durch moralisches Verantwortungsbewusstsein gegenüber den Schwachen gemildert wird.»²⁵ Das Kriegsziel wird diametral dem Deutschlands entgegengesetzt und klingt doch ähnlich: Während die deutschen Eliten einen Krieg der Kultur gegen die französische, die angelsächsische und die russisch-slawische Zivilisation propagierten, berief sich England auf die Höherwertigkeit der eigenen Zivilisation gegenüber der deutschen Kultur.

Amerika, das 1917 in den Krieg eintrat, entwickelte aus der moralischen Verurteilung des Deutschen Reiches strategisch die weitestgehenden Folgen. Der amerikanische Präsident Woodrow Wilson propagierte die Idee, die Nationen der Welt in einer Völkerversammlung zu vereinigen, Abrüstung und Rüstungsbeschränkungen einzurichten, das Selbstbestimmungsrecht der Nationen durchzusetzen und insgesamt die Schwelle zur kriegerischen Austragung höher zu setzen. In der Sprache seiner «14 Punkte» vermengen sich wirtschaftliche Interessen und moralische Legitimation untrennbar miteinander. Amerika strebte eine Neuordnung Europas und nicht nur die Niederhaltung Deutschlands an. So jedenfalls steht es in den «14 Punkten» vom Januar 1918.²⁶

Augenscheinlich sah Wilson den Kampf um die kulturelle und wirtschaftliche Hegemonie in Europa als unentscheidbar und dem demokratischen Zeitalter nicht förderlich an. Wenn man diesen Standpunkt – für den im Nachhinein einiges spricht – einnahm, dann machte es in der Tat Sinn, die alte Machtgliede-

---

25 Zit. nach Cora Stephan: Das Handwerk des Krieges, Berlin 1998, S. 227 f.
26 Allerdings erhält Wilson dann nicht die Unterstützung des Kongresses. Sein Einfluss auf die Friedensverhandlungen geht damit zurück. Aufgrund des Vetos des Senats unterschreiben die USA den Friedensvertrag am Ende gar nicht. Die deutsche Seite hatte große Hoffnungen in Wilson gesetzt, die allerdings vergeblich waren, denn sowohl Wilson wie die amerikanische Delegation waren überzeugt von der Schuld bzw. Verantwortung Deutschlands. (Vgl. auch Harold Nicolson u. J. M. Keynes: Die Konferenz, in: Der Vertrag von Versailles, a.a.O., S. 57 ff.; vgl. auch Dreyer u. Lembcke: Die deutsche Diskussion um die Kriegsschuldfrage, a.a.O., S. 110; 127 f.)

rung Europas aufzulösen. Doch der Preis, über den sich die Beteiligten kaum – am allerwenigsten die Amerikaner – im Klaren gewesen sein dürften, war hoch: anhaltende Bürgerkriege, eine dauerhafte Destabilisierung Europas, staatenlose Völkergruppen, rassistische Ideologien, Pan-Bewegungen und revanchistische Bestrebungen in fast allen europäischen Ländern. Auf diesem Terrain entstanden die Bedingungen eines zweiten, noch größeren Krieges.

Die neuen Regeln der Zivilisierung, die das Zeitalter der Menschenrechte parallel zu dem des Totalitarismus einläuteten, spielten bei dem Friedensschluss jedoch nur eine symbolische Rolle. Erst später werden sie im Kellogg-Pakt von 1928 wieder aufgenommen.

Hauptvertreter der Schuldzuweisung an die Deutschen waren die französischen Repräsentanten. «Le Boche payera» war die Losung schon während des Krieges gewesen.[27] «Im Frankreich der frühen 1920er Jahre wäre niemand auf die Idee gekommen, den Inhalt des ‹Kriegsschuld›-Paragraphen nicht als eine auch moralische Schuldigsprechung Deutschlands anzusehen.»[28] Der Friedensvertrag von 1919 war für die Franzosen nicht nur die Revanche für Demütigungen und Schädigungen im Kriege, sondern auch die Vergeltung für die französische Niederlage im deutsch-französischen Krieg von 1870/1871.[29] Die Unterzeichnung des Versailler Friedensvertrags fand im Schloss von Versailles statt, an dem Ort, an dem 1871 mit der Krönung des Preußenkönigs zum deutschen Kaiser Wilhelm I. die größte denkbare Demütigung Frankreichs durch Deutschland stattgefunden hatte. Auch auf der französischen Seite wird sichtbar, wie unentwirrbar sich moralische Schuldzusprechung, materiel-

---

27 Krumreich: Vergleichende Aspekte der «Kriegsschulddebatte» nach dem Ersten Weltkrieg, in: Michalka (Hg.): Der Erste Weltkrieg, a.a.O., S. 919 f.
28 Krumreich, a.a.O., S. 915
29 Vgl. Sebastian Haffner: Der letzte Friedensvertrag, in: Der Vertrag von Versailles, a.a.O., S. 419 ff.

le Schuldforderungen, nationalistische Revanche-Gedanken und fehlender politischer Weitblick vermengten.[30] Dieses Gemenge an Motiven liegt dann auch der französischen Besetzung des Rheinlandes im Jahre 1923 zugrunde, die den Druck auf die deutsche Regierung zur Zahlung der Reparationen erhöhen sollte.[31] Von allen Siegermächten verhalten sich die Franzosen zunächst am traditionellsten; ihre Politiker kommen nicht auf die Idee, dass hier eine Zeitenwende stattfindet, die auch neue Gefahren für Frankreich selbst mit sich bringt.

Die innerdeutsche Debatte über die Bedingungen des Friedens ist von einer unübersichtlichen Interessenlage gekennzeichnet:
- Die deutsche Verhandlungsdelegation agierte gegen die deutsche Regierung[32];
- die Oberste Heeresleitung intrigierte gegen die deutsche Öffentlichkeit und die neu gebildete Zivilgewalt[33];
- die neue, sozialdemokratisch dominierte Regierung arrangierte sich um den Preis des Bürgerkriegs mit der Elite des Kaiserreichs und war mit ihr in der Ablehnung des «Schuldspruchs» der Alliierten einig;

---

30 Heinemann bemerkt, dass das französische Deutschlandbild seinerzeit «unzweifelhaft Züge einer autistischen Feindschaft trug». (Heinemann, a.a.O., S. 52)

31 Diese Gemengelage löste sich erst in der zweiten Hälfte der zwanziger Jahre auf, als französische Regierungsstellen schließlich begannen, «die Frage der Verantwortung am Kriegsausbruch ‹stillschweigend› aus den Verhandlungen mit dem Reich auszuklammern». (Heinemann, a.a.O., S. 236)

32 Hier besonders die Rolle des deutschen Außenministers und Verhandlungsleiters, des Grafen Brockdorff-Rantzau

33 Die «Dolchstoßlegende» fügt sich in dieses Bild der gegenseitigen Moralisierung des Krieges ein. Heinrich August Winkler schreibt dazu: «Am 18. November 1919 konnte Hindenburg vor ebendiesem Ausschuß (dem Verfassungsausschuß – AG) einen ungenannt bleibenden englischen General das in den Mund legen, was er selbst sagen wollte: Die deutsche Armee sei von hinten erdolcht worden. Die Dolchstoßlegende hatte damit ihren klassischen Ausdruck gefunden.» (Heinrich August Winkler: Weimar 1918–1933, München 1993, S. 88 f.)

- schließlich die protestierenden Massen auf der Straße, die meuternden Soldaten, die unberechenbar blieben.[34]

Durch alle Lager hindurch, von der USPD bis hin zum Generalstab, herrschte eine Grundstimmung. Sie zeigte sich im Bewusstsein, Objekt eines ungerechten Friedensschlusses und Opfer einer Politik zu sein, für die niemand die Verantwortung übernehmen konnte bzw. wollte. Letztlich setzte sich damit die Sicht der militärischen Führung durch, die die deutschen Armeen für «im Felde unbesiegt» erklärte und nicht wahrhaben wollte, dass in diesem Krieg eine neue Vernichtungsdimension aufgetaucht war, für die Deutschland auch politische Verantwortung trug.

Nicht untypisch für einen Teil der deutschen Selbstwahrnehmung in jener Zeit – jenen Teil, der die Geschehnisse ins Selbstmitleidige zog – war das Gedicht eines Anonymus, das am 31. März, mitten in den Friedensverhandlungen, in der Berliner Zeitung *Welt am Montag* erschien. Der Titel des Gedichts war «Die Schuldfrage»; seine erste und letzte Strophe lauteten:

> Der *Mars* hat die Jungfer Europa poussiert
> Und hat ihr das Kränzel verungeniert
> Nun drückt er sich um die Vaterspesen, –
> Er sagt, es wäre der *Michel* gewesen
> ...

Nachdem ironisiert wird, wie sowohl die österreichische Seite wie auch die serbische und die russische sich aus der Verantwortung stehlen, schließt das Gedicht mit den Zeilen

---

34 «Ein ungeheurer Haß brach auf», schreibt der liberale Historiker Veit Valentin, «gegen die herrschende Schicht – gegen die Anmaßung der Offiziere, gegen die Selbstgefälligkeit der Beamtenschaft, gegen den Übermut und die Unbelehrbarkeit der Junkerklasse und ihrer Mitläufer, gegen das Schieberunwesen, gegen die systematische Irreführung der öffentlichen Meinung durch rosarot gefärbte Berichte über die Lage. Alle diese Gefühle der Unterdrückten und Ausgenutzten, der Belogenen und Betrogenen sammelten sich in leidenschaftlichen Kundgebungen gegen die sichtbarsten Vertreter des alten Systems, also die Hohenzollern und ihre Helfer, besonders auch gegen Ludendorff und Tirpitz.» (Veit Valentin: Geschichte der Deutschen, Köln 1991, S. 540)

«Ach Michel, Michel, ich glaube fast,
Du bist der Arme, den man verknast't.
Du sollst für das Kindlein gradestehen!
O Junge, Junge! Wie wird's dir gehen?»[35]

Diese selbstmitleidig-ironische Distanzierung vom Geschehen findet man häufig in der Presse jener Zeit. Man trifft sie auch in der Klage des Zentrumspolitikers Konstantin Fehrenbach, damals Präsident der Nationalversammlung: «Aber wenn sie uns auch jetzt noch die Schuld an dem Kriege aufladen wollen, das weisen wir im Namen der Wahrheit und Gerechtigkeit zurück. Das deutsche Volk, das friedliebendste Volk der Welt, hat an diesem Kriege keinen Anteil. Es hat nur ... das Verlangen gehabt nach einem bescheidenen Platz an der Sonne. Es wollte kein anderes Volk verdrängen, es hat für sich auch nur das beanspruchen wollen, was es anderen Völkern gönnt. Es mag sein – ich weiß es nicht –, dass die letzten Akte der Regierenden vor dem Kriege als Veranlassung für den Krieg gegen uns zeugen; aber die Schuld der Ursachen des Krieges lastet auf den Schultern unserer Feinde.»[36]

Die Deutschen können den grundlegenden Wandel, den die-

---

35 Zit. nach Dreyer und Lembcke: Die deutsche Diskussion um die Kriegsschuldfrage 1918/19, a.a.O., S. 11

36 Zit. nach Dreyer und Lembcke, a.a.O., S. 171 f. Hier hinein gehört, dass es auch nach dem Waffenstillstand Strategie des Generalstabs und der Propagandastäbe des Heers war, die deutsche Öffentlichkeit zu instrumentalisieren, so zum Beispiel in der «Professoren-Denkschrift», an der Hans Delbrück, Maximilian Graf von Montgelas, Albrecht Mendelssohn-Bartholdy und Max Weber teilnahmen und die schon vorher fertig gestellt war. Die Namen der bekannten Persönlichkeiten, die über einen guten Ruf im Ausland verfügten, sollten der Denkschrift, die während der Friedensverhandlungen im Mai 1919 überreicht wurde, mehr Nachdruck verleihen, verfehlten jedoch ihr Ziel. Auch hier überwiegt die Sichtweise, dass die Friedensverhandlungen von Seiten der Alliierten ressentimentgeleitet geführt werden und dass die deutschen Interessen nicht so gelagert sind, wie die Alliierten dies darstellen. Auch darin zeigt sich ein Hang zum Selbstmitleid, der dann nach dem Zweiten Weltkrieg und dem Bekanntwerden des Holocaust an den europäischen Juden wieder auftaucht – als eine Variante der Reaktion auf Schuldzusprechung und uneingestandene Schuldgefühle.

ser Krieg brachte, nicht fassen. Noch denken viele von ihnen in den Maßstäben der Gleichgewichtspolitik der vergangenen zwei Jahrhunderte.

Ein Krieg ohne «sittlichen» Abschluss

Vergegenwärtigt man sich die politische Linie der alliierten Siegermächte nicht nur als Bestrafung, sondern auch als Erzwingung einer politischen Modernisierung in Europa, so treten vor allem vier Elemente in den Vordergrund:
- Neben das großmachtzentrierte Verständnis von Politik als Interessen- und Machtpolitik tritt ein neues Bild von Politik: die Demokratie als Ziel und zugleich Legitimation von Interessenpolitik [37];
- die Zentrierung auf zwei Großreiche in der Mitte Europas wird aufgelöst zugunsten der Schaffung sehr unterschiedlich ausgestatteter, politisch ungefestigter Nationalstaaten;
- neben die rein interessengeleitete Politik (die den Krieg mit einschloss) tritt die moralische Ächtung des Krieges bei gleichzeitig hoch entwickelter Rüstungsindustrie;
- die Gleichgewichtspolitik des 18. und 19. Jahrhunderts sollte fortan durch eine demokratisch legitimierte, gemäßigte Machtpolitik abgelöst werden.

Aus diesen neuen Elementen der internationalen Politik entstehen auch die ersten Ansätze eines neuen Völkerrechts. In seinem Zentrum steht die «Selbstbestimmung der Nationen» und die zivile statt der militärischen Konfliktaustragung. Dies ist jedenfalls die der Zerschlagung der beiden großen Kontinentalmäch-

---

37 Das amerikanischen Eingreifen in den Weltkrieg geht auf diese Vermengung von demokratischem Sendungsbewusstsein und wirtschaftlicher Interessenpolitik zurück. Amerikanische Bankiers hatten weitgehend britische und französische Kriegskredite finanziert und drängten 1917, als die militärische Situation einen Sieg der Entente-Mächte immer fragwürdiger machte, auf ein militärisches Eingreifen.

te Deutschland und Österreich-Ungarn zugrunde liegende Idee, insbesondere bei dem amerikanischen Präsidenten Wilson. Im Rückblick gesehen zeigt sich hier der Beginn der Ära der Menschenrechtspolitik, die gegen Ende des 20. Jahrhunderts einen neuen Typus bewaffneter internationaler Intervention in Kriegen bzw. Bürgerkriegen im Namen der Menschenrechte hervorbringen wird. Mit der Moralisierung des Kriegsgeschehens wurde vorgegriffen auf eine neue Dimension der internationalen Politik.

Moralische Urteile nach Kriegen besonderer Härte waren nicht gänzlich neu. So war Napoleon nach seiner letzten Niederlage in der Völkerschlacht bei Leipzig 1813 für «vogelfrei» erklärt worden, und die Verantwortlichkeit für alle Kriegsschäden wurde ihm zugeschrieben. Doch wurde Frankreich nicht moralisch in Haft genommen für die Verwüstungen, die Napoleons Armeen in Europa angerichtet hatten. Bis zum Ersten Weltkrieg galt außerdem das überlieferte Recht, dass es neben dem «ius in bello» ein «ius ad bellum», ein Recht zum Kriege gebe. Grundsätzlich wurde von der Gleichrangigkeit der Gegner ausgegangen, die, durch Interessenskonflikte gestört, nach dem Krieg im Friedensschluss wiederhergestellt wurde. In den Verhandlungen zum Friedensvertrag von Versailles nun wurde *post festum* der Beginn des Krieges selbst als verwerflicher Akt deklariert. Nicht nur die militärische Führung, sondern auch die Regierung, auch führende gesellschaftliche Gruppen wurden für mitverantwortlich erklärt. Der besiegte Feind wurde als nicht justifiziert erklärt, damit seiner Respektabilität entkleidet und der Verachtung preisgegeben. Zugleich erscheint hier eine weitere Facette: Auf die Einbeziehung der Zivilbevölkerung im Krieg selbst folgt die – moralische und politische – Haftbarmachung der Bevölkerung des besiegten Feindes für die Schäden, die die Truppen seiner Regierung in fremden Ländern verursacht hatten.

Die De-Justifizierung des Feindes machte ebenfalls den Weg frei für die Erzwingung einer Demokratisierung von außen, die zwar von einem Teil der Parteien erstrebt, von großen Teilen der Bevölkerung und der politischen Parteien hingenommen wurde, die aber den Ruch des von außen erzwungenen Staatsstreichs nicht los wurde. Die Koppelung von moralischer Verurteilung und erzwungener Demokratie, von Schuld und Politik – diesen Makel ist die deutsche Demokratie seinerzeit nicht mehr losgeworden. An diesem Makel knüpften ihre innenpolitischen Gegner an, und zwar die Völkischen wie – auf ganz andere Weise – die radikalen Sozialisten bzw. Kommunisten, als sie in einer Art Ersatzkrieg gegen die Republik zu Felde zogen. Selbst die gemäßigten Sozialdemokraten konnten sich diesem Sog nicht entziehen.[38]

Diese Konstellation wiederholt sich auf gesamteuropäischer Ebene: Gegen die liberale Demokratie, die als positive Errungenschaft des Ersten Weltkriegs neu aus der Konkursmasse der europäischen Staatenlandschaft entsteht, bilden sich zwei neue feindliche Kräfte: der osteuropäische bolschewistische Sozialismus und der westeuropäische Faschismus. Beide Strömungen bestreiten die Legitimität der Demokratie und sehen in ihr den Hauptfeind der faschistischen bzw. der kommunistischen Revolution.

Während der jahrelangen Reparationsverhandlungen bis Anfang der dreißiger Jahre wurde dann Schuld – zumindest zum großen Teil – in Schulden aufgelöst. Schulden sind handhabbar. So schien es zumindest den beteiligten Verhandlungspartnern. Jedoch hat das Erstarken des Nationalsozialismus diese Hoffnung über die Jahre zunichte gemacht. Trotz der gelungenen Minimierung der Schulden (die, welche Ironie der deutschen Geschichte, 1931 für gestrichen erklärt wurden[39]) waren die langfristigen Auswirkungen der öffentlichen moralischen Demütigung stärker gewesen, als man angenommen hatte.

---

38 Vgl. auch Wilhelm Högner: Die verratene Republik, München 1979, S. 50 ff.
39 Vgl. auch Sebastian Haffner: Der letzte Friedensvertrag?, in: Der Vertrag von Versailles, a.a.O., S. 416

Die Gegenläufigkeit von rationalen und irrationalen Komponenten, von materiellen und immateriellen Faktoren, von Bestrafung, Demütigung, Schuldenabzahlung, nationalen Triumph- bzw. Demütigungsgefühlen und dem Beginn einer neuen Ära internationaler Menschenrechtspolitik schufen eine Gemengelage, in der keine wirkliche Rezivilisierung der europäischen Gesellschaften möglich war. Dazu gehört auch, dass die Verwandlung des Kriegsgegners in den Menschheitsfeind auch einen praktischen Grund hatte: Mit der Projektion der Alleinschuld auf die deutsche Seite konnte die Schuldenfrage erfolgreich beeinflusst werden.[40] Dadurch, so schrieb der Nationalökonom Max Weber zum Friedensschluss, würde freilich verhindert, was bis dato den wirklichen Friedensschluss signalisiert hatte, «daß der Krieg mit seinem Ende ... *sittlich* begraben würde»[41]. «Schuld», so Weber hellsichtig, sei keine politische Kategorie. Eine Politik der Schuld würde nur dazu führen, dass die Beteiligten – die Sieger wie die Besiegten – rückwärts gewandte Politik betreiben würden, statt nach vorne zu schauen.[42]

---

40 Auf die Unterscheidung zwischen der «Schuld am Krieg» und der «Schuld im Krieg» kann hier nicht eingegangen werden. Vgl. Heinemann, a.a.O., S. 39

41 «Jedes neue Dokument, das nach Jahrzehnten ans Licht kommt, läßt das würdelose Gezeter, den Haß und Zorn wiederaufleben, statt daß der Krieg mit seinem Ende wenigstens *sittlich* begraben würde. Das ist nur durch Sachlichkeit und Ritterlichkeit, vor allem nur: durch *Würde* möglich. Nie aber durch eine ‹Ethik›, die in Wahrheit eine Würdelosigkeit beider Seiten bedeutet. Anstatt sich um das zu kümmern, was den Politiker angeht: die Zukunft und die Verantwortung vor ihr, befaßt sie sich mit politisch sterilen, weil unaustragbaren Fragen der Schuld in der Vergangenheit. Dies zu tun, ist politische Schuld, wenn es irgendeine gibt. Und dabei wird überdies die unvermeidliche Verfälschung des ganzen Problems durch sehr materielle Interessen übersehen: Interessen des Siegers am höchstmöglichen Gewinn – moralischen und materiellen –, Hoffnungen des Besiegten darauf, durch Schlußbekenntnisse Vorteile einzuhandeln: wenn es irgendetwas gibt, was ‹gemein› ist, dann dies, und das ist die Folge dieser Art von Benutzung der ‹Ethik› als Mittel des ‹Rechthabens›.»[42] (Max Weber: Politik als Beruf, Stuttgart 1982, S. 67)

42 Darauf verweist John Patrick Diggins: Max Weber. Politics and the Spirit of Tragedy, New York 1996, S. 224

Disposition für den Bürgerkrieg

«Die Überlebenden der Schützengräben wurden nicht Pazifisten, sondern klammerten sich an eine Erfahrung, von der sie hofften, sie würde sie definitiv aus der gehaßten Respektabilität und Unerschütterbarkeit ihrer Umgebung lösen. Politisch gesprochen hofften sie, die vier Jahre Schützengraben würden ein objektives Unterscheidungsmerkmal für die Bildung einer neuen Führerschicht abgeben ... Für diese Generation wurde der Erste Weltkrieg zu dem großen Vorspiel des Zusammenbruches der Klassen und ihrer Umwandlung in Massen. Der Krieg in seiner unbeirrbar mörderischen Willkür wurde zum Symbol für den ‹großen Gleichmacher› Tod und damit zum wahren Vater einer neuen Weltordnung.»[43]

Die politische Moderne, der der Erste Weltkrieg zum Durchbruch verhilft, ist ambivalent. Für Deutschland gilt dies in stärkerem Maße als für andere europäische Mächte. Durch den Krieg wurde die Gesellschaft wirtschaftlich, sozial, technisch, kulturell in einen Strudel des Wandels gerissen, der politisch durch die Borniertheit der alten Eliten wie auch durch die mit dem Wandel verbundene Konnotation der Strafe blockiert wurde. Dass insbesondere politischer Wandel als Strafe erschien, verlieh dem neuen Zeitalter in Deutschland eine bedrohliche Wendung. So wurde die ohnehin vorhandene Spaltung durch den Krieg noch vertieft. Die Mehrfachteilung der Gesellschaft in ablehnende (von rechts und von links), zögernde und befürwortende Gruppierungen bürdete der eher defensiv eingestellten parlamentarischen Regierung eine Integrationsleistung auf, mit der diese überfordert war. Die Ankunft der Demokratie im Gewand des Oktroi vermochten selbst jene nicht zu akzeptieren, die seit Jahrzehnten für sie gekämpft hatten. Die Stigmatisierung der Gesellschaft mit moralischer Schuld und materiellen Schulden blockierte diese Gesellschaft in einem hohen Maße.

43 Hannah Arendt: Elemente und Ursprünge totaler Herrschaft, a.a.O., S. 531

So verhilft der Friedensschluss einerseits der Moderne zum Durchbruch. Andererseits steht die mentale Verfassung der alten Eliten (Offizierskorps, Adel) grundsätzlich gegen die erzwungene Modernisierung. In Teilen der Arbeiterschaft und der Intelligenz erscheinen die Umrisse einer revolutionären Gegen-Moderne, die – in Gestalt der bolschewistischen Revolution in Russland – mit der Übertragung industrieller Produktionsformen auf die Politik eine Neugestaltung Europas auf der Grundlage einer historischen *Tabula rasa* schaffen will. Auch der Mittelstand und Teile des Bürgertums sehen die demokratische Modernisierung als Bedrohung und sich selbst als deren Opfer. Die Unvereinbarkeit der militant auftretenden politischen Gruppen und ihrer Ideologien mit dem Modell einer liberalen Demokratie erscheint in Deutschland (Russland und Italien) unmittelbar im Gefolge des Krieges. In ganz Europa wird sie am Ende der zwanziger Jahre sichtbar. Eine Befriedung der Republik wird so – im Rückblick gesehen – sehr erschwert.[44] Stattdessen beginnt zunächst ein jahrelanger Bürgerkrieg.

Diese ineinander verschobene Disposition von politischer und technisch-industrieller Moderne, traditioneller Anti-Moderne bzw. ideologisierter Gegen-Moderne prägt das Jahrhundert aus deutscher Perspektive ebenso sehr wie die Moralisierung der Politik.[45]

In der nachträglichen öffentlichen Verarbeitung des Krieges treffen in der deutschen Gesellschaft unvereinbare Welten des 19. und des 20. Jahrhunderts aufeinander. Die deutschen zivilen und militärischen Eliten begegnen dem Druck von außen mit der Stilisierung der eigenen Opferrolle. Ihre Protagonisten, allen

---

44 Vgl. Antonia Grunenberg: Der Schlaf der Freiheit, Reinbek 1997, insbes. S. 119 ff.
45 Vgl. auch Modris Eksteins: Tanz über den Gräben, a.a.O.
   Eksteins vertritt die These einer ineinander verwobenen Modernisierung von Kriegstechnik, Kriegführung und den kulturellen Revolutionen um die Jahrhundertwende und danach. Dagegen vernachlässigt er die Ungleichzeitigkeiten zwischen den politischen Strukturen, d. h. den Herrschaftsverhältnissen und intellektuellen Rezeptionsweisen und der politischen Kultur.

voran die militärischen Führer Hindenburg. Ludendorff, Tirpitz, pflegen öffentlich einen Verfolgungswahn, in dem Deutschland das unglückliche Opfer einer internationalen Verschwörung des Westens und des Bolschewismus (und der Juden) ist. Der Ausgang des Krieges wird als «böses Schicksal» wahrgenommen, das fremde Mächte mit Hilfe des «Dolchstoßes der Heimatfront» über Deutschland gebracht haben. In diese Gemengelage fügt sich die Abwartehaltung der militärischen Elite, die der Meinung ist, die Republik sei eine Übergangszeit bis zum nächsten, für sie erfolgreichen Waffengang. Der extremste Ausdruck dieser Mischung aus Verfolgungsangst und Realitätsblindheit ist die Konstruktion einer jüdischen Weltverschwörung, die zu diesem, für Deutschland schmachvollen, Ausgang des Weltkrieges geführt habe.[46]

Es ist jedoch nicht nur die militärische Elite, die sich zu Unrecht verfolgt sieht. Teile der Arbeiterschaft, des Bildungsbürgertums und der Intelligenz sehen die Gesellschaft als Opfer. Zudem wird die Zurechnung von «Schuld» an die Adresse der alten Eliten von diesen nach innen hin an die zivile Gesellschaft weitergereicht. Die latente Verachtung des Militärs für die zivile Gesellschaft, in der die Unterschichten nach Anerkennung drängen, wird nach Kriegsende manifest und gewalttätig. Für die Niederlage machen die alten Eliten Sozialdemokraten und Liberale verantwortlich – und die Juden (die mit Sozialdemokraten und Liberalen identifiziert werden). Die politische Führung der Weimarer Republik, die zu großen Teilen die Kritik des Militärs

---

[46] Hannah Arendt verweist auf ein interessantes Detail der Kriegsschuldfrage: In dem letzten Drittel des 19. Jahrhunderts habe eine Facette des bürgerlichen Antisemitismus darin bestanden, dass man die Juden (d. h. die jüdischen Bankiers) für fähig gehalten hätte, über Krieg und Frieden zu entscheiden. Man habe es nicht für möglich gehalten, dass irgendein Krieg in Europa ohne die Zustimmung der Juden begonnen worden wäre. In diesem Sinne, schreibt Arendt «kann die nach dem Ersten Weltkrieg grassierende Kriegsschuldlüge auf eine ganz ansehnliche Tradition zurückblicken»[47]. (Hannah Arendt: Elemente und Ursprünge totaler Herrschaft, a.a.O., S. 61; vgl. auch François Furet: Das Ende der Illusion, a.a.O., S. 65 ff.)

an den Friedensbedingungen teilte, stand auf diese Weise unter dem Stigma, mit der neuen Republik etwas «Undeutsches» zu beginnen, das weder zur Geschichte noch zum Charakter der Deutschen passe.

Was letztendlich als ein Ergebnis des Krieges im Bewusstsein der beteiligten Politiker, des Offizierskorps und große Teile der Öffentlichkeit auf deutscher Seite bleibt, ist ein Latenzgefühl in zweierlei Hinsicht: zum einen die Überzeugung, dass der Krieg nicht beendet ist. Zum anderen die Gewissheit, dass der Krieg nun andere Formen annehmen muss. Er soll nach innen (gegen die «Verräter»), dann aber auch nach außen hin fortgesetzt werden.

Im Zweiten Weltkrieg ist Hitler für den größten Teil der deutschen Offiziere dadurch legitimiert, dass er die Revanche für diese nationale Schmach in die Tat umsetzt. Ihre späte Opposition gegen den Vernichtungsfeldzug im Osten und die Ermordung der europäischen Juden erklärt sich auch damit, dass sie nicht begreifen (wollen), dass es den Nationalsozialisten nicht um nur Revanche, sondern um totale Herrschaft (oder Selbst-Vernichtung) geht.

1918 jedoch wird der Krieg im Bürgerkrieg, in der Obstruktionshaltung gegenüber dem Friedensschluss, gegenüber der Republik und ihren Protagonisten fortgeführt. Die Erbitterung und Verachtung, mit der die Gegner der Republik deren Protagonisten (Eisner, Erzberger, Rathenau und andere) bekämpfen bzw. ermorden, erklärt sich auch dadurch, dass die Legitimation des «Großen Krieges» von 1914 nach wie vor weiterwirkt. Das Sendungsbewusstsein, mit dem Femeneonmorde, Anschläge gegen die Republik angezettelt werden, speist sich aus den alten Quellen.

Zum anderen zielt auch die Erbitterung, mit der Teile der Arbeiterschaft und die radikalen politischen Gruppen der Linken darauf bestehen, dass nun der «große Kladderadatsch» auch nach innen hin kommen müsste, darauf, dass der Friedensschluss nicht «das Ende», sondern der Anfang eines neuen Stadiums der Auseinandersetzung zwischen den Klassen sei. Dies wird auch auf radikal-sozialistischer Seite zur Legitimation für den Bürgerkrieg umgemünzt.

Im Rückblick kann man davon sprechen, dass in der deutschen Gesellschaft infolge des Kriegs-Ausgangs eine Art Blockade entsteht. Die verschiedenen sozialen und politischen Gruppen verkeilen sich in antipodischen Feindschaften. Es ist, wie wenn nach dem Ende des großen Mordens der Virus, der es initiiert hat, weiterwirkt. Die alte Ordnung ist nicht gänzlich zusammengebrochen und die neue nicht fähig zur Führung des Landes. Daraus entsteht ein mörderischer Kampf an mehreren inneren Fronten: Die extreme Rechte gegen «das System» der Weimarer Republik, die gemäßigte Rechte schwankend und opportunistisch, die Kommunisten gegen das Bürgertum und die Sozialdemokraten. Dieses Szenario wiederholt sich spiegelbildlich in Mittel- und Südosteuropa.

Dennoch wäre es völlig verfehlt, den streitenden Parteien zu unterstellen, sie hätten rational und zielgerichtet auf einen neuen Krieg hingewirkt. Ebenso gehören ziellose Zerstörungswut, Resignation, ein anarchischer Nihilismus und eine unvorhersehbare Dynamik der Ereignisse zur Grundstimmung Europas nach Ende des Krieges. Die Kehrseite der kriegsverherrlichenden Literatur der zwanziger Jahre ist die Literatur der Ernüchterung. In diesem Kontext etwa ist Erich Maria Remarques Roman «Im Westen nichts Neues» ein Zeugnis der Befindlichkeit der Generation von jungen Leuten, die bei Kriegsausbruch 1914 in einen kollektiven Taumel hineingerissen worden waren[47] und auf den Bruch von 1918/1919 mit andauernder existenzieller Erschütterung reagierten. Sebastian Haffner beschreibt diesen Zustand aus der Perspektive eines Jugendlichen als kollektiven Nervenzusammenbruch, der gegen Ende der Weimarer Republik in einen Zustand des Zerfalls der zivilen Welt übergeht.[48]

Hier wird aber auch deutlich, dass der alltägliche Krieg eine

---

47 Vgl. Eksteins: Tanz über Gräben, a.a.O., S. 418 ff.
48 Vgl. Haffner: Geschichte eines Deutschen, a.a.O., S. 179

neue Art von Lebenswirklichkeit hervorgerufen hatte. Für eine Debatte über die (wie auch immer geteilte) Verantwortung am Grauen des Krieges ist seinerzeit kein öffentlicher Raum vorhanden. Der Souverän, auf dessen Beeinflussung und demokratische Umerziehung die westlichen Siegermächte zielen, zerreibt sich in aufgeheizten Klassenkämpfen, in denen die Frage nach der Gestaltung der neuen Demokratie immer weniger eine Rolle spielt.

So wird schließlich der Friedensschluss zu Versailles in doppelter Hinsicht zur Legitimation für den Nationalsozialismus wie den stalinistischen Kommunismus. Der Erfolg der frühen nationalsozialistischen und der linkssozialistischen Bewegungen kann auf der unterminierenden Wirkung aufbauen, die der alliierte «Schuldspruch» in der Nachkriegsgesellschaft entfaltet. Für die einen soll mit Hitler die verweigerte internationale Anerkennung zurückgeholt werden. Die anderen erstreben eine Zerschlagung der gesamten Machtstruktur und eine radikale Veränderung der Eigentumsverhältnisse, von der sie sich einen völlig anderen Entwicklungsweg der Moderne erhoffen.

Schuld und politische Moderne

Nicht nur in der nachträglich geordneten Faktizität des Geschehens, auch in der Rezeption und im öffentlichen Bewusstsein erscheint der Erste Weltkrieg spätestens seit der «Fischer-Kontroverse» in den sechziger Jahren als der direkte Vorläufer des Zweiten Weltkriegs, ja als seine Vorbereitung. Aus dieser Perspektive wird eine Folgerichtigkeit des Geschichtsverlaufs abgeleitet und eine Absichtlichkeit im Handeln seiner Akteure unterstellt, die nicht mit der Erfahrung übereinstimmt, dass Geschichte ein Netz von kontingenten und intendierten Geschehnissen und Handlungen ist, deren Sinnhaftigkeit sich erst im Nachhinein enthüllt. Aus der Kontinuitätsthese leitet sich auch eine Folgeschuld-These ab, nämlich nach dem ersten Krieg gleich den zweiten vorbereitet zu haben. Selbst «Anti-Teleologisten» haben sich dem Sog der Kontinuitätsthese kaum entziehen können. Im Verlaufe der Zentrierung der deutschen Geschichte auf den Nationalsozialismus und die Ermordung der europäischen Juden ist der Erste Weltkrieg schließlich zum Präliminarkrieg geworden. Der rationale Kern einer intentionalen Linie zwischen den beiden Kriegen liegt im Rückblick einmal darin, dass das Ausmaß an Vernichtung auch in seiner Steigerung wahrgenommen werden musste. Zum anderen ist er darin zu sehen, dass 1914 der Krieg von Deutschland willig in Kauf genommen wurde, während er 1939 der Schlussakt einer vorausgehenden Kriegsvorbereitung war. Schließlich scheint die Kontinuitätsthese auch deshalb plausibel, weil der Friedensschluss in allen unterlegenen Feindstaaten revisionistische Bewegungen entstehen ließ, die auf einen neuen Krieg zielten, nach dem die Ergebnisse des ersten revidiert werden sollten.

Wechselt man jedoch den Blickwinkel und schaut vergleichend aus der Perspektive des 19. Jahrhunderts und der des 21. auf jenen Krieg, so wird das Neue am Ereignis sichtbar. Es ist der erste und nicht der zweite Krieg gewesen, der eine zivilisatorische Zäsur in Europa nach sich zog. In den Materialschlachten an der Somme, im U-Boot-Krieg, in den technischen und wissenschaftlichen Neuerungen, in Lebensstil und politischer Kultur, in Kunst und Literatur vor, während und nach dem Krieg wird der tiefe Bruch sichtbar, der den noch das 19. Jahrhundert tragenden Glauben erschüttert hat, als entwickele sich das Menschengeschlecht entlang einer Fortschrittslinie, die man nur «richtig» interpretieren müsse. Die Aura des Krieges, sein Ruf als Schauplatz einer Zeitenwende beruht auf den Symbolen der Waffentechnik: das Flugzeug und das Luftschiff, das Unterseeboot, der Tank, das Gas, die hohen Tötungsraten, das Hin- und Herbewegen großer Menschenmassen in einem Minimum an Zeit, die lange Zeitdauer, über die hinweg man das gegenseitige Töten durchhält, ohne dass eine Seite die Oberhand gewinnt, all dies macht diesen Krieg für alle Beteiligten zu einer epochalen

Erfahrung. Retrospektiv erscheinen in diesem Trauma zweierlei Botschaften: die Kunde von dem neuen Zeitalter der Zerstörung und der Ruf nach einer Einkehr der Moral in die Politik. Noch nie war die Zerstörungskraft der Waffen so groß, noch nie war die Verbissenheit, mit der sich die beteiligten Heere um weniger Quadratmeter willen abschlachteten, so stark, noch nie waren die Toten in einem Krieg so zahlreich. Noch nie hatte ein Krieg die Gesellschaften technisch und sozial so modernisiert wie dieser Krieg. Nie vorher war die Mentalität der Gewalttätigkeit, die der Krieg nach seinem Ende in die Gesellschaften Kontinentaleuropas zurücktrug und die sich dort in Revolutionen und Bürgerkriegen ausbreiteten, so ausgeprägt. Noch nie hatte ein Krieg einen solchen Schock bei den Beteiligten ausgelöst, der in dem Wunsch nach einer neuen Art von Politik gipfelte. Der Erste Weltkrieg wird so im Nachhinein zum Schnittpunkt von objektiven technologischen, wirtschaftlichen und politischen Entwicklungen einerseits und von bewussten Handlungen und unbewussten Schuld- bzw. Sendungsgefühlen andererseits, die das gesamte politische, wirtschaftliche und kulturelle Geschehen der Nachfolgezeit umwälzen. Der Krieg setzt eine Dynamik frei, die die in traditionellen Maßstäben Handelnden weder beherrschen noch steuern können. Er befördert eine Zäsur in der europäischen Zivilisation, die manche Beteiligten geahnt haben – man denke nur an die mit dem Kriegsausbruch in Deutschland verbundene Metaphernsprache à la «Katharsis», «reinigendes Blutbad», «Entscheidungskampf». In zeitgenössischen Memoiren, in Poesie und Prosa wird von der «Aufbruchsstimmung» berichtet, ja diese wird in einer sich selbst erfüllenden Prophezeiung heraufbeschworen. Ob in Hermann Hesses «Demian», in den Tagebüchern eines Georg Heym, eines Franz Marc oder eines Paul Klee – der Umbruch wird von der Elite sprachlich beschworen, ehe er sich materialiter zeigt.[49] Wie ein Erwartungssyndrom stellt sich die Stimmung vor

---

49 Vgl. Franz Marc: Briefe aus dem Feld, Berlin 1940, S. 24f., 38, 134; vgl. Thomas Mann: Gedanken im Kriege, in: Die Neue Rundschau 25 (1914), H. 11 S. 1474 f.; vgl. auch Ek-

Beginn des Krieges dar. Vorboten des «großen Kladderadatsch», als der der Krieg im Vorhinein bezeichnet wird, erscheinen lange vorher am Horizont – den einen Unheil verkündend, den anderen Erlösung versprechend –, wie zum Beispiel in den Drohszenarien der beiden Marokko-Krisen 1905 und 1911.[50]

Doch die Ahnung bezieht sich auf etwas ganz anderes. Jene Schriftsteller, Künstler, Populärphilosophen hatten gehofft, dass der Kampf der feindlichen Parteien zu einer Entscheidung in den Dimensionen der bisherigen Geschichte führen würde – zu einem neuen Gleichgewicht der europäischen Kräfte –, und sahen sich nun mit seinen ungeahnten Folgen nach innen hin konfrontiert: dem Zusammenbrechen der gesamten alten Ordnung bei gleichzeitigem beschleunigtem technischem Wandel – und einer fehlenden neuen politischen Ordnung.

In diesem Krieg – und nicht erst im Zweiten Weltkrieg – löst sich die aufklärerische Idee eines grenzüberschreitenden Menschheitsideals im Niemandsland des Frontabschnitts auf. Zugleich scheinen am Horizont zwei Phantome der Zukunft auf. Das eine stellt den neuen, revolutionär bzw. technisch total organisierten Menschen dar, das andere eine Politik der Menschenrechte. Die Umrisse des ersten erkennt man in der Ideologie der russischen Revolutionäre von der konstruierbaren sozialistischen Gesellschaft wie in den Mythen der national-sozialistischen Revolutionäre von der rassischen Dominanz der Arier, aber auch in der rechts-konservativen Verherrlichung der Technik. Die Gestalt des zweiten erscheint auf internationalen Konferenzen und im Völkerbund. Sie ist nicht mehr als ein Schemen.[51]

Die mit dem Ersten Weltkrieg verbundene zivilisatorische Zäsur ist nicht voraussetzungslos eingetreten. Industrielle und kul-

---

steins: Tanz über Gräben, a.a.O., S. 317 f.; vgl. Georg Heym: Dichtungen und Schriften, hg. von Karl Ludwig Schneider, Bd. 3, Tagebücher, Träume, Briefe, Hamburg 1960

50 Vgl. Die Marokko-Krise und die Beunruhigung der deutschen Diplomatie wegen der Ausdehnung des französischen Einflussgebiets in Nordafrika (vgl. Valentin: Geschichte der Deutschen, a.a.O., S. 512 ff.)

51 Vgl. Valentin: Geschichte der Deutschen, a.a.O., S. 496 ff.

turelle Revolutionen leiteten sie während der zweiten Hälfte des 19. Jahrhunderts ein. Der Glaube an die Höherwertigkeit der weißen Rasse, der die großen europäischen Mächte auf ihren Raubzügen durch Afrika und Asien begleitet hatte, der Triumphzug der Rassenideologie in den europäischen Gesellschaften selbst, hat sich schließlich gegen seine Erfinder gewandt. Im mörderischen Kampf um die höchste Wertigkeit *einer* der europäischen Kulturen, der lateinischen, der deutschen oder der angelsächsischen, hat er sich gegen Europa gekehrt. Und doch läuft die Kontinuitätsthese immer wieder Gefahr, die Handlungsmöglichkeiten im Nachhinein zu minimieren und den Handelnden – unfreiwillig – ihre Handlungsfreiheit und Verantwortung abzusprechen, sie zu «Charaktermasken» (Marx), zu Spielfiguren auf einem Schachbrett zu degradieren – oder sie zu allmächtigen Staatenlenkern, die das große Übel hätten verhindern oder steuern müssen, zu stilisieren.

Die Koppelung von technischer Moderne und gewachsenen Möglichkeiten der Selbstzerstörung ist also schon im Ersten Weltkrieg sichtbar. Diese Zäsur ist jedoch seit Jahrzehnten fast ausschließlich mit dem Mord an den europäischen Juden verknüpft worden. Sie wäre wieder rückzubinden an eine Geschichte, die mehr ist als bloße Vor-Geschichte.[52]

Könnte man im nachträglichen Blick auf das vergangene Jahrhundert die Zurichtung der deutschen Geschichte auf den Nationalsozialismus hin als die eine Konstante in der Reflexion dieses Jahrhunderts bezeichnen, so läge die zweite in einer Moralisierung des politischen Geschehens.

Der Große Krieg trägt jedenfalls seinen Namen immer noch zu Recht. In ihm trat jener zivilisatorische Bruch erstmals zutage, der den Krieg nicht mit der Kriegshandlung beendete, sondern ihn in die Gesellschaften trug. Aus dem unbewältigbaren

---

52 So wäre der Begriff des «Zivilisationsbruchs» (Dan Diner) dann auch eher eine normative Setzung als eine Beschreibung des tatsächlichen Bruchs. (Vol. Dan Diner: Vorwort in: Ders. (Hg.): Zivilisations-Bruch nach Auschwitz, Frankfurt/M. 1988)

Krieg erhalten die großen antagonistischen Ideologien, die im 19. Jahrhundert entstanden waren – der Marxismus und die Rasseideologie – ihre Beschleunigung. So trug dieser Krieg in der Tat den Keim zu einem weiteren Krieg in sich. Aber nicht im Sinne eines Schicksals, sondern als Folge von historischen Erbschaften, Kurzsichtigkeit und Inkonsequenz aller beteiligten Mächte, die nach Maßstäben handelten, die längst nicht mehr galten und gleichzeitig von neuen Maßstäben träumten, die sich noch nicht in die Wirklichkeit umsetzen ließen.

III. Die Moral, die aus der Hölle kommt

Vom Umgang mit der Schuld in Ost und West

«Klärung der Schuld ist zugleich Klärung unseres neuen Lebens und seiner Möglichkeiten. Aus ihr entspringt der Ernst und der Entschluß ... Das Glück des Daseins, wo es gewährt wird, in Zwischenaugenblicken, in Atempausen, mögen wir ergreifen, aber es erfüllt nicht das Dasein, sondern wird auf dem Hintergrunde der Schwermut hingenommen als liebenswürdiger Zauber. Das Leben ist wesentlich nur noch erlaubt im Verzehrtwerden durch eine Aufgabe.
Folge ist die Bescheidung. Im inneren Handeln vor der Transzendenz wird unsere menschliche Endlichkeit und Unvollendbarkeit bewußt.
Dann können wir ohne Machtwillen im liebenden Kampfe die Erörterung des Wahren vollziehen und uns in ihm miteinander verbinden.
Dann können wir unaggressiv schweigen – aus der Schlichtheit des Schweigens wird die Klarheit des Mitteilbaren hervorgehen.»
Karl Jaspers, 1946 [1]

«Wie ich Dir schon sagte, dient die ganze Schuldfrage nur als christlich-scheinheiliges Gequatsche, bei den Siegern, um sich selbst besser zu dienen und bei den Besiegten, um sich weiter ausschließlich mit sich selbst befassen zu können (Und sei es auch nur zum Zwecke der Selbsterhellung). In beiden Fällen dient die Schuld dazu, die Verantwortung zu vernichten ... Dieses ganze ethische Reinigungsgebabbel bringt (Karl) Jaspers dahin, sich solidarisch in die deutsche Volksgemeinschaft sogar mit den Nationalsozialisten zu be-

---

[1] Karl Jaspers: Die Schuldfrage. Von der politischen Haftung Deutschlands, München und Zürich 1987, S. 81

geben statt in die Solidarität mit den Entwürdigten ... Wenn
Jaspers das wahre deutsche Wesen sucht, findet er niemals
den wahren deutschen Konflikt, der immer in dem republikanisch-freiheitlichen Willen Weniger gegen die kosakisch-
knechtischen Neigungen Vieler bestand.»

Heinrich Blücher an Hannah Arendt 1946 [2]

«Moralisch gesehen ist es ebenso falsch, sich schuldig zu fühlen, ohne etwas Bestimmtes angerichtet zu haben, wie sich
schuldlos zu fühlen, wenn man tatsächlich etwas begangen
hat. Ich habe immer für den Inbegriff moralischer Verwirrung
gehalten, dass sich im Deutschland der Nachkriegszeit diejenigen, die völlig frei von Schuld waren, gegenseitig und aller
Welt versicherten, wie schuldig sie sich fühlen.»

Hannah Arendt 1946 [3]

Die drei Textpassagen stammen aus dem Jahr 1946. Sie beschreiben verschiedene Gemütslagen nach dem Ende des Krieges.

Hannah Arendt, als Jüdin 1933 aus Deutschland vertrieben, wendet sich 1946 gegen einen bestimmten, vor allem von den Kirchen vertretenen Schulddiskurs. Sie spricht gegen die Kollektivschuld und ihre, womöglich unbeabsichtigte, Entschuldungsfunktion im Konkreten. Ihr geht es um die persönliche Verantwortung der Täter, aber auch um einen allgemeinen Mentalitätswandel, der über die Annahme einer Kollektivschuld nicht zu erreichen ist.

Heinrich Blücher, als Kommunist aus Deutschland geflohen und seit dem Pariser Exil Hannah Arendts Lebensgefährte und späterer Ehemann, lebt zu jener Zeit seit 13 Jahren nicht mehr in Deutschland. Ihm stößt der Duktus der Jaspers'schen Seinsphilosophie übel auf. Er ärgert sich über das Pathos, das er als falsch empfindet («christlich-scheinheiliges Gequatsche»). Er nimmt

---

2 Brief von Heinrich Blücher an Hannah Arendt, in: Hannah Arendt – Heinrich Blücher: Briefe 1936–1968, München und Zürich 1996, S. 146

3 Hannah Arendt: Die persönliche Verantwortung unter der Diktatur, in: Konkret, Heft 6, 1991, S. 38

Anstoß an der Selbstbezüglichkeit eines Sprechens, das nicht die Opfer, sondern das Leiden derer, die den Krieg angezettelt haben, ins Zentrum stellt. Blücher bezieht «die Sieger» in seine Kritik mit ein; auch sie pflegen seiner Meinung nach jenes «christlich-scheinheilige Gequatsche ... um sich selbst besser zu dienen». Das Fazit seiner Kritik lautet: Wer so spricht, «vernichtet» die Verantwortung. Jaspers verliere sich in der Deutschtümelei jener, die noch immer nicht begriffen hätten, dass die Deutschen in Wirklichkeit an dem Gegensatz zwischen dem «republikanisch-freiheitlichen Willen Weniger gegen die kosakisch-knechtischen Neigungen Vieler» krankten. Blücher spricht hier über die politische Verantwortung gegenüber der Kontinuität der deutschen Geschichte. Ihn erregte offensichtlich eine Kontinuität in Jaspers' Ton, die sich sprachlich in der Nähe der völkischen und der christlichen Weltanschauung bewegte.

Arendt und Blücher kritisieren die Entrückung der Schuld ins Metaphysische. Beide betonen, dass es auf die Übernahme von Verantwortung ankomme, des Einzelnen für seine Taten und der Gesamtheit für das, was in ihrem Namen geschehen ist.

Was aber hatte Karl Jaspers mit seinem Reden über Schuld beabsichtigt? Um den Text zu verstehen, ist es wichtig, sich zu vergegenwärtigen, dass er für eine Vorlesung konzipiert war, die Jaspers im Wintersemester 1945/46, dem ersten Semester nach dem Krieg, an der Heidelberger Universität zum Thema «Die geistige Situation in Deutschland» hielt.

Jaspers spricht im pluralen «Wir». In einem rhetorischen Kunstgriff adressiert sich der Philosoph als Teil seines Publikums, dessen Gefühlsverwirrung er zum Thema macht. In der Realität war Jaspers selbst keineswegs zum Opfer einer Gefühlsverwirrung geworden. 1933 von seinem Lehrstuhl vertrieben, lebte er zusammen mit seiner jüdischen Frau in ständiger Angst vor der Deportation. Sein Publikum sind junge, aus dem Krieg entlassene Soldaten, Kriegsinvaliden, auch ein paar junge Frauen. Sie alle teilen eine eigenartige Gefühlslage: sie «berauschen (sich) in Gefühlen des Stolzes, der Verzweiflung, der Empörung, des Trotzes, der Rache, der Verachtung». Jaspers nun fordert sein Publikum auf, «daß wir diese Gefühle auf Eis legen und sehen, was wirklich ist»[4]. Doch die jungen Zuhörer sind auf das eigene Innen fixiert. Viele von ihnen waren an der Front oder hatten die Bombardements der Städte erlebt. Sie hatten Verwandte und Freunde verloren. Sie waren geprägt von inneren und äußeren Verwüstungen, von der Zerstörung der Städte, von Arbeitslosigkeit und Zukunftsangst. Nun sehen sie sich konfrontiert mit der ungeheuren Anschuldigung, Schuld an der Zerstörung Europas und an der Vernichtung der europäischen Juden zu tragen. Sie reagieren auf die Verantwortung, die ihnen – vor allem von außen, von den Opfern, von der Weltöffentlichkeit – zugewiesen wurde, verweigernd, zornig, zynisch. Die Siegermächte betreiben in ihren Augen eine verlogene Politik und genügen ihren eigenen Ansprüchen – Vertreter der Humanität zu sein – selbst nicht. In ihren Augen folgt auf die Nazidiktatur jetzt eine Diktatur der Westalliierten bzw. der Sowjetunion. Sie waren zu dem bekannten und in der Nachkriegszeit in geradezu anstößiger Unbescholtenheit dastehenden Philosophen gegangen, weil sie wissenshungrig und belehrungswillig waren. Aber auf seine Rede reagieren viele von ihnen verständnislos. Der Publizist Harry Pross, damals selbst Student bei Jaspers, berichtet in seinen Memoiren von Reaktionen unter den Studenten im Hörsaal:

«Niemand hätte einen Zwischenruf gewagt. Miteinanderreden war in der alten Aula nicht vorgesehen. Dann (nach dem Ende der Vorlesung – AG) schritt der Philosoph hinaus, steif und ohne einen Blick rechts oder links zu verlieren. Die Studenten saßen Spalier, wie gehabt. ‹Ganz schön meschugge!› murmelte einer beim Hinausgehen. ‹Wenigstens mußt du nicht mehr ‚Heil!' sagen›, antwortete der Freund.»[5]

[4] Karl Jaspers: Die Schuldfrage. a.a.O., S. 8
[5] Harry Pross: Memoiren eines Inländers 1923–1993, München 1993, S. 135

Diese von Pross so anschaulich geschilderte Situation wirft ein Schlaglicht auf den chaotischen Diskurs der ersten Nachkriegszeit, in der Kirchen, Besatzungsmächte und alte NS-Seilschaften aneinander vorbeiredeten. Jaspers hatte die emotionale Situation bei der jungen Generation durchaus treffend charakterisiert, als er von den «Gefühlen des Stolzes, der Verzweiflung, der Empörung, des Trotzes, der Rache, der Verachtung» sprach. Doch die intellektuelle und wohl auch kulturelle Zumutung war zu viel für die Zuhörer und Zuhörerinnen, die ihr eigenes Erleben direkt in den Hörsaal mitbrachten und es nicht, wie in normalen Zeiten üblich, draußen vor der Tür ließen.

Rückblende: Im Oktober 1922 hatte der Schriftsteller Thomas Mann im Berliner «Beethoven-Saal» eine Fest-Rede zum 60. Geburtstag Gerhart Hauptmanns gehalten.[6] Der Schriftsteller sprach «Von deutscher Republik». Bis weit in den Ersten Weltkrieg hinein hatte er auf deutsch-nationaler Seite gestanden; mit seiner Rede begründete er seinen Übergang auf die Seite der Republikaner.[7] Nicht von dieser Rede soll jedoch gesprochen werden, sondern von des Dichters Publikum. Im gedruckten Text der Rede spielt es eine markante Rolle.

An mehreren Stellen verzeichnet die Niederschrift der Rede «verbreitete Unruhe»[8]. Nach dem zweiten lautstarken Kommentar spricht der Redner sein Publikum direkt an: «Jungmannschaft – nicht diese Töne! Ich bin kein Pazifist, weder von der geifernden noch von der öligen Observanz.»[9] Der Schriftsteller

---

[6] Der tatsächliche Geburtstag Gerhart Hauptmanns liegt einen Monat später, am 15. November.

[7] Vgl. Antonia Grunenberg: Der Schlaf der Freiheit, Reinbek 1997, S. 152 ff.

[8] So zum Beispiel nach dem Satz: «Wo irgend Größe waltet, da setzt das Physiognomisch-Nationale sich aller kosmopolitischen Hingabe ungeachtet unfehlbar durch, und unter uns Deutschen wenigstens scheint Grundgesetz, daß wer sich verliert, sich bewahren wird, wer sich aber zu bewahren trachtet, sich verlieren, das heißt der Barbarei oder biederer Unbeträchtlichkeit anheimfallen wird.» (Thomas Mann: Von deutscher Republik, in: Thomas Mann: Essays, hg. von Hermann Kurzke, Frankfurt/M. 1977, S. 63)

[9] Thomas Mann: Von deutscher Republik, a.a.O., S. 64

ruft sein Publikum zur Ordnung und baut ihm gleichzeitig eine Brücke. Die Abgrenzung vom Pazifismus, gegen den die Rechten ihren Hass richten, soll den Zuhörern signalisieren, dass der Vortragende im Grunde einer der ihren sei. Wenig später fragt er provozierend: «Die Republik ... wie gefällt euch das Wort aus meinem Munde? Übel, – bestimmten Geräuschen nach zu urteilen, die man leider als Scharren zu deuten genötigt ist.»[10] In der Folge spricht Thomas Mann sein Publikum immer wieder an: «Jugend und Bürgertum ... Faßt endlich Vertrauen ... Ich bitte nochmals: erwehrt euch der Kopfscheu! ... Jetzt werdet ihr böse!»[11]

Wer da scharrte, waren zornige junge Männer, die verächtlich auf die neue Republik schauten. Die Gewalt des Krieges hatten sie noch verinnerlicht. Manche von ihnen trifft man später im Bannkreis von Verschwörerclubs wieder. Nach 1933 werden viele von ihnen versuchen, im Nationalsozialismus Karriere zu machen. Es ist die «verlorene Generation» des Ersten Weltkrieges, die lautstark ihren Unmut kundtut. Sie verschmäht des Schriftstellers Angebot, das Völkische mit dem Republikanischen zu versöhnen. Dem neuen Gemeinwesen verweigert sie die Loyalität. Sie fühlt sich als Opfer ungerechter Schicksalsgewalten und machtgieriger Großmächte.

Sowohl 1918 als auch 1945 bringt der Krieg ein Trauma hervor, das vor allem auf der jungen Generation lastet. Deren Zukunft wurde in den beiden Kriegen nachhaltig beeinträchtigt.

Im Unterschied zum Ersten Weltkrieg stößt nach 1945 das Bewusstsein der eigenen Entwurzelung und der Zerstörung, die man erfuhr, mit der «Zumutung» zusammen, über das Leid der anderen Opfer nachzudenken: der Juden, der Kriegsgefangenen, der ermordeten Zivilisten anderer Nationen ... Spontan entwickelt sich aus der Erwartung der Weltöffentlichkeit, die Opfer des Krieges zum Objekt des Nachdenkens im Zivilleben zu ma-

---

10 Thomas Mann: Von deutscher Republik, a.a.O., S. 66
11 Thomas Mann: Von deutscher Republik, S. 71 ff.

chen, ein verbreiteter Zynismus, der die Geschichte auf die Wiederkehr des immergleichen Spiels der Mächtigen reduziert. Danach dispensiert sich der Sieger von der Moral, mit der er im Kampf argumentiert hat, sobald der Sieg errungen ist; die Unterlegenen werden kollektiv zum Opfer.

Die mentale Blockade, die hieraus entsteht, prägt das Gesicht der Republik nach dem Zweiten Weltkrieg viele Jahre lang. Auch darin lässt sich das Erbe der totalen Herrschaft erkennen: Die Urteilsfähigkeit der vielen Einzelnen ist beschädigt. Für sie hat sich die Welt in die ewige Wiederkehr des immergleichen Antagonismus zwischen Siegern und Besiegten aufgelöst. Angesichts dessen flüchtet man sich in einen kindischen Relativismus, der den Unterschied zwischen Gut und Böse nicht mehr erkennen will.

Das öffentliche Reflektieren der geschehenen Verbrechen verläuft ungleichzeitig, uneben, mit Verzögerung. In der deutschen Bevölkerung ruft das Geschehen Schutzmechanismen auf den Plan, die das offene Sprechen über das Geschehen und die Verbrechen behindern.

Während die öffentlich, auch sprachlich gewalttätig auftretenden Auseinandersetzungen nach dem Ersten Weltkrieg auf die Fortsetzung des Krieges nach innen hin hinausliefen, folgten auf den Zweiten Weltkrieg zwei Jahrzehnte einer eigentümlichen Sprachlosigkeit, die auf der öffentlichen Ebene, in der Regierung und im Parlament, wo man das Sprechen nicht vermeiden konnte, nur mühsam kaschiert wurden. Man schaue sich nur den Sprachduktus an, in dem die Repräsentanten der Republik über die Verbrechen und den Genozid handelten.[12]

Diese Kultur des Schweigens und der heimlichen Kommentare hinter vorgehaltener Hand wirkte wie ein *cordon sanitaire*, den die Gesellschaft um sich zog.[13] Sie tat es nicht ohne Grund.

12 Vgl. Helmut Dubiels Untersuchung über die NS-Debatten im Deutschen Bundestag (Helmut Dubiel: Niemand ist frei von der Geschichte, a.a.O., z. B. S. 55 ff.)
13 Vgl. W. G. Sebald: Luftkrieg und Literatur, a.a.O., S. 112

«Nach dem Zweiten Weltkrieg», schreibt François Furet, «zweifelte niemand, nicht einmal die Besiegten selbst, an der Deutung des Sieges. Deutschland wird von den Nationen geächtet. Die Freveltaten der sowjetischen Truppen auf deutschem Boden, der erzwungene Exodus von zwölf bis fünfzehn Millionen Deutschen gen Westen und der Tod vieler von ihnen werden in der Presse nicht einmal kommentiert. Die Naziverbrechen, die öffentlich geahndet werden, beleuchten diese universelle Übereinkunft, die über das traditionelle ‹Schande den Besiegten› denn auch weit hinausgeht; sie schließt mehr ein als nur das schlechte Gewissen, Hitler zu spät bekämpft zu haben. Sie verleiht einer politischen Verurteilung die Unversöhnlichkeit einer moralischen Empfindung, die den Faschismus in das Reich des absolut Bösen verweist.»[14]

Es ist diese moralische Empfindung der Welt, die der Philosoph Karl Jaspers anspricht und gegen die sich die Studenten wehren.

Am Ende des Zweiten Weltkriegs liegt Deutschland in Trümmern. Die zivile Gesellschaft, die in der Weimarer Republik ohnehin nur rudimentär existiert hatte, hatte sich in der Nazizeit bis auf minimale Reste in Kirche und Freundeskreisen völlig aufgelöst. Mühsam wird sie über das Hilfsgerüst der alliierten Besetzung und der *re-education* wieder rekonstruiert. Heinrich Bölls Roman «Der Engel schwieg» (1949/50), der erst postum als Gesamttext erschien, beschreibt die paradoxe Stimmung in der unmittelbaren Nachkriegszeit: Erschöpfung und Müdigkeit, Hunger und Sterben, Überlebenswillen und Trotz, Scham und Trauer.

Im Klappentext schreibt Böll seinerzeit: «Die Handlung ... (erzählt) kaum etwas von der Nachkriegszeit, diesem Dorado des Schwarzhandels und der Korruption: es zeigt nur die Menschen dieser Zeit, ihren Hunger, und berichtet von einer Liebesgeschichte, klar und spröde, die der Phrasenlosigkeit der ‹heim-

---

14 François Furet: Das Ende der Illusion. a.a.O., S. 447

kehrenden› Generation entspricht, die weiß, daß es keine Heimat auf dieser Welt gibt.»¹⁵ «Mit leiser Hand, fast mit grausam leiser Hand», kommentierte seinerzeit Alfred Döblin in einer Rezension für die Zeitschrift *Das Goldene Tor*, «führt uns Böll in die letzte Verlassenheit von Menschen, die gerade noch das Leben haben.»¹⁶ In dieser Atmosphäre der kaschierten Sprachlosigkeit wurde das Land geteilt. Teilnahmslos, ja fast erleichtert ließen es seine Bewohner über sich ergehen. Noch war nicht abzusehen, dass diese Teilung die nächsten fünfzig Jahre dauern sollte.

In der DDR wurde die Sprachlosigkeit der Beteiligten durch eine offizielle Sprachregelung quasi von außen kaschiert. Die aus Moskau kommende neue politische Elite aus exilierten deutschen Kommunisten formte die Sprachlosigkeit in eine neue Herrschaftssprache um, die die nach Orientierung Suchenden bereitwillig übernahmen. Jenseits der öffentlichen Bühne stürzten sich die Menschen hüben wie drüben wie wütig in den Aufbau des zerstörten Landes. Rituale der Verweigerung und der Starre bei gleichzeitig heftiger, durch die Not erzwungener Aktivität. Für die Außenwelt erscheint die Verweigerung als borniert, als grausam und unmoralisch, als «typisch deutsch».

Traumatisierte Starre ist eine Reaktion, die sich in allen Gesellschaften finden lässt, die kollektiv zu verantwortende Verbrechen oder Bürgerkriege zu verarbeiten haben. Man findet sie in vielen Gesellschaften, aus denen heraus Massenmorde mit Billigung der Bevölkerung geschehen sind: in Japan (Massenmorde im Zweiten Weltkrieg) ebenso wie in China (Massenmorde in der Kulturrevolution), in Kambodscha (die Steinzeitrevolution von Pol Pot) wie in Indien (der Krieg um Kaschmir), in Südafrika (das Apartheidregime) wie in der Türkei (der Genozid an den Armeniern) oder in Frankreich (die Massaker im Algerien-

---

15 Heinrich Böll: Der Engel schwieg, Köln 1992, S. 196
16 Nach Werner Bellmann: Nachwort, in: Heinrich Böll: Der Engel schwieg, S. 196

Krieg). Eine Verarbeitung erfolgt oft erst Jahrzehnte später oder nur indirekt. Die offizielle Türkei beharrt bis heute darauf, dass der Genozid an den Armeniern 1915 nicht stattgefunden hat; sie verweigert dem Ereignis schlicht die Realität.

Für die beiden deutschen Gesellschaften ist entscheidend, dass nicht nur die Alten, die den ganzen Krieg mitgemacht haben, die an Verbrechen mittelbar oder unmittelbar beteiligt waren, sich der Rechenschaftslegung zornig verweigern (sofern sie nicht, wie in der DDR, dazu gezwungen werden), sondern auch die Jungen, die 18-jährigen Soldaten, die «Werwölfe» des letzten Aufgebots, die «Generation der Flakhelfer» und der «Blitzmädels», jene, die aus Jugend und Schule in den Krieg gerissen wurden. Für sie bleibt die Überlagerung von krimineller, politischer, moralischer, metaphysischer Schuld und von individueller und kollektiver Verantwortung ein undurchdringliches Gewirr von Nötigungen, das mit den Anforderungen des eigenen Überlebens unvereinbar ist.

Die Nachwirkungen des Krieges und der totalen Herrschaft haben ihre Prägungen hinterlassen: eine bellizistische Grundstimmung nach dem Ersten Weltkrieg und eine Disposition zum zynischen Relativismus nach dem Zweiten Weltkrieg. Dabei ist es nicht nur der eigene Überlebenskampf, der das Mitleid mit den Opfern verweigert, es ist eine eigentümliche Mischung aus eigenen leidvollen Erfahrungen (die zivilen Opfer in Deutschland, die Zerstörung von Städten und Arbeitsplätzen, die Millionen Vertriebenen aus ehemaligen deutschen Gebieten) und einer Selbstbezüglichkeit, die sich von der Welt abgewendet hat und nur auf das eigene Innen starrt.

Diese Mentalität setzt sich *cum grano salis* in der Bevölkerung beider Teile Deutschlands fest. Sie existiert als Unterströmung in den vierziger und fünfziger Jahren. Jahrzehnte später spiegelt sie sich noch in der sarkastischen Beschreibung eines Beobachters wider: «Die Deutschen, die sich selbst durchaus als Opfervolk verstanden, da sie doch nicht nur die Winter vor Leningrad und Stalingrad hatten überstehen müssen, nicht nur die Bombardements ihrer Städte, nicht nur das Urteil von Nürnberg, sondern auch die Zerstückelung ihres Landes – sie waren allzu begreiflicherweise nicht geneigt, mehr zu tun, als auf ihre Art die Vergangenheit des Dritten Reiches, wie es damals (und heute – AG) hieß: zu bewältigen. In diesen Tagen, da die Deutschen gleichzeitig für ihre Industrieprodukte die Weltmärkte eroberten und daheim nicht ohne eine gewisse Ausgeglichenheit mit der Bewältigung befaßt waren, verdichteten sich unsere – oder vielleicht darf ich zurückhaltend nur sagen: meine – Ressentiments.»[17]

Die Gegenläufigkeit der Erwartungen der Siegermächte sowie der Opfer – und der Reaktion, den Denk- und Verhaltensweisen großer Gruppen der Bevölkerung –, sie zieht sich wie ein roter Faden durch die Geschichte des 20. Jahrhunderts. Je näher man hinschaut und je größer die zeitliche Distanz zum Geschehen ist, desto diffuser wird das Bild.

Hier liegt eines der Probleme der Schulddebatte der letzten dreißig Jahre: Es gibt eine Unvergleichbarkeit der Gefühle. Die Weltöffentlichkeit, die Opfer und deren Nachkommen erwarten von den Tätern, den Verantwortlichen, aber auch denen, die am Geschehen nicht beteiligt waren und von deren Nachkommen und Kindeskindern, eine Unmittelbarkeit der Gefühle, die diese auf Generationen hinaus nicht aufbringen können oder wollen. Die Opfer und ihre Nachfahren fordern, dass die Täter und ihre Angehörigen, «ihr Volk», die Taten bereuen können müssen. Wie sollen sie auch anders Erleichterung erfahren als darüber, dass nicht nur die Verantwortlichen zur Rechenschaft gezogen werden, sondern das ganze Volk sich zu moralischer Verantwortung bekennt? Das Bestreben derjenigen, die die Taten zu verantworten haben oder dem Volk, der Gesellschaft angehören, aus denen sie hervorgingen, ist es, das Wiedereinrichten des bürgerlichen Privatlebens und den Aufbau der Wirtschaft zu sichern. Es ist nicht nur der Not der Umstände geschuldet, dass sich die west-

---

17 Jean Améry: Jenseits von Schuld und Sühne, a.a.O., S. 108

deutsche und die ostdeutsche Gesellschaft nach dem Krieg mit einer Hingabe, die Beobachter von außen schaudern machte, dem Aufbau der zerstörten Wirtschaft und dem Rückzug in die beschädigten Familien widmen.

Nirgends, schreibt Hannah Arendt, die 1949 im Auftrag der «Jewish Cultural Reconstruction» zum ersten Mal seit 1933 Berlin und einige Städte im Westen Deutschlands bereist, sei «dieser Alptraum von Zerstörung und Schrecken weniger verspürt und nirgendwo wird weniger darüber gesprochen als in Deutschland. Überall fällt einem auf, daß es keine Reaktion auf das Geschehene gibt, aber es ist schwer zu sagen, ob es sich dabei um eine irgendwie absichtliche Weigerung zu trauern oder um den Ausdruck einer echten Gefühlsunfähigkeit handelt ... Diese Gleichgültigkeit und die Irritation, die sich einstellt, wenn man dieses Verhalten kritisiert, kann an Personen mit unterschiedlicher Bildung überprüft werden. Das einfachste Experiment besteht darin, *expressis verbis* festzustellen, was der Gesprächspartner schon von Beginn der Unterhaltung bemerkt hat, nämlich dass man Jude sei. Hierauf folgt in der Regel eine kurze Verlegenheitspause, und danach kommt – keine persönliche Frage, wie etwa: ‹Wohin gingen Sie, als Sie Deutschland damals verließen?›, kein Anzeichen von Mitleid, etwa dergestalt: ‹Was geschah mit Ihrer Familie?› – sondern es folgt eine Flut von Geschichten, wie die Deutschen gelitten hätten (was sicher stimmt, aber nicht hierher gehört); und wenn die Versuchsperson dieses kleinen Experiments zufällig gebildet und intelligent ist, dann geht sie dazu über, die Leiden der Deutschen gegen die Leiden der anderen aufzurechnen, womit sie stillschweigend zu verstehen gibt, dass die Leidensbilanz ausgeglichen sei und dass man nun zu einem ergiebigeren Thema wechseln könne.»[18]

Das Entsetzen derer, die von außen kommen, entzündet sich an dieser von Arendt so anschaulich beschriebenen Selbstbezüglichkeit, die bei den Beobachtern als Grausamkeit registriert wird.

18 Hannah Arendt: Besuch in Deutschland, Hamburg 1993, S. 24 und 25 f.

Unmittelbar nach dem Zweiten Weltkrieg jedenfalls kann sich ein öffentliches Gespräch über die Schuld, wie es von Jaspers eingefordert wird, nicht entfalten. Verstocktheit ist nicht nur eine Eigenschaft der Täter, sondern auch der vielen anderen. Durch eigenes Leiden, durch Bombardements, den Tod naher Verwandter, Hunger und Zerstörung ist ihre Fähigkeit des Mit-Leidens mehr als begrenzt. Ihr eigenes Leiden stellt sich ihnen als das von Opfern dar. Beide Opferrollen aber stehen sich auf eine groteske Weise gegenüber.

So erreichen Karl Jaspers' beschwörende Worte nur wenige. Die anderen scharren mit den Füßen oder machen zynische Bemerkungen. So scheint es – und in dieser Richtung ist die kritische Debatte seit dreißig Jahren gelaufen –, als ob sich die Gesellschaft in Gänze der Abwehr hingebe. Mit dieser These wird jedoch nicht verständlich, wieso zwanzig Jahre später ebenjene Verarbeitung einsetzt, die so lange Zeit abgewehrt wurde. Mit dem biologischen Generationswechsel allein lässt sich diese Wandlung nicht erklären. Es scheint, als ob man bei der Frage nach den öffentlichen und nicht-öffentlichen Reaktionen auf den Nationalsozialismus und den Mord an den Juden auf mehr schauen muss als auf das Kollektiv «der Täter». Eigenartig inadäquat wirken heute, über fünfzig Jahre nach dem Geschehen, all die gut gemeinten Reden von «dem Tätervolk». Was sich als Reflexionshaltung – quasi als Teil der Sühne – sprachlich adäquat darstellen möchte, ist oft auch nur bequem. Wichtiger ist jedoch die Frage, was hinter dem Palimpsest der kollektiven Schuldverweigerung oder – die Kehrseite – der Schuldannahme sich verbirgt.

Am westdeutschen Schulddiskurs der vierziger und fünfziger Jahre nimmt eine Minderheit teil. Sie setzt sich aus Christen, ehemals verfolgten Nicht-Juden, Heimkehrern aus dem Exil, «inneren Emigranten» und einigen jungen Soldaten und jungen Frauen zusammen. Diskussionen finden – man muss fast meinen gezwungenermaßen – im Bundes- und in den Landesparlamenten, in der Regierung, in den Kirchen, in Intellektuellenzirkeln

(z. B. der «Gruppe 47»), in Zeitschriften statt. In den *Frankfurter Heften*, in *Die Wandlung*, in *Ost und West*, in *Merkur* und *Monat*, um nur einige zu nennen, wird über die Nürnberger Prozesse, über das Gewissen, den Judenmord, deutsche Identität und deutsche Ehre, über Nationalismus und deutsche Geschichte, über das Kollektiv und den Wert des Einzelnen – und immer wieder über Schuld und Schuldgefühle geschrieben. Von den meisten Autoren spricht heute keiner mehr. Einige Namen haften noch: Eugen Kogon, Theodor Heuss, Walter Dirks etwa. Eine demokratische Öffentlichkeit existiert rudimentär (kleine Zirkel, Parteien, Verbände, Zeitungen, Zeitschriften, Rundfunk), aber es gibt (noch) kein öffentliches Selbstgespräch der Republik.

Wie bereits erwähnt, wird in der psychoanalytischen Theorie davon gesprochen, dass die unter dem Eindruck des Traumas Stehenden einer unbewussten «Derealisierung» verfallen.[19] Sie verdrängen das Geschehene, um sich ihm nicht stellen zu müssen. Seit dem berühmt gewordenen Buch «Die Unfähigkeit zu trauern» von Alexander und Margarete Mitscherlich ist es gebräuchlich geworden, über die Epoche nach 1945 in diesen psychoanalytischen Termini zu sprechen. Die Psychoanalyse setzt gegen dieses Trauma den therapeutischen Prozess von «Erinnern – Wiederholen – Durcharbeiten».[20] Es wird unterstellt, dass man die unbewussten Prozesse im Menschen in die Sprache und Reflexion überführen, dem Patienten damit die Chance geben kann, sie erneut, nun aber reflektiert «nach»zuerleben, um darin zu einer abschließenden Synthese zu kommen. Erst dann könne das Individuum zu einer Verwindung des Traumas gelangen. Diese Theorie ist verführerisch: Man möchte doch glauben, es sei möglich, auch für diejenigen, die unermessliches Leid verursacht haben, Einsicht und damit Veränderung zu erlangen. Wenn dem so wäre, könnte man in den Deutschen in West und Ost nach 1945

---

19 Vgl. Alexander und Margarete Mitscherlich: Die Unfähigkeit zu trauern, München 1977, S. 34 ff.
20 Vgl. Sigmund Freud: Erinnern, Wiederholen und Durcharbeiten, a.a.O., s. Kap. I

eine Masse von Patienten sehen. Doch wer und wo waren die Therapeuten? Sind es die Besatzungsmächte? Sind es die Opfer? Ist es «die Öffentlichkeit»? In den sechziger Jahren schien die Antwort einfach. Die Therapeuten waren die kritischen Psychoanalytiker, Soziologen und Philosophen, die die Psyche des Volkes analysierten. Es sind ihre Schüler, die kritischen Studenten, die auf Teach-Ins Ende der sechziger Jahren über die Gesellschaft der Republik Gericht halten und das «Erinnern – Wiederholen – Durcharbeiten» erzwingen wollen.

Die Erkenntnis, dass es kollektive Heilung nicht gibt, ja dass diejenigen, die Verbrechen begangen haben, aber auch die, die Mitwisser waren, oder die, die überhaupt nicht beteiligt waren, so nachhaltig beschädigt sind, dass sie auf absehbare Zeit nicht zu einer kritisch-reflektierenden Distanz in der Lage sind, ist deprimierend. Das Nachdenken über die Möglichkeiten und Grenzen der Erinnerung hat aber damit zu rechnen. Erst dann kann es jenen leeren Platz einnehmen, der sich an der Stelle des ausbleibenden kollektiven Schuldbekenntnisses gebildet hat. Erinnerung ist auch ein kontingenter Prozess. Diese Erkenntnis ist schwer zu verkraften. Sie ist desillusionierend, weil sie auf die Grenzen der Erziehbarkeit hinweist und den Glauben an den «Fortschritt der Menschheit» und die Veränderungsfähigkeit des Menschen unterhöhlt.

Im Rückblick auf das Jahrhundert der beiden großen Weltkriege und der beiden antagonistischen Ideologien wird man gewahr, dass die Verarbeitung von kollektiven Traumata anders verläuft als in der psychoanalytischen Theorie dargestellt. Es beginnt nicht unmittelbar nach dem Geschehen, vollzieht sich über Jahrzehnte und Generationen hinweg und wird vor allem auch von zufälligen Ereignislinien und kulturgeschichtlichen Erbschaften beeinflusst. Dies bestätigt ein Blick auf die europäischen Gesellschaften nach dem Ende des Kommunismus in Mittel- und Osteuropa und des Apartheidregimes in Südafrika. Eine günstige politische Gesamtlage, die Abwesenheit von Krieg, die Anwesenheit von politischer Freiheit und die Hoffnung auf den wirtschaftlichen Aufbau gehören zu den Grundvoraussetzungen dieses Prozesses ebenso wie außergewöhnliche Persönlichkeiten, die ihn initiieren und begleiten – wie etwa in Ostdeutschland Joachim Gauck und die Bürgerrechtler, in Südafrika Nelson Mandela und Bischof Desmond Tutu. Vor allem lassen sich Prozesse der Verarbeitung von Vergangenem in posttotalitären Gesellschaften nur bedingt steuern; sie verlaufen ungleichzeitig und zufällig. Weder lassen sie sich ohne weiteres aus den vielen Millionen Einzelbiographien und Einzelgesprächen zusammenfügen oder ableiten, noch können sie überhaupt «künstlich» in Gang gesetzt werden. So sind sie zum Beispiel auch abhängig von der Wiedergewinnung der individuellen Urteilsfähigkeit bei den vielen Einzelnen und auch von der sozialen Gruppe, dem Milieu, der Bildung, der Kommunikationsfähigkeit der Einzelnen. All diese Ungleichzeitigkeiten prägen den privaten wie auch den öffentlichen Erinnerungsprozess.

In der Geschichte der Völker gibt es selten jenen wünschenswerten Fall, dass sich ein Volk auf die Trümmer seiner Städte setzt und über die Opfer trauert, die seine Schergen umgebracht haben. Viel eher räumen seine Angehörigen die Trümmer auf und kümmern sich um ihr eigenes Fortleben. Augenscheinlich ist ein öffentlicher Reflexionsprozess an bestimmte zivilisatorische Bedingungen gebunden: die Abwesenheit von Hunger und Zerstörung, die Beruhigung der Gemüter, ein Maß an Zufriedenheit, eine gewisse Distanz zum Geschehen. Viele Jahre, unter Umständen eine Generation später kommt dann das Thema erneut auf. Viele Vorstellungen, die auf die Erziehung zur demokratischen Identität setzen, gehen daran vorbei, dass es Bereiche der Persönlichkeit gibt, an die ein erzieherisch-therapeutisches Vorgehen nicht herankommt.

Die totalitäre Herrschaft nationalsozialistischer Prägung hat – ob unter freiwilliger Mitarbeit der Bevölkerung oder nicht, spielt hier keine Rolle – die Zerstörung des selbständig handelnden, verantwortungsfähigen Bürgers bewirkt. Eine Gesellschaft, die zu einem «Volkskörper» verschmolzen oder in einer «Partei» inkorporiert ist, zerfällt nach dem Ende der Herrschaft in die vielen vereinzelten beschädigten Persönlichkeiten, Biographien, Einzelschicksale, deren Träger nun wieder zu Individuen werden. Das Kollektiv löst sich auf; es ist nicht mehr greifbar. Das Individuum aber ist in den Jahren totalitärer Herrschaft auf die Funktion eines Gliedes im «Volkskörper» zusammengeschrumpft. Diese nachhaltige Verkümmerung, die sich an den Aufzeichnungen Adolf Eichmanns oder Rudolf Höß' ebenso studieren lässt wie an den Einlassungen der meisten Angeklagten in den Nazi-Prozessen und – auf andere Weise – sogar an den Erinnerungen unbescholtener Nazi-Gegner, sie ist weder durch moralische Appelle noch durch administrative Entnazifizierungsaktionen oder Therapien zu «beseitigen». Es bedarf neuer Erfahrungen, neuer Handlungsmöglichkeiten, eines Austauschs zwischen Innen und Außen, einer lebendigen Öffentlichkeit, bevor das Trauma erneut an der gesellschaftlichen Oberfläche erscheinen und besprochen werden kann.

Zwischen den Nachkommen der ermordeten europäischen Juden und «dem Volk der Täter» nebst ihren Nachfahren wird es keine Versöhnung geben. Versöhnung setzt voraus, dass beide sich als Gleiche anerkennen. Wie wäre das möglich? Eine Unvergleichbarkeit wird immer bestehen bleiben. Insofern wird das öffentliche Gespräch über «Schuld» immer wieder neu ausbrechen. Die Rollen bleiben die gleichen. Die einen werden anmahnen, dass zu wenig «Bewältigung» geschehen ist, die anderen werden entgegenhalten, dass schon genug geschehen ist oder mehr nicht zu erreichen ist. Was bleibt, ist die Arbeit an der Erinnerung, für die es, anders als im Schuldbewältigungsdiskurs unterstellt, keine gänzlich planbare Form geben wird. Die Herausforderung wird sein: zu verhindern, dass die Kontingenz der Erinnerung das Gedenken dominiert. Aber auch Gedenken kann nicht «hergestellt» werden. Es können Formen angeboten werden – wie zum Beispiel das Mahnmal zum Gedenken an die ermordeten Juden in Europa –, aber über ihre Anerkennung, über ihr Wirken entscheiden öffentliche Kommunikationsprozesse der Zukunft.

Wichtig ist freilich, und dies ist das Thema dieses Buches: Das Gedenken kann nur in einem zivilen Umfeld gedeihen, in dem sich die künftigen Generationen als politisch verantwortliche Bürger begreifen. Dieses Bewusstsein kann nicht nur vom Gedenken selbst gespeist werden; es braucht noch andere Quellen. Darüber wird in Kapitel V gesprochen werden.

Doppelte Schuld?

Im Rückblick drängt sich der Eindruck auf, als hätten sich die beiden deutschen Gesellschaften in einer längeren, zeitverschobenen Perspektive in ihrer Verarbeitung der Vergangenheit gegenseitig mehr beeinflusst, als ihre getrennte, kontrollierte und behütete Existenz dies nahe legt. Man sollte diese Verbindung nicht aus dem Auge lassen, wenn man über den historischen Umgang mit der Schuld in den beiden Deutschlands nachdenkt. Ohne diese Aufeinanderbezogenheit, die auch nach dem Bau der Mauer 1961 nicht abnimmt, ist der kollektive und öffentliche Gefühlsausbruch der nachfolgenden Generation, die sich im Gedächtnis der Späteren als «die Achtundsechziger» einprägen und die das öffentliche Sprechen über die belastende Vergangenheit erzwingen, nicht verstehbar. Ohne sie ist auch der langsame und lautlose Legitimationsschwund des DDR-Staates seit Ende der sechziger Jahre kaum verstehbar.

Seit Ende der vierziger Jahre wird, was die Auseinandersetzung mit Krieg und dem Mord an den Juden angeht, in den beiden deutschen Gesellschaften mit verteilten Rollen gespielt. Wie sie verteilt waren und ob sich in ihnen ein gemeinsames Erbe zeigt oder gar vergleichbare Weisen des Verarbeitens der eigenen Geschichte, davon soll hier die Rede sein.

Die ideologische Aufeinanderbezogenheit wird durch die beiden konträren Identifikationsangebote jener Zeit symbolisiert: antitotalitärer Grundkonsens im Westen vs. antifaschistischer Grundkonsens im Osten.

Nun war der westliche Antitotalitarismus sowohl gegen den Nationalsozialismus als auch gegen die Sowjetunion gerichtet. Für die vom Nationalsozialismus zugerichtete Bevölkerung bezog er seine Legitimation – zumindest zunächst – aus der Frontstellung gegen die Sowjetunion und nicht unbedingt aus seiner neu eingerichteten demokratischen institutionellen Grundlage. Es ist eine Ironie der Geschichte, dass der nazistische Anti-Bolschewismus den Boden für den demokratischen Antitotalitarismus nach dem Krieg ebnete.

In Kontrast dazu war der antifaschistische Grundkonsens in der DDR auch gegen den Nationalsozialismus (Faschismus) gerichtet, aber eben mit jenem antiliberalen Vorbehalt, dass die Demokratie die Wegbereiterin des Faschismus gewesen sei (und weiterhin bleibe), der Sozialismus hingegen die einzige Antwort auf den Faschismus sei. Hier wurde an die totalitäre Erbschaft der extremen Linken in der Weimarer Republik angeknüpft.

Beide Paradigmen antworten auf die politischen Konfliktlinien ihrer Zeit, in deren Mittelpunkt die Konfrontation zwischen der Sowjetunion und den Vereinigten Staaten stand. Beide Konzepte wirkten für die deutsche Bevölkerung in Ost und West als eine Art mentaler Krücke, die in dem verstörenden Chaos materieller und mentaler Ruinen dankbar angenommen wurde.

In der DDR veranstaltet das neue Regime antifaschistische Massendemonstrationen und Proklamationen, die auch der eigenen Machtlegitimierung dienen. Sie kommen dem Bedürfnis großer Teile der jungen Leute und der Intelligenz nach einem Neuanfang entgegen und nutzen deren Orientierungsbedürfnis aus. In scheindemokratischen Volksabstimmungen werden Enteignungen legitimiert. Mit den Nationalsozialisten will sich die neue politische Führung zugleich des «Großkapitals» entledigen. Verfahren wird nach der marxistischen Analyse, nach der das Großkapital Hitler als seinen Erfüllungsgehilfen benutzt habe und daher die Schuld an allem trage. Aus der Perspektive der Sowjetunion und der kommunistischen Führer müssen die

Reste der alten, bürgerlich-faschistoiden Gesellschaft radikal beseitigt werden, um eine neue Gesellschaft aufzubauen. Mit einer «Bildungsreform», die neben den Nazilehrern auch die Reste der sozialdemokratischen Reformbewegung der zwanziger und dreißiger Jahre beseitigt, wird das Erziehungswesen erneut gleichgeschaltet. Verhaftungs- und Vertreibungswellen sollen nach außen hin den Eindruck erwecken, als betreibe die neue Regierung außerordentlich konsequent die «Beseitigung der Reste des Faschismus», wie es so treffend heißt. Freilich werden auch solche ab Ende der vierziger Jahre vertrieben, die bloß den Makel hatten, dem Bildungsbürgertum, der CDU oder der Bekennenden Kirche anzugehören.[21]

Schon seit den vierziger Jahren gab es Vertreibungen aus politischen Gründen. Auf der Kehrseite des politischen und sozialen Purgatoriums steht freilich, was erst nach 1989 beachtet wurde: dass Teile der NS-Elite aus Nützlichkeitserwägungen in den Militär- und Sicherheitsapparat der DDR integriert wurden. Mit dem zügigen Aufbau einer kontrollierten Mangelwirtschaft sowie – einige Jahre später – mit der Kollektivierung des Bodens rundete sich das Bild einer von Grund auf erneuerten Gesellschaft ab. Kleine und große Nazifunktionäre, Kriegsverbrecher, Fabrikbesitzer, Sozialdemokraten, Antikommunisten, Christen, Intellektuelle, Ärzte, Facharbeiter flohen in der Folge. Der Westen bildete das Auffangbecken für diese Melange von Individuen und Gruppen; dies verstärkt den diffusen Eindruck von der Gesellschaft im Westen in den ersten Jahren nach dem Krieg.

Es gehört zu den wenig beachteten Tragödien der europäischen Geschichte des 20. Jahrhunderts, wie unter den Augen der Weltöffentlichkeit im Osten Deutschlands die eine totalitäre Gesellschaft durch eine andere ersetzt werden konnte, ohne dass öffentlicher Protest dagegen laut wurde. Aus einer durch die Nazi-Herrschaft atomisierten bürgerlichen Gesellschaft wurde

21 Vgl. Ehrhart Neubert: Geschichte der Opposition in der DDR 1949–1989, Berlin 1998, S. 43 ff.

nun eine antifaschistisch-demokratische, später dann eine sozialistische Gesellschaft mit spät-totalitären Zügen.

In der sowjetisch besetzten Zone, der späteren DDR, geht der Traum der kommunistischen Kämpfer aus der Weimarer Republik in Erfüllung: Auf einer historischen *Tabula rasa* entsteht eine auf den Staat zentrierte und in einer Partei inkorporierte Gesellschaft mit artifiziellem Gedächtnis. Sie zieht ihre geschichtliche Verortung allein aus der Tradition der Arbeiterbewegung und aus einer offiziösen Geschichtserzählung, in der Geschichte mit dem Fortschritt der Ideologie gleichgesetzt wird. Das Verschwinden des bürgerlichen Individuums (des Bürgers), der Zerfall der bürgerlichen Gesellschaft unter dem Nationalsozialismus erweisen sich als «gute» Voraussetzungen für diesen Neuaufbau. Die DDR hat, könnte man sarkastisch kommentieren, einen geglückten Neuanfang.

Zwei Jahrzehnte später wird sich zeigen, dass die «Sieger der Geschichte», zu denen sich die Führungselite und große Teile der Intelligenz ernannt hatten, die Geschichte nicht los geworden sind.

Ein Mittel der Integration ist die politische Umerziehung, die aus Nationalsozialisten glühende Antifaschisten macht. Das diffuse Schuldgefühl, das Teile der Bevölkerung bewegt, wird von der politischen Führung bestärkt und zugleich umgedeutet. In der Ideologie des DDR-Kommunismus ist der «Faschismus» eine notwendige Folge des Kapitalismus und der bürgerlichen Gesellschaft. Wer also in einer kapitalistischen Gesellschaft gelebt hatte, hatte sich *eo ipso* schuldig gemacht, die faschistische Gefahr zu begünstigen. Der Erfolg der kommunistischen Ideologie liegt darin, dass sie Schuldgefühle sowohl bestärken als auch auffangen und zu ihren Gunsten umleiten konnte und somit einem verbreiteten Bedürfnis nach Sinnstiftung in großen Gruppen der Bevölkerung entgegenkam.

Die Vorausschauenden in der neuen Führungselite sahen diesen mental gewalttätigen Reinigungsprozess in einer kühlen Kosten-Nutzen-Rechnung als die Chance, die Loyalität der Bevölkerung zu erzeugen. Dabei konnten sie an den seit der Weimarer Republik virulenten Antiliberalismus anknüpfen, der insbesondere in der Intelligenz eine ungebrochene Rolle spielte.

Das Angebot der neuen Regierung auf Entsühnung und Mitarbeit wird umso bereitwilliger angenommen, als das Entsühnungsangebot auf ein Bedürfnis nach neuer Orientierung trifft.

Dass die auf die Vergangenheit gerichteten Schuldgefühle in Gefühle der Verpflichtung und der Bringschuld gegenüber dem neuen Staat umgewandelt werden können, darin besteht das Geheimnis des Erfolgs der ersten beiden Jahrzehnte in der DDR.

Aus den Nischen des beschädigten Lebens im Osten erhebt sich jedenfalls nach 1945 kein Widerstand gegen die erneute Manipulierung der Bürger. Im Gegenteil: Diffuse Gefühle der Scham und Schuld und das Bedürfnis nach Stabilität treiben kleine Funktionäre, Mitläufer und Antinazis, Christen und Sozialdemokraten, Arbeiter und Intellektuelle, Junge und Alte in die neu geschaffenen Institutionen, die Erlösung und einen neuen Anfang im Zeichen der antifaschistisch-demokratischen Umerziehung versprechen. Hier wird das Bedürfnis gestillt, nicht mehr im Niemandsland der Niederlage und der Besetzung leben zu müssen, sondern wieder zu einem «Körper» dazuzugehören.

Mit seinem Korporatismus knüpft der neue Staat an Zwänge und Gewohnheiten im Nationalsozialismus an. Das neue Leben ist – von der Wiege bis zur Bahre – durch den Staat organisiert. Erneut wird Verantwortlichkeit durch Dazugehörigkeit ersetzt. Darauf gründet die Legitimität des ersten Jahrzehnts: Es ist die pure Dankbarkeit, die dem neuen Staat von vielen entgegenschlägt. Der Antifaschismus wird zum Medium eines positiven Zukunftsbilds, in dem sich der Einzelne und die Einzelne als wertvolles Mitglied einer Körperschaft erfahren können.[22] Vordergründig findet hier ein kompletter Identitätswandel statt – vom Nationalsozialismus unter Umgehung der Demokratie direkt zum Sozialismus.

---

22 Vgl. Antonia Grunenberg: Antifaschismus – ein deutscher Mythos, Reinbek 1993

Die Erfolgsgeschichte, die hier geschildert wird, hat einen hohen Preis. Nicht nur dass die neue Ordnung antiliberal und antidemokratisch ist. Wie alle totalitären Regime arbeitet auch dieses – unter dem Mantel der antifaschistischen Demokratie – mit dem durch Angst erzwungenen Gedächtnisverlust. Die Biographien beginnen – sofern sie nicht auf eine revolutionäre Vergangenheit in der Weimarer Republik gründen können – erst mit dem Ende des Krieges, der zum «richtigen» Neuanfang umgedeutet wird. Was davor und daneben ist, was nicht ins Bild passt, wird ausgegrenzt. Dazu gehört auch die Shoah. Die ermordeten Juden gehörten zumeist eben nicht, wie die Nazipropaganda suggeriert hatte, dem «jüdisch-bolschewistischen Lager» an, sondern sie waren monarchistisch, deutschnational, liberal, stammten aus dem kleinen und großen Bürgertum, aus der Intelligenz, aus Wissenschaft, Kunst, Handel und Handwerk. Für das Gedenken an sie war in der antiliberalen Weltanschauung der neuen Gesellschaft wenig Platz. Nur hinter vorgehaltener Hand oder später in den offiziell tolerierten jüdischen Gemeinden konnte – wenngleich nicht öffentlich – Totenpflege betrieben werden.

Die nazistische Politik der Gedächtniszerstörung setzt sich in der antifaschistischen Gesellschaft fort. In Fortsetzung des Nationalsozialismus betreibt die neue Regierung eine Politik der kollektiven Amnesie. Am sichtbarsten wird dies an den beiden Lagern Auschwitz und Buchenwald. In der sozialistischen Gedächtnispolitik hat Auschwitz keinen Platz. Es liegt in Polen, das zu jener Zeit ein «sozialistisches Bruderland» ist. Dort sind hauptsächlich Juden umgebracht worden. Stattdessen wird das Konzentrationslager Buchenwald, in dem viele politische Gefangene eingesperrt waren, als Ikone der Geschichte des Antifaschismus aufgebaut.

Ende der vierziger Jahre wird die antifaschistische Revolution in die sozialistische Klassenrevolution übergeleitet. Der Antifaschismus ist nun vollends in die Ideologie von Staat und Partei inkorporiert. Dass er allmählich aus der militanten in die latente

Phase übergeht, hat mit den weitergehenden Zielen der SED-Kommunisten zu tun. Nun werden die letzten Reste der «bürgerlichen Gesellschaft» demontiert, widerständige Intellektuelle oder politische Oppositionelle vertrieben oder eingekerkert. Und doch gelingt die Umwandlung der Gesellschaft nur teilweise. Der Arbeiteraufstand im Juni 1953, die kritischen Intellektuellenzirkel in den fünfziger Jahren, in denen reformerisches Gedankengut halböffentlich debattiert wird, die Volkserhebung in Ungarn 1956, durch die sich die reformerisch gestimmten Kräfte in der DDR bestätigt sehen, durchbrechen das Bild von der gehorsamen antifaschistischen Gesellschaft. Plötzlich zeigen sich Individuen, die öffentlich und streitbar auftreten.

Aus Protesten gegen Lohnkürzungen im Frühsommer 1953 werden politische Meinungsäußerungen; politische Freiheit wird verlangt. Marxistische Theoriezirkel werden zu Oppositionsgruppen. Man kann diese Aktivitäten nicht allein aus dem damals herrschenden wirtschaftlichen Druck des Regimes auf die Arbeiter erklären. Offensichtlich entstehen in den poststalinistischen Gesellschaften aufgrund ihrer – vergleicht man sie mit dem Nationalsozialismus und dem Stalinismus – weniger geschlossenen Herrschaft immer wieder unbeabsichtigt Räume, in denen sich kritische Stimmen äußern. Nur mit sowjetischen Panzern und Kanonen kann sich der antifaschistische Staat im Juni 1953 behaupten. So erreicht die antifaschistische Ideologie in den fünfziger Jahren eine neue Stufe der Militanz – und erfährt zugleich ihre erste Niederlage. Immer wieder werden die Bürger in der propagandistischen Kampagne nach Ende des Aufstandes mit dem faschistischen Erbe konfrontiert. Der offiziellen Sprachregelung zufolge hat im Juni 1953 wie auch in der gleichzeitig sich verbreiternden Oppositionellenbewegung die faschistische Hydra ihr Haupt erhoben. – Die Wiederkehr des «Faschismus» wird als drohendes Szenario beschworen.

Hämisch kommentiert der Dichter Bertolt Brecht an die Adresse der kommunistischen Führungsgruppe:

Die Lösung

Nach dem Aufstand des 17. Juni
Ließ der Sekretär des Schriftstellerverbands
In der Stalinallee Flugblätter verteilen
Auf denen zu lesen war, daß das Volk
Das Vertrauen der Regierung verscherzt habe
Und es nur durch verdoppelte Arbeit
Zurückerobern könne. Wäre es da
Nicht doch einfacher, die Regierung
Löste das Volk auf und
Wählte ein anderes?[23]

Schuldgefühle und schlechtes Gewissen spielen nach den Ereignissen eine große Rolle. In den Verhandlungen gegen die oppositionellen Arbeiter, aber mehr noch gegen die Intellektuellen wird im Stile der sowjetischen Prozesse in den dreißiger Jahren verfahren: Wer sich gegen die Partei vergeht, gegen die antifaschistische Grundordnung, gegen den Sozialismus, gegen die Sowjetunion, hat sich nicht nur strafrechtlich, sondern auch moralisch schuldig gemacht. Die entgleitenden Gruppen (vor allem Arbeiter und Intellektuelle) werden unter Zwang wieder in die Gesellschaft integriert. Diejenigen, die sich nicht einbinden lassen, werden zu Gefängnisstrafen verurteilt oder fliehen – eine nahe liegende Möglichkeit – in den Westen, bis der Bau der Mauer 1961 diesen Ausweg verstellt.

Nicht wenige werden dieser Bestandsaufnahme auch heute, mehr als zehn Jahre nach dem Zusammenbruch der DDR, nur mit der größten Distanz folgen. Und dennoch ist es wichtig anzuerkennen, dass große Gruppen der Bevölkerung in der DDR sich nicht nur aus Zwang der «sozialistischen Umerziehung» unterwarfen, sondern weil die Strategie der kommunistischen Führung und der sowjetischen Besatzungsmacht einem weit verbreiteten Bedürfnis nach Entsühnung und neuer Orientie-

---

[23] Bertolt Brecht: Die Lösung, in ders.: Buckower Elegien; aus: Werke. Große kommentierte Berliner und Frankfurter Ausgabe, Bd. 12. © Suhrkamp Verlag, Frankfurt 1988

rung entgegenkam – und an einer verbreiteten totalitären Mentalität anknüpfen konnte. Konnte man anderes erwarten nach dem Ende einer Herrschaft, deren Heraufkommen viele mit großen Erwartungen begleitet und deren Ende mit Fassungslosigkeit quittiert hatten?

Neuanfang mit altem Personal

In der Bundesrepublik entsteht zur gleichen Zeit eine Gesellschaft der Widersprüche. Weithin erklingt das Lied von der «Stunde Null» oder «Stunde Nichts», aber die Sänger kommen zum großen Teil aus dem alten Ensemble. Unter dem Identifikationsangebot, in das Lager des «antitotalitären Westens» aufgenommen zu werden, versammeln sich Völkische und Deutschtümelnde, überzeugte Nationalsozialisten, Christen, undogmatische Sozialisten, Bürgerliche, Verbrecher, Unbescholtene ...

Die Tatsache, dass so viele Nationalsozialisten aus der SBZ in die westlichen Zonen flüchteten, hatte zur Folge, dass die Bundesrepublik mit einem überproportionalen Anteil an erfahrenen nationalsozialistischen Kadern belastet wurde. Ihre und ihrer Gefolgsleute Taktik, eine Offenlegung der Verbrechen und der persönlichen Verantwortlichkeiten zu verhindern, trägt zu jener zähen Atmosphäre der fünfziger Jahre bei, die bis heute beklagt wird. Ganze Berufsgruppen verweigern sich standesgemäß der kritischen Selbstbefragung: Ärzte, Rechtsanwälte, Richter, Kunsthistoriker, Universitätsprofessoren, Lehrer, von Wirtschaftsfunktionären und Staatsbeamten zu schweigen ... Das öffentliche Gespräch über Verantwortung bleibt so auf marginale Gruppen beschränkt.

Der Versuch der Westalliierten, die erwachsene Bevölkerung durch eine entnazifizierende Reinigungsanstalt zu schleusen, endet kläglich. Zu mechanisch, zu grob ist das Raster der Fragebögen. Höhnisch kommentierte der nationalistische Schriftsteller Ernst von Salomon, der in den zwanziger Jahren den Kreisen der Fememörder angehört hatte, in seinem Roman «Der Fragebogen» die Fehlurteile und Brutalitäten der amerikanischen Besatzungsoffiziere.[24] Für ihn war der Versuch des demokratischen Westens, die Verbrecher von den Mitläufern und diese von den Unbeteiligten zu trennen, vergleichbar mit der Praxis der Nationalsozialisten. In seiner Welt des trotzigen Widerstands waren die Insassen der alliierten Lager die neuen Opfer.

Von heute aus gesehen mutet der Versuch einer kollektiven Reinigung, durchgeführt von den Besatzungsmächten, rührend und naiv an. Wie sollte es möglich sein, ein Volk, das noch im Trauma von Krieg und ideologischer Verbohrtheit befangen war, von außen zur Aufgabe seiner Ideologie und zum Einbekenntnis der Schuld zu zwingen? Und doch gehört auch dies zur Geschichte der «Schuld» nach 1945.[25]

Die andere Seite der Medaille ist freilich, dass die neu gewährte und von den West-Alliierten geschützte plurale Öffentlichkeit auch jenen Anhängern des alten Regimes, die der jungen Demokratie feindlich gegenüberstehen, erlaubt, sich eine neue Normalität aufzubauen.

Diese Linie setzt sich durch. Sie ist Ergebnis der Schwerkraft der alten Gesellschaftsstrukturen und der Einsicht der Besatzungsmächte, dass nicht ganze Gesellschaftsschichten ausgetauscht werden können.

Die neue quasidemokratische Regierung steht vor der doppelten Aufgabe, sich radikal vom Nationalsozialismus abzusetzen und sein Erbe anzunehmen; sich von den alten Aktivisten zu trennen und gleichzeitig die alten Eliten zu integrieren. Mit stillschweigender Billigung der Siegermächte setzt die neue Regierung auf Integration. Was sie das kostet, ist an Aufstieg und Niedergang von nazistischen Sammlungsbewegungen wie der Sozialistischen Reichspartei (SRP) nachzuverfolgen. Deren Unterminierungsversuche können zwar unterbunden werden, ent-

---

24 Vgl. Ernst von Salomon: Der Fragebogen, Hamburg 1951, S. 10
25 Vgl. auch John Dos Passos: Das Land des Fragebogens, Frankfurt/M. 1997

stehen aber auch immer wieder neu. Mit Blick auf die halblegale Szenerie der revisionistischen und antisemitischen Zirkel der fünfziger Jahre formulieren die Verfassungsrichter in der Begründung zu ihrem Verbotsurteil vom 23. Oktober 1953: «Im modernen Staat werden die Machtkämpfe mit dem Ziel, die bestehende Ordnung zu beseitigen, immer weniger offen und mit unmittelbarer Gewalt geführt, vielmehr in steigendem Maße mit den schleichenden Mitteln innerer Zersetzung. Offen und mit Gewalt durchgesetzt werden die verfassungsfeindlichen Ziele erst, nachdem die politische Macht bereits errungen ist ... Ähnlich dem ‹kalten Krieg› besteht die moderne Revolution aus einer Unzahl feindseliger Einzelakte, von denen jeder für sich betrachtet verhältnismäßig unbedeutend und nicht notwendig verfassungswidrig erscheint. Erst in der Zusammenschau vieler Einzelakte wird das Ziel deutlich, die bestehende Ordnung zuerst zu untergraben und dann zu beseitigen.»[26] Die Richter beschreiben hier – in zutreffender Parallelisierung der ersten und der zweiten Republik – den sumpfigen Boden des Nicht-mehr und des Noch-nicht, in der eine Regierung, die sich der Gesinnung ihres Volkes, und vor allem ihrer Eliten, nicht sicher ist, gleichzeitig ängstlich um Integration bemüht sein, andererseits aber diejenigen daraus ausschließen muss, die das Integrationsangebot als Aufforderung zum Staatsstreich nehmen.

Mit «sumpfiger Boden» ist zum Beispiel jene fehlende Rechtskultur gemeint, die es vielen, zu vielen Richtern und Rechtsanwälten ermöglicht, aus eigenem Interesse mit NS-Propagandisten und geheimen Verschwörer-Zirkeln verharmlosend umzugehen.

So wird die Wirklichkeit der neuen Republik – in der Regierung, vor allem aber in Wirtschaft und Verwaltung – noch teilweise vom Personal des Nazi-Reiches geprägt. In den Schulen finden verstockte, alt-nazistische Kriegsversehrte und junge

---

26 Entscheidungen des Bundesverfassungsgerichts, Bd. 2, zit. nach Norbert Frei: Vergangenheitspolitik, München 1996, S. 357

Kriegsheimkehrer Anstellung. Es gibt nicht wenige Lehrer, die den Zeitraum von 1918 bis 1945 im Geschichtsunterricht fortan übergehen. In den sechziger Jahren sehen die Schülerinnen und Schüler in Nachmittagsvorstellungen der städtischen Lichtspieltheater Erwin Leisers «Bei Nacht und Nebel» neben Bernhard Grzimeks «Serengeti darf nicht sterben». Sie lesen «Das Tagebuch der Anne Frank» neben den Geschichten über die Rock-Legende Elvis in *Bravo*. Das Nazi-Reich erscheint ihnen wie eine entrückte, dunkle Verbrecher-Welt, mit der sie nichts zu tun haben. Heranwachsende Jungen lesen nachts Landser-Romane unter der Bettdecke.

Es gibt Elternhäuser, in denen die Kinder in die Gespräche über «damals» mit einbezogen werden. In vielen Familien aber wird die Zeit totgeschwiegen; es war eine «dunkle Zeit», heißt es, an die man sich nicht gerne erinnert. Die älteren Männer, die Väter, die Onkel, die alten Lehrer sagen oft im Zorn: «Über diese Zeit darf nur urteilen, wer in den Schützengräben gelegen hat.» In den fünfziger Jahren aber liegt in Deutschland niemand mehr in den Schützengräben, zumindest nicht im Wortsinne. Mentale Gräben ziehen sich allerdings quer durch die Generationen. Von den Opfern ist nur pauschal die Rede. Opfer ist man vor allem auch selbst. Christliche Mythologie zieht in die verdorbene politische Sprache ein – und offenbart ein Dilemma der Nachkriegszeit. Der sozialdemokratische Politiker Georg August Zinn sagte im Zusammenhang einer Bundestagsdebatte über den Widerstand des 20. Juli 1944: «Ein Opfergang war der Weg von Millionen jenseits unserer Grenzen, aber auch Millionen innerhalb unserer Grenzen, die nicht wie die Männer des Widerstandes zu den Wissenden gehören, sind Opfer der Gewaltherrschaft gewesen.» [27]

Auf den ersten Blick ist die Vermengung der Täter- und Opferperspektive eine der verquersten gedanklichen Blockade-

---

27 Georg August Zinn, zit. nach Helmut Dubiel: Niemand ist frei von Geschichte, a.a.O., S. 73

leistungen der Generation derer, die den Krieg und den Nationalsozialismus bewusst miterlebt haben. Doch auf den zweiten Blick enthüllt sich hier ein Dilemma: Hier spricht jemand, der die «Vaterlandsverräter» des 20. Juli mit dem Mord an den europäischen Juden und dem Leid der Zivilbevölkerung – die Deutschen sind Opfer der Bombenangriffe und im Osten Opfer der Besatzung – in einen gedanklichen Zusammenhang bringt. Wer solches heute liest, den schaudert vielleicht vor der Gefühligkeit der Sprache. Man möchte doch auch retrospektiv mehr Klarheit und Nüchternheit einfordern – und übersieht dabei das Dilemma, dass die westdeutsche Politik nach 1945 vor einer schier unlösbaren Aufgabe stand: Millionen von Flüchtlingen mussten integriert, alte Nazis daran gehindert werden, sich zu Geheimbünden zusammenzuschließen, die spärliche antinazistische Opposition musste nachträglich legitimiert werden. Und schließlich sollte ein demokratisches Erziehungswesen aufgebaut werden.

In solch verworrener Situation verrät die Sprache viel über die Gefühle. Dass angesichts der sechs Millionen ermordeten Juden im politischen Sprachgebrauch von den Opfern der Zivilbevölkerung die Rede ist, könnte obszön anmuten, doch nur wenn man vergisst, dass auch diejenigen, die den Krieg begonnen und schwerste Kriegsverbrechen und Verbrechen gegen die Menschheit begangen haben, selbst Opfer von Gewalttaten werden können.

Darüber hinaus hat der Opferbegriff auch im Deutschen eine doppelte Bedeutung: er gilt für das unschuldige Subjekt, dem etwas widerfährt – und er ist Bestandteil von mythologischen Geschichtserzählungen, in denen sich einzelne (und Gruppen) im Dienste eines Höheren opfern, um damit ihrem eigenen oder dem Leben der Gruppe einen höheren Sinn zu verleihen.[28]

Diese Überlagerung von Bedeutungsebenen hat im Deutschen ihren eigenen kulturgeschichtlichen Hintergrund. Hier

28 Vgl. auch Helmut Dubiel, a.a.O., S. 74

spielen Motive hinein, die schon im Ersten Weltkrieg auftauchten: die Verarbeitung des Krieges selbst wie auch des militärischen Zusammenbruchs mittels Überhöhung zum Opfergang. Das Opfer-Sein schafft eine kulturelle Nische, in die man sich einerseits zurückziehen kann, wenn der Druck von außen anwächst, wenn man Objekt der Kritik ist, wenn man sich zu Unrecht verfolgt fühlt, wenn man Verantwortung übernehmen soll. Zum anderen werden aus dieser Nische im 19. und 20. Jahrhundert weltanschauliche Ressourcen gespeist, mit denen man das Schicksal, die Berufung des eigenen Volkes zu Höherem rechtfertigt. Das Opfer dient dann zur eigenen Erhöhung im Sinne des Ganzen oder des Ziels. Parallelen zur griechischen Tragödie und zum christlichen Opfer sind hier durchaus mit enthalten. Im berühmt gewordenen Streit zwischen dem ins Exil vertriebenen Thomas Mann und einigen deutschen Schriftstellern 1945/46 spielt der Opfergedanke eine große Rolle: die Daheimgebliebenen wehren sich gegen die Kritik von außen, indem sie moralische Höherwertigkeit für sich reklamieren.[29] Die Metapher fehlt aber auch bei den Exilierten nicht: auch sie reklamieren die Opferrolle für sich. Haben sie denn nicht Leib und Leben aufs Spiel gesetzt, die Karriere aufgegeben und die Heimat verloren?

Diese gedankliche Wendung erklärt sich jedoch erst, wenn man berücksichtigt, dass der «Verrat» eine mindestens ebenso bedeutsame Rolle im Nachkriegsdeutschland spielt wie das Opfer. Der Vorwurf des Verrats, in der Weimarer Republik ein gängiges Paradigma in militärischen und völkischen Kreisen, der auch Femmemord und Bürgerkrieg von Seiten der extremen Rechten wie auch der kommunistischen Linken («Wer hat uns verraten, Sozialdemokraten») legitimierte, er spielt eine bedeutende Rolle bis weit in die Nachkriegszeit hinein. Den Verratsvorwurf fürchteten die oppositionellen Militärs, die den Treueeid auf Hit-

---

29 Vgl. Antonia Grunenberg: «Und was tatest du?» Schriftsteller und politische Macht nach 1945. Zum Streit zwischen Thomas Mann und Walter von Molo, in: Gerd Langguth (Hg.): Autor, Macht, Staat. Literatur und Politik in Deutschland, Düsseldorf 1994

ler geschworen hatten; Verrat warf die NS-Führung den in Stalingrad kapitulierenden Truppen vor. Verrat schließlich wird den Flüchtlingen aus Nazideutschland vorgeworfen, die in England, den Vereinigten Staaten, Mexiko und anderswo Schutz gefunden hatten. Margret Boveri thematisiert in ihrem berühmten Werk «Der Verrat im XX. Jahrhundert» den Verrat gar als universale Metapher des Säkulums.[30] Wer nicht Verrat begehen will, dem ist womöglich eine schicksalhafte Opferrolle zugedacht. Nur so ist zu verstehen, dass sich deutsche Intellektuelle und Schriftsteller, die nicht ins Exil gegangen waren, als die eigentlich Leidenden und Opfer eines Weltgerichts sehen können.

Diese unheilvolle Vermengung von nationalistischer (rassistischer) und christlich-heidnischer Rhetorik bestimmt die öffentlichen und die privaten Debatten bis in die sechziger Jahre hinein.

Es liegt nahe, hier zum psychoanalytischen Terminus der «Wirklichkeitsverleugnung» zu greifen und sich damit vom Geschehenen und Gedachten ebenso zu distanzieren wie von den damals Beteiligten. Historisch angemessen ist eher eine kritische Betrachtung des Opferstatus. Denn es geht gerade nicht darum, denen, die sich als Opfer empfinden, ihre Leiden schlichtweg abzusprechen. Diejenigen, die nach 1945 auf ihrem Opfer-Sein bestehen, müssen freilich für die ermordeten Opfer der Nationalsozialisten ebenso die Verantwortung übernehmen. Verantwortung muss auch retrospektiv eingefordert werden.

Gleichzeitig drängt sich hier die Frage auf, ob nicht die öffentliche Anerkennung der Leiden der Zivilbevölkerung Voraussetzung für deren Integration in die Demokratie gewesen ist. Das ist ein wenig beachtetes Stück Realität der «hässlichen», selbstmitleidigen Republik. Die Einblicke in ihren Alltag nach der großen Zerstörung sind ernüchternd. Eine demokratische Regierung wirbt um die Anerkennung ihres noch lange Jahre unter dem Einfluss völkischer und nationalsozialistischer Men-

---

30 Vgl. Margret Boveri: Der Verrat im XX. Jahrhundert, 4 Bde., Hamburg 1956

talität stehenden Volkes und macht Kompromisse (wie das Straffreiheitsgesetz von 1949, das angeblich nur für Schwarzmarkthändler und Untergetauchte gelten sollte, tatsächlich aber Straffreiheit auch für schwere Naziverbrecher brachte [31]), die im Nachhinein als unmoralisch anmuten. Ein Teil der Nachkommenden empört sich: Wie konnte die Regierung nur so prinzipienlos sein, statt «reinen Tisch» zu machen und die Verbrecher zu bestrafen?

Erst wer hinter die Schwarzweißfolie blickt, wird gewahr, dass «reine Linien» zu der damaligen Zeit gar nicht zu ziehen waren. Freuds Bild vom «Wunderblock» symbolisiert treffend, wie sich unter einer blankgeputzten Oberfläche die Tiefenschichten des Alten eingegraben haben.

Es ist gewiss nicht absehbar gewesen, wie sich die Bundesrepublik von den vierziger und durch die fünfziger Jahre entwickeln würde, doch ist es im Nachhinein verkürzt, diese Jahre nur als Jahre des Stillstands zu sehen, in denen der «braune Sumpf» vor sich hin brodelt. Dieser Blickwinkel orientiert sich an den Erwartungen der demokratischen Welt, der überlebenden Opfer und der Nachgeborenen. Diese werden nicht oder nur teilweise erfüllt. Die bewusstlose Starre der Mehrheit, mühsam kaschiert von der rastlosen Geschäftigkeit des Wiederaufbaus, von der die Überlebenden des Holocaust viele Jahre später in ihren Erinnerungen sprechen werden, steht dem in jenen Jahren entgegen. Doch in der Retrospektive wächst unter dem schwankenden Boden der «falschen» Liberalität der fünfziger Jahre jene demokratische Mentalität heran, die in den sechziger Jahren eine zweite Öffnung zur Demokratie hin ermöglicht.

In diesen zwei Jahrzehnten bereitet sich jener öffentliche Ausbruch vor, innerhalb dessen die Verantwortlichkeit der alten Eliten für das Heraufkommen des Naziregimes zum ersten Mal in aller Breite öffentlich thematisiert wurde und darunter lagernde Schuldgefühle artikuliert werden konnten.

31 Vgl. Frei: Vergangenheitspolitik, a.a.O., S. 29 ff.

Und natürlich wird der kritische Blick auf den «braunen Sumpf» von der Propaganda aus dem Osten bestätigt. Von dort erklingt immer das gleiche Lied: die Bundesrepublik ist der post- und kryptofaschistische Staat, der alles in seiner Macht Stehende tut, um die Nazi-Verbrecher ungeschoren davonkommen zu lassen, und der buchstäblich das Erbe des Faschismus angetreten hat. Die machtpolitisch motivierte Kritik aus dem Osten vermengt sich mit dem kritischen Blick der westlichen Öffentlichkeit auf die eigene Gesellschaft.

Am Anfang der Republik steht also alles andere als ein klares Bekenntnis zur Demokratie. Eine «Neugründung» ist dieser Anfang im juristischen, aber nicht im politischen Sinne. Demokratie lässt sich eben nicht «herstellen», wie man ein totalitäres Regime errichtet. Mitunter gewinnt man von den Kritikern der Republik aber genau den Eindruck, als würden sie im Nachhinein die Akzeptanz jener demokratischen politischen Kultur einfordern, die doch Jahrzehnte brauchte, ehe sie Fuß fasste. Tatsächlich waren die Grenzen im moralischen Empfinden so verwischt worden und die Identifikation großer Teile der Bevölkerung mit den sich als Opfer gerierenden Anhängern des NS-Staats so groß, dass eine rigorose Bestrafung aller Täter die demokratischen Institutionen der Unterstützung durch die Mehrheit beraubt hätte. Das war jedenfalls die Furcht der westlichen Besatzungsmächte und der demokratischen Parteien.

So wären die ersten zwei Jahrzehnte der Bundesrepublik als zähes, ungleichzeitiges, ja unwillkommenes Aufbrechen eines totalitären Erbes zu bewerten, das nur eine Minderheit bewusst auf den Weg in die Demokratie bringt, was die Mehrheit aber eher erduldet als begrüßt. Die Entstehung der Republik beruht also auf einem Paradox: Ein hässlicher Staat und eine opportunistische Gesellschaft bringen – gewollt und ungewollt – eine demokratische politische Kultur hervor. So schaffen sie die Voraussetzungen für eine zweite Demokratisierung zwanzig Jahre nach Kriegsende.

Beispielhaft steht für diese Gemengelage die Biographie des ehemaligen SS-Angehörigen Hans Schneider, der nach dem Krieg zu dem geachteten Germanisten und Universitätsrektor Hans Schwerte wurde. Wie Claus Leggewie beschreibt, war «Schneider ... bis 1945 ein durchschnittlicher ‹SS-Intellektueller›», während Schwerte nach 1945 «ein exemplarischer Repräsentant der linksliberalen, beamteten Intelligenz der Bundesrepublik Deutschland» wurde.[32] Schneider wird 1938 in die SS kooptiert und arbeitet dort für die Abteilung «Ahnenerbe». 1939 wechselt er über in den «Persönlichen Stab Reichsführer SS». 1940–42 wird er zum «Germanischen Wissenschaftseinsatz» in die Niederlande abkommandiert. Nach dem Krieg besorgt sich Schneider andere Papiere und lässt sich für tot erklären. Er wechselt nicht nur den Namen und kehrt ins Zivilleben zurück wie viele SS-Angehörige, sondern er schafft sich buchstäblich eine neue Identität. Er entzieht sich der Bestrafung, will es aber besser machen. Schneider wird Pädagoge, promoviert erneut, habilitiert sich und bekommt schließlich einen Lehrstuhl für Germanistik an der RWTH Aachen, wo er dann auch mehrere Jahre Rektor ist. Von Kollegen und Studenten wird er als loyal und liberal geschätzt. Er ist als begabter Hochschulpolitiker gefragt, auch bei der Landesregierung. Er erhält das Bundesverdienstkreuz. Erst Jahre nach seiner Emeritierung wird die Geschichte seiner doppelten Identität aufgedeckt.

Wir verlassen die Geschichte hier, um noch einmal hinter die Figur der Doppelpersönlichkeit zu schauen. Es sind auch Doppelpersönlichkeiten wie Schneider-Schwerte, welche das Gesicht der Republik prägen. Sie vermeiden es, ihre schuldhafte Verstrickung öffentlich anzuerkennen. Stattdessen übernehmen sie indirekt Verantwortung, indem sie die Demokratisierung der Bundesrepublik mit betreiben.[33] Doppelpersönlichkeiten aber waren nicht nur jene, die wie Schneider-Schwerte den Namen wechsel-

---

32 Claus Leggewie: Von Schneider zu Schwerte, München 1998, S. 18
33 Vgl. Leggewie: Von Schneider zu Schwerte, a.a.O.

ten. Merkmale einer doppelten Persönlichkeit hatten auch all jene, die aus einer jahrzehntelangen antidemokratischen bzw. totalitären Tradition in die Mitarbeit am Aufbau demokratischer Institutionen quasi hineingezogen wurden. Janusköpfig ist, wenn man so will, eine ganze Generation, die beschädigt, borniert und verwirrt aus dem Krieg kommt und mit demokratischen Institutionen, Verfahrensweisen und einem öffentlichen Raum konfrontiert wird, die sie bis dahin für schädlich und undeutsch gehalten hatten.

Dieser Befund gilt für Deutschland West wie Deutschland Ost. Die konträren ideologischen Ausrichtungen dürfen nicht darüber hinwegtäuschen, dass die Janusköpfigkeit vieler Männer und Frauen der «ersten Stunde» in beiden Deutschlands ziemlich ähnlich war.

1968: Schuld und Auflehnung

1968, ein Jahr, das Geschichte gemacht hat, ein Jahr, das tiefe Spuren in beiden deutschen Gesellschaften hinterlassen hat und über dessen Erbe man heftig streitet.

Im August 1968 marschieren Truppen des Warschauer Pakts in die Tschechoslowakei ein und beenden gewaltsam die reformsozialistische Politik der Arbeiterräte und der gemäßigten Kommunisten in der politischen Führung des Landes. Die Beteiligung[34] der DDR-Truppen am Einmarsch ruft eine Schockreaktion in der jüngeren Generation der DDR hervor – und Schuldgefühle: ‹Schon wieder überfallen die Deutschen ein wehrloses Land.› Nicht zufällig tauchte damals auf Häuserwänden und Flugblättern der Slogan auf: «1938–1968». 1938 war das Jahr des Münch-

---

34 Ob diese Beteiligung direkt oder indirekt war, das wurde damals von der DDR-Führung selbst gegenüber den eigenen Soldaten geheim gehalten. Erst später wurde bekannt, dass die DDR-Truppen den Boden der ČSSR nicht betreten hatten, sondern für logistische Unterstützung im Hinterland und für Reserveverstärkung gesorgt hatten.

ner Abkommens. Im gleichen Jahr besetzte die deutsche Wehrmacht das tschechoslowakische Sudetenland. Der Einmarsch der Warschauer-Pakt-Truppen wurde in die Kontinuität dieses Überfalls gestellt.

Nun zeigen sich wieder Risse im allgemeinen Konsens. Durch Ereignisse wie dieses taucht die scheinbar gebändigte Vergangenheit wieder auf, aber auf eine Weise, die den Interessen der politischen Führung konträr zuwiderläuft. Die nachfolgende Generation wendet die antifaschistische Mentalität gegen deren Manipulation durch die Kommunisten. Erneut zeigt sich, dass die ostdeutsche Gesellschaft nicht beliebig manipulierbar ist.[35] Schuldgefühle und der daraus entspringende Pazifismus der Jüngeren sitzen zu tief, um bei Bedarf fallen gelassen zu werden. Last but not least fühlen sich die wenigen Reformsozialisten in der DDR wieder einmal in ihrer Hoffnung betrogen, dass man gegen den totalitären Machtapparat einen reformerischen Sozialismus aufbauen könnte.

In vielen Familien und Freundeskreisen wird Unmut darüber laut, dass die politische Führung ihre Ziele verrate. Kritik wird privat und halb öffentlich geäußert. Freilich, es gibt 1968 keinen «Volksaufstand», wie die Demonstrationen und die Unruhen im Juni 1953 im Westen genannt werden. Über kleine Freundeszirkel und Seminargruppen kommen die Proteste nicht hinaus. Aber die symbolische Zäsur, die dieses Ereignis bewirkt und die bis 1989 subkutan weiterwirkt, sollte nicht unterschätzt werden. Mit dem Einmarsch der Warschauer-Pakt-Truppen in die ČSSR zeigt der antifaschistische Totalitarismus sein wirkliches Gesicht.

Dieser Schock findet in der ostdeutschen Literatur seinen unmittelbarsten Niederschlag.

---

35 Vgl. Neubert: Geschichte der Opposition in der DDR, a.a.O., S. 163 ff.

Reiner Kunze
Fast ein Frühlingsgedicht [36]

Vögel, postillione, wenn
ihr anhebt kommt der brief
mit dem blauen siegel,
der dessen briefmarken
aufblühn dessen text
heißt:
Nichts
währt
ewig

Viele von denen, die mit Angst, Schuldgefühlen und Protest auf den Einmarsch reagieren, die heimlich Flugblätter verteilen und sich treffen, um zu sprechen, sie finden sich acht Jahre später wieder bei den Protestaktionen gegen die Ausbürgerung des Liedersängers und Dichters Wolf Biermann 1976. Auch hier artikulieren sich die Kinder der antifaschistischen Erziehung. Sie nehmen die Versprechen der Ideologie beim Wort und richten sie gegen Staat, Partei und Staatssicherheit.

Der antifaschistische Konsens wird gegen Partei und Staat gekehrt, als in den siebziger Jahren Erzählungen und Romane erscheinen, in denen Autorinnen und Autoren, die nach 1945 für den Sozialismus votiert hatten, ihre Jugend im Nationalsozialismus literarisch thematisieren. Es werden Einblicke in die biographische Geschichte eröffnet, die bis dahin verschlossen gewesen waren: die persönliche Vergangenheit im Nationalsozialismus. In der antifaschistischen Literatur der Gründerzeit – in den Büchern von Bruno Apitz, Anna Seghers, Eduard Claudius – springen die Helden von den revolutionären Straßenkämpfen im Berlin der zwanziger Jahre direkt in den Widerstandskampf in den

---

36 Rainer Kunze, *Fast ein Frühlingsgedicht*, aus: ders., Gespräch mit der Amsel. © S. Fischer Verlag GmbH, Frankfurt am Main 1984

Konzentrationslagern. Sie kommen dort um und werden im neuen Staat als Märtyrer kultisch verehrt – oder sie bauen nach der Befreiung «tatkräftig» den Sozialismus auf. Die realen Menschen, die nicht Widerstand geleistet haben, die eine unbeschwerte Jugend in den dreißiger oder gar noch in den vierziger Jahren verbringen, sich in nazistischen Jugendverbänden organisieren, in die Wehrmacht gehen – sie kamen bis dahin nur als Gegenfiguren, allenfalls als Objekte der Umerziehung oder als Mitleidsgestalten in der Literatur vor.

Zustimmung beim Lesepublikum und Kritik bei der SED erregt das Buch der Schriftstellerin Christa Wolf über ihre Kinder- und Jugendzeit im Nationalsozialismus («Kindheitsmuster», 1976). Sie erzählt, wie fasziniert ihr biographisches Ich über das Gefühl der Dazugehörigkeit im Nationalsozialismus war. Sie berichtet über Liebe und Zuneigung, über Enttäuschung und Begeisterung im Alltag, kurz: Hier wird dem Nationalsozialismus eine Normalität zuerkannt, die er im Blickwinkel der sozialistischen Ideologie nie gehabt hatte. Der Alltag im Nationalsozialismus, es gab ihn auch in der Kindheitsgeschichte der Sozialisten[37], das verkündet der Subtext der neuen Literatur. Die Schriftstellerin gilt zu dieser Zeit nicht nur als kritisch-loyale Sozialistin, sondern als Nationaldichterin der DDR. Auch sie bezweifelt nicht den antifaschistischen Konsens, aber sie entzieht die von Staat und Partei geschürten Schuldgefühle deren Zugriff und reklamiert sie als Bestandteil der unverwechselbaren eigenen Biographie.

Der Journalist und Schriftsteller Erich Loest («Pistole mit 16», 1981) erinnert an sein persönliches Kriegsende bei der Untergrund-Organisation «Werwolf». Der Dichter Franz Fühmann erzählt von seiner Jugend und über die Jahre als Wehrmachtssoldat («Der Sturz des Engels», 1992). Jahrelang hatte er aus Schuldgefühlen heraus sein Werk dem antifaschistischen Aufbau gewidmet. Spät erkennt er, wie manipulativ der Sozialismus

---

37 Christa Wolf: Kindheitsmuster, Darmstadt und Neuwied, 1977.

mit der Vergangenheit umging. In seinem Buch nun beschreibt er die Hinwendung zum Nationalsozialismus aus der Perspektive der Familiengeschichte.

Das Wiederaufkommen der Vergangenheit unter dem Blickwinkel der Schuld und der Schuldgefühle ist auch deshalb bedeutsam, weil nach 1945 junge Schriftsteller zu Vorzeigehelden des antifaschistischen Sozialismus aufgebaut worden waren. Nun zeigt sich in den siebziger Jahren, dass die Schuldgefühle zwar zeitweise in die «Liebe zum sozialistischen Staat» umgeleitet werden konnten, aber keineswegs verschwunden waren. Sie wirken unter der Oberfläche weiter, unkontrolliert. Wie alte, verschorfte Wunden brechen sie auf. Objekt der Schuldgefühle sind freilich nach wie vor nicht – wie im Westen seit den sechziger Jahren – die Millionen ermordeten Juden Europas; ihr Verschwinden hinter den Märtyrern des Arbeiterwiderstands scheint dem allgemeinen Konsens zu entsprechen. Die Schuldgefühle richten sich vielmehr darauf, einem Regime angehört zu haben, das den Überfall auf die Sowjetunion zu verantworten hat. In einer kapitalistischen Gesellschaft mit faschistischem «Überbau» aufgewachsen zu sein, das verursacht rückblickende Gefühle der Schuld und der Reue.

Als sich in den siebziger Jahren die Reisen von Schriftstellerinnen und Schriftstellern ins westliche Ausland mehren – etliche weichen vor der heimischen Zensur auf den westlichen Buchmarkt aus –, taucht in den begleitenden Gesprächen mit Schriftstellerverband und Parteifunktionären regelmäßig der Antifaschismus als erzieherische Drohgebärde auf. Den reisewilligen Schriftstellern wird unrechtmäßiges Tun unterstellt: «Auf wessen Seite stehst du?», fragen große und kleine Funktionäre. Ziel der Staats- und Parteibehörden ist es, Loyalität einzuklagen, die Beschwerdeführer ins Unrecht zu setzen, Transparenz zu verhindern, Wolkigkeit zu produzieren und beim Gesprächspartner Unsicherheit hervorzurufen.[38] War Jurek Becker, der

---

38 Vgl. Antonia Grunenberg: Die Opposition unter Schriftstellern in der DDR vom

doch als Kind selbst im Konzentrationslager gewesen war und es eigentlich besser wissen müsste, ins «Lager der Gegner» übergewechselt? Hatte Franz Fühmann vergessen, was er, der ehemalige «faschistische Soldat», dem Staat der DDR schuldete? Spielte nicht Wolf Biermann mit seinen Gedichten und öffentlichen Auftritten dem «Klassengegner» in die Hände und musste deshalb 1976 ausgebürgert werden?

Von den Betroffenen wird die Ritualisierung des Antifaschismus zunehmend als unerträglich empfunden. Aus dem Erpressungsmanöver beim Schriftstellerverband wird dann oft ein von den Funktionären nicht durchschautes Verwirrspiel. Das «schwarze Schaf» spielt die Rolle des betroffenen Antifaschisten, um den nötigen Freiraum zu erhalten. Noch weniger wirken diese Manipulationsstrategien bei der jüngeren Generation, die in den sechziger und siebziger Jahren heranwächst. Die Menschenrechts-, Umwelt- und Friedensgruppen, die sich seit den siebziger Jahren bilden, agieren aus einem Schuldgefühl heraus, das sich von der offiziellen Ideologie entfernt hat. In den evangelischen Kirchen finden sie einen löchrigen, aber doch den einzigen Schutzschirm. Sie wollen eine bessere Welt schaffen; ihr Vergleichshorizont ist der Faschismus – und der Kapitalismus.[39] Den Sozialismus wollen sie verbessern, den Kern der Ideologie halten sie für unantastbar. Der zunehmend ambivalent werdende Antifaschismus der Spätzeit stiftet doppeldeutigen Sinn; er produziert immer weniger Loyalität. Diesen Ritualisierungsprozess können Partei und Staat nicht aufhalten. Ihre große Schwäche besteht darin, dass sie auf den beschleunigten Legitimationsverlust keine Antwort haben. Die Ausbürgerung des Dichters und Liedersängers Wolf Biermann 1976, die seinerzeit von vielen westlichen Beobachtern als reaktionäre Machtdemonstration ge-

---

Beginn der Ära Honecker bis zur polnischen Revolution 1980/81, in: Enquete-Kommission «Aufarbeitung von Geschichte und Folgen der SED-Diktatur in Deutschland», Widerstand und Opposition, hg. vom Dt. Bundestag, 2 Bde., Frankfurt/M. und Baden-Baden, Bd. 1, S. 767

39 Vgl. Neubert: Geschichte der Opposition in der DDR, a.a.O., S. 312 ff.

genüber einer sich vorsichtig liberalisierenden Gesellschaft gesehen und von den Leidtragenden als Versuch gewertet wurde, kritische Öffentlichkeit zu verbieten, erscheint aus dieser Perspektive als Zeichen der Schwäche.

Die Ostpolitik der Bundesregierung und die vielfältigen wirtschaftlichen und kulturellen Kontakte zwischen Ost und West, die von den Regierungen Brandt, Schmidt und Kohl seit Beginn der siebziger Jahre mit der DDR-Führung geknüpft werden, tragen langfristig zu dieser Schwäche bei, obgleich sie zunächst zur Stabilisierung führen. Doch trotz der Versuche der DDR-Führung, die Normalisierung der Beziehung zwischen beiden Staaten in ihrem Interesse zu funktionalisieren, ist die DDR der große Verlierer der Liberalisierung der Weltpolitik in den siebziger und achtziger Jahren.

In diesen Jahren wird – im Rückblick – deutlich, dass der ostdeutsche Staat nur rückwärts gewandte Legitimität hervorbringt. In dem Maße, in dem die Aura der Gründung verblasst, wird seine Legitimität brüchig. Einem Vergleich mit dem westdeutschen Staat, was Lebensqualität angeht, hält die Gesellschaft der DDR ohnehin immer weniger stand.

In den mitteleuropäischen Gesellschaften lässt sich deutlicher noch als in der DDR nachverfolgen, wie sich, zeitverzögert, der demokratische Aufbruch der sechziger Jahre im Westen in den siebziger und achtziger Jahren nach Osten hin fortsetzt. Die studentische Bewegung in Polen 1968, die darauf folgende Arbeiter- und Gewerkschaftsbewegung in den siebziger und achtziger Jahren, die von der katholischen Kirche unterstützt werden; die Intellektuellenbewegungen in der ČSSR und in Ungarn, sie entstehen nicht aus rein innenpolitischen Auseinandersetzungen. Sie entzünden sich auch an der Verarbeitung von Einflüssen, die von außen hereindringen: Mode, Popmusik, Zeitschriften, Bücher, Fernsehen, Filme. Auch sie profitieren von der Entspannung zwischen den Blöcken. Die Gründung der KSZE in Helsinki 1972 ermutigt auch die Opposition hinter dem Eisernen Vorhang. Der Vietnamkrieg und die weltweite Opposition gegen die amerikanische Kriegsführung, die studentische Bewegung in den westlichen Ländern, das Nachlassen der permanenten ideologischen Mobilisierung, sie tragen im Osten dazu bei, dass zeitweise und immer wieder Räume entstehen, in denen sich Rudimente einer demokratischen Gesellschaft bilden – wie zum Beispiel die vielen Menschenrechtsgruppen, die sich seit den siebziger Jahren in den sozialistischen Ländern gründen.

Für Teile der ehemaligen DDR-Gesellschaft ist das Konzept der schuldbewussten Selbsteinbindung freilich bis heute erfolgreich. Die postume Nostalgisierung der DDR, die der Schriftsteller Günter Kunert 1990 voraussagte, das Heimweh nach der Aufgehobenheit in einer Ordnung des «vormundschaftlichen Staates», auch das ist späte Folge der besonderen «Schuldbewältigung» der DDR.

Die Revolte aus Schuldgefühl: die «Kinder der Täter»

Bis Mitte der sechziger Jahre, so wird nicht zu Unrecht behauptet, sei die westdeutsche Nachkriegsgesellschaft ein soziales Gebilde gewesen, das weitgehend ohne Selbstreflexion auskam: eine Gesellschaft der geschäftigen Bürger, die so sehr mit dem Aufbau beschäftigt waren, dass sie – außer der Angst vor einem neuen Krieg oder einer Wirtschaftskrise – nichts zu bedrücken schien, vor allem nicht das Schicksal der ermordeten Juden. Es herrscht eine wortkarge Selbstbezüglichkeit, die Besucher aus dem Ausland schaudern lässt. Wie passförmig gesellt sich der hausbackene Stil der Politik in der Bundeshauptstadt Bonn dazu, jener malerisch gelegenen deutschen Kleinstadt am Rhein.

Spuren jener deutschen Selbstbezüglichkeit finden wir bis heute. Aus ihr entspringen nicht zuletzt jene xenophobischen Hysterieanfälle, die uns seit den Siebzigern immer wieder begleitet haben. Sie verdeutlichen im Nachhinein, welcher Verlust an Weltläufigkeit mit der nationalsozialistischen Ära verbunden war.

Es waren die engen Grenzen dieser selbstbezüglichen Welt, die die nachfolgende Generation auf die Barrikaden trieben. Aus einem anderen Blickwinkel nimmt man jedoch auch wahr, dass diese Revolte erst möglich war, als der erfolgreiche Aufbau einer sozialen Marktwirtschaft in den fünfziger und sechziger Jahren die Voraussetzungen für eine plurale Gesellschaft geschaffen hatte. Erst auf dieser Grundlage konnte auch die kulturelle Pluralität wachsen, deren Aufblühen mit dem Jahr 1968 verbunden bleiben wird.

Mitte der sechziger Jahre bricht die Nachkriegs-Kultur des «kommunikativen Beschweigens» (Hermann Lübbe) auf. Im Nachhinein scheint es, als hätte sich zu diesem Zeitpunkt unbemerkt ein Tor geöffnet. Wo zwei Jahrzehnte lang mehrheitlich geschwiegen und gearbeitet wurde, brach jetzt ein Redestrom los. Es waren nicht die Alten, die sprachen, sondern die Jungen, und auch nicht die Jungen der Nachkriegszeit, sondern deren Kinder. Die, die in den letzten Kriegsjahren und danach geboren worden waren.

Nicht nur der andere Redestil fällt im Nachhinein auf. Der Aufbruch fand auf vielen Ebenen statt: im Alltag, an Schulen und Universitäten; es gab eine Schüler- und Studentenbewegung. In der Kultur bemerkte man den Aufbruch an der Hippie-Bewegung, an Pop-Art und Popmusik. Literarische Erneuerungsbewegungen kreuzten sich mit politischem Protest.

Aus den Vereinigten Staaten kommen Initiativen zur Frauenemanzipation; der Einfluss der Kirchen geht zurück, und es werden öffentlich Formen nicht-ehelichen Zusammenlebens debattiert. Jugendliche leben in Wohngemeinschaften zusammen und stellen ihr Sexualleben dar; die Antibabypille wird als Wunder der Medizin und Befreiungsschlag gegen die Moral des 19. Jahrhunderts gefeiert. Die neuen kulturellen Formen in Öffentlichkeit und Privatleben hatten sich seit den fünfziger Jahren vorbereitet, auf dem Theater, im Film, in der Musik und Literatur, in den Familien und den politischen Parteien. Von außen gesehen gewann man den Eindruck, als öffnete sich die (west-)deutsche

Gesellschaft der westlichen Welt zum ersten Mal und zeige sich in einer überraschenden Pluralität. Diese Gesellschaft der sechziger Jahre hat ein doppeltes Gesicht: Sie ist langweilig bis zur Schmerzgrenze und zugleich von einer befreienden Lebendigkeit, sie ist hässlich und geht für die ästhetische Revolte auf die Barrikaden; sie ist intellektuell und anti-intellektuell, sie ist moralisch und zynisch, antiautoritär und autoritätshörig.

Auch der politische Horizont öffnete sich. Zum ersten Mal seit Gründung der Bundesrepublik kam die Sozialdemokratie in die Regierung, um sie dann 1969 zu übernehmen. Jene provinzielle rheinische Behäbigkeit, die viele seit Mitte der sechziger Jahre als so lastend empfanden, wurde aufgelockert. «Mehr Demokratie wagen», der politische Leitfaden der ersten Jahre unter dem sozialdemokratischen Kanzler Willy Brandt, kündete von einem neuen Wind.

Ein Vorbote dieses kulturellen Neubeginns war der «Auschwitz-Prozess» 1964 in Frankfurt am Main und die ihm folgenden Prozesse gegen weitere Wachmannschaften von Konzentrations- und Vernichtungslagern. Drei Jahre vorher hatte in Jerusalem der Prozess gegen Adolf Eichmann begonnen. Eichmann, der sich in Argentinien ein zweites Leben aufgebaut hatte, wurde dort vom israelischen Geheimdienst gekidnappt, und man stellte ihn 1961 in Jerusalem vor Gericht. Hinter den Kulissen freilich hatte der Prozess erhebliche Auswirkungen. Zunächst demonstrierte er vor der Weltöffentlichkeit, wie lasch die westdeutsche Justiz bei der Verfolgung der Naziverbrechen gewesen war, obwohl der Hinweis auf Eichmanns Aufenthaltsort aus Westdeutschland gekommen war. Quasi in Reaktion darauf wurden in der Folge einige hundert Prozesse in Westdeutschland gegen nationalsozialistische Funktionäre geführt.[40]

Die westdeutsche Regierung wollte den «Fall Eichmann» nicht «hoch hängen», fürchtete sie doch Anschläge und öffentliche Proteste antisemitischer Gruppen und Zirkel, die noch im-

---

40 Vgl. auch Jörg Friedrich: Die kalte Amnestie, Frankfurt/M. 1984

mer ihre Gewährsleute auch in den demokratischen Parteien hatten. Jedoch nur drei Jahre nach der Aburteilung Eichmanns wird der Auschwitz-Prozess von einem gesellschaftlichen Aufbruch der nächsten Generation, der Jungen der sechziger und siebziger Jahre, begleitet.

Noch heute haften die Pressefotografien der Angeklagten auf dem inneren Auge. Auf ihnen sind ältere Leute, Männer, zu sehen. Sie sitzen an langen Tischen nebeneinander, neben ihnen Polizisten. Sie unterhalten sich, lesen Akten, lachen. Wieder andere schauen unbeteiligt, vielleicht verächtlich, in die Kamera. Hier starrten einen diejenigen an, die das öffentliche Gespräch in der Republik blockiert hatten: indem sie ihren Kindern das Gespräch verweigert, die alten Umgangsformen des «Man-erzählt-nicht-was-einen-bedrückt» gepflegt und ein hinhaltendes Schweigen geradezu zur Schau gestellt hatten. Hier blickte das hässliche Gesicht der Republik; es zeigte keine Emotion und provozierte doch die größte kollektive Gefühlsregung nach 1945.

Im Nachhinein sieht es so aus, als sei dieser die Öffentlichkeit aufwühlende Prozess das Symbol für den Aufbruch gewesen. Tatsächlich war er auch der Höhepunkt einer Entwicklung, die vorher begonnen hatte. Jetzt wurde auch öffentlich über die Verbrechen und ihre Hintergründe gesprochen. Zugleich geriet die Gesellschaft und die politische Ordnung des Nationalsozialismus in den Blick: die Befehlsstrukturen, die kollektive Unterwürfigkeit, die Fühllosigkeit, das Beamtentum, die Ärzte, die Juristen ...

Der Gesprächston wandelte sich mit der Art der Öffentlichkeit. In den Gerichtsverhandlungen wurde anders gesprochen als in Zeitungsartikeln, Büchern, Vorträgen und Seminaren. Neu kam hinzu, dass in den sechziger Jahren die marxistische Theorie in den öffentlichen Diskurs einzog. Die Auseinandersetzung mit der Vergangenheit wurde jetzt auch aus der Perspektive der radikalen Linken der Weimarer Republik betrieben. Danach war der Faschismus ein Produkt des Kapitalismus. In der linken Kritik, die in den sechziger Jahren stärker wird, stand eine Gesellschaftsordnung zur Debatte und nicht nur die Verbrechen einzelner Menschen. In der öffentlichen Debatte mischten sich von nun an die nüchterne Offenlegung der Fakten auch mit einer politischen Lesart, Aufklärung mit Belehrung. In manchen Familien wurde jetzt gebrüllt, nicht mehr geschwiegen; das Ergebnis mochte oftmals das gleiche sein. Aber jetzt konnten sich wenigstens die Jungen ausagieren. Sie taten es auf Kosten der Elterngeneration, der etwas abverlangt wurde, was diese nicht geben wollte: das öffentliche (oder auch nur familiäre) Schuldbekenntnis.

Im Rückblick stößt man wieder auf Ungleichzeitigkeiten. So einig sich die Kritiker des postfaschistischen Deutschland sind, dass seinerzeit alles verschwiegen und unter den Teppich gekehrt worden wäre, wenn man die neue Republik nicht von außen unter Druck gesetzt hätte, so unbezweifelbar ist von heute aus gesehen, dass die Generation der nach dem Krieg Geborenen den Schuldvorwurf verinnerlicht hatte. Was die Väter nicht sagen konnten (oder wollten), was die Mütter verschwiegen, sagten nun der Sohn, die Tochter. Sie reagierten anklagend. In ihrer Kultur der Anklage vermengten sich der generationsspezifische Abtrennungsprozess der Kinder von den Eltern mit einem neuen politischen Streitgestus, den die Republik bis dahin nicht gekannt hatte.

Mitte der sechziger Jahre erfasste eine Welle der Moralisierung das öffentliche Leben. Der Unmoral des Nationalsozialismus, der verbreiteten Gedankenlosigkeit in der Elterngeneration setzten die Kinder die Unbedingtheit derer entgegen, die Politik mit moralischem Handeln gleichsetzen, weil sie glaubten, anders dürfe politisches Handeln nach der Katastrophe gar nicht möglich sein. Die Moral der Nachkriegskinder tritt als das Alter Ego der Unmoral der Vorkriegskinder auf. Auf eine mentale Verwahrlosung, deren Ursachen und Ausbreitung niemand recht erklären konnte, antworten sie mit einer Hypermoralisierung, welche auf alles eine Antwort hatte: Nie wieder Faschismus, nie wieder Krieg, nie wieder Monopolkapitalismus, nie wieder liberale Demokratie.

Es erscheint wenig plausibel, diesen Ausbruch einer ganzen Generation nur auf den Druck von außen zurückzuführen. Gewiss, sie waren jahrelang auf die «deutsche Schuld» gestoßen worden, wann immer sie ins europäische Ausland oder in die Vereinigten Staaten reisten. Viele von denen, die damals jung waren, berichten, dass sie sonst wer hätten sein mögen, nur nicht Deutsche. Das Geschehen im eigenen Land mit äußerster Distanz zu kommentieren, galt in der Folge und gilt bis heute als Ausweis der Progressivität und keineswegs als das, was es auch war: Selbstverleugnung als eine Art der psychischen Notwehr. Über diese negative Identität ist die deutsche Gesellschaft seither nicht wirklich hinausgekommen. Das Bewusstsein ihrer Bürger gründet sich auf die Erfahrung einer gesunden wirtschaftlichen Entwicklung und starker demokratischer Institutionen. Darüber hinaus erschöpft es sich in einem diffusen kollektiven Gefühl, an Katastrophen nicht mehr beteiligt sein zu wollen.

Was 1968 stattfand, war der selbstlegitimierte Ausbruch einer Generation, die beschützt aufgewachsen war, keine Not kannte und deren Zukunft gesichert war. Ihre Wortführer reagierten auf Einflüsse, die indirekt und direkt in der Nachkriegszeit gewirkt hatten: die antifaschistische Kritik aus der DDR, die misstrauische Haltung der europäischen Öffentlichkeit gegenüber Westdeutschland, die Kritik aus Israel und von Seiten der amerikanischen Juden, die Weigerung der Elterngeneration, Erfahrungen zu veröffentlichen, die Empörung über den Verlust an moralischer Integrität, die doch jeder neuen Generation zugestanden wird. Es ist eine moralische Selbstlegitimierung, die jetzt forciert durchgesetzt wird. Aus der Lossagung von der deutschen Geschichte und ihren Trägern entsteht der Freiraum, aus dem neue Legitimität geschöpft werden kann. Der Preis, der dafür gezahlt wird, ist die Einebnung der deutschen und der europäischen Geschichte auf das Niveau einer *Tabula rasa*. Geschichte wird auf die negative Vorgeschichte reduziert. In diesem Impuls stehen die deutschen Revolutionäre von 1968 durchaus in der Tradition von 1789.

Die rebellierenden Studenten, Schüler, Lehrer drängten auf eine beschleunigte «Abrechnung» mit dem Nationalsozialismus. «Konsequenzen» sollten daraus gezogen werden. Konsequenzen hieß: eine radikaldemokratische Ordnung aufzubauen, die den Auftrag der Verfassung verwirklichte. Und tatsächlich war die «Kluft zwischen Verfassung und Wirklichkeit» groß, dachte man nur an die Obstruktionspolitik in Teilen der Justiz und der Staatsverwaltung, in ganzen Berufsverbänden gegenüber der jungen Demokratie. Doch die auf volle Aufklärung bestehenden Revolutionäre von 1968 pflegten Vorstellungen von gesellschaftlicher Veränderung, die ihre posttotalitäre Herkunft nicht verleugnen konnten. Was wollten die rebellierenden Jungen damals wirklich? Eine enteignete Großindustrie, eine moderat gelenkte Wirtschaft, einen Sozialismus ohne Terror, mehr Mitbestimmung der Arbeiter in der Industrie und der Bürger im Staat, freien Zugang zu den höheren Schulen und den Universitäten, vor allem aber mehr gesellschaftliche Toleranz gegenüber dem Anderssein – und nahezu unbegrenzte individuelle Freiheit. Der «Faschismus» sollte mit Stumpf und Stiel ausgemerzt werden, indem die kapitalistischen Interessen, die ihn begünstigt hatten, abgebaut und eine staatlich und demokratisch kontrollierte Wirtschaft aufgebaut werden sollten. Volksabstimmungen sollten zugelassen werden, waren sie denn nicht in der Landesverfassung von Hessen 1946 ausdrücklich vorgesehen worden? Dadurch sollte mehr Rückbindung der Politiker an die Interessen der radikaldemokratischen Bewegung erfolgen, von der man sich erhoffte, dass sie zu einer Volksbewegung würde. Das Plebiszit hatten jedoch die Verfassungsväter und -mütter gefürchtet. Ihnen standen die bürgerkriegsähnlichen Auswirkungen der plebiszitären Demokratie von Weimar in schlimmster Gestalt vor Augen. Sie hatten zwar für die Integration der Alt-Nazis gestimmt, aber sie trauten ihnen nicht über den Weg. Nicht zu Unrecht fürchteten sie die Wankelmütigkeit des Volkes, seine schnell entzündbaren politischen Leidenschaften und hatten deshalb das Plebiszit *expressis verbis* nicht in das Grundgesetz aufgenommen. Sie hatten dafür gesorgt, dass der Wille des Souveräns in ein System repräsentativer Institutionen und Verfahren eingebunden wurde.

Wie nah am Abgrund manch radikale Kritik damals unbewusst baute, wird erst retrospektiv sichtbar. Im Nachhinein mutet es ironisch an, dass in der radikalen Kritik an der Realität der bundesrepublikanischen Gesellschaft auch das Erbe der totalen Herrschaft durchscheint. Wer hier totale Übereinstimmung zwischen Verfassung und Wirklichkeit, zwischen privater und öffentlicher Moral einforderte, war nicht so weit entfernt von der Idee der totalen Verkörperung des Volkswillens – und weit entfernt von der Realität einer pluralen Gesellschaft. Das demokratische Bewusstsein der Enkel war ambivalent: Einerseits waren sie Nutznießer der jungen Demokratie, andererseits hatten sie die Demokratie schon als korrumpierbar erfahren. Der Umstand, dass die demokratische Gesellschaft ein offener, von Unberechenbarkeit und Zufall gekennzeichneter Prozess des Ausgleichs von Interessen ist, in dem die Verfolgung der Naziverbrechen keineswegs zur Hauptsache erklärt wurde, flößte ihnen höchstes Misstrauen ein. In ihrem gekränkten Gerechtigkeitsempfinden sahen sie ihren demokratischen Auftrag im «Kampf gegen die Überreste des Faschismus». Ihre persönliche Verantwortung sahen sie darin, die kompromissbereite politische Ordnung umzukrempeln, wenn nötig mit Nachdruck. Auschwitz verursachte vielen von ihnen auch persönliche Schuldgefühle. Aber zur Überführung der Scham- und Wutgefühle in politische Verantwortung kam es seinerzeit nicht. Zeitverzögert zeigt sich Ende der siebziger Jahre im Erstarken von Bürgerbewegungen und der Gründung der Partei der Grünen eine Dimension der politischen Verantwortung.

Hinter dem Rücken der Beteiligten stellt sich eine eigentümliche Querverbindung zur DDR her. Wie die kommunistischen Führer dort wollten viele der radikalen jungen Intellektuellen hier den Auftrag von Weimar noch einmal aufnehmen, ihn nun endlich erfüllen und eine gerechte Ordnung «herstellen». Wie damals sollte *Tabula rasa* gemacht werden, um die neue Ordnung aufbauen zu können. Die Reprise von Weimar, sie tauchte nicht nur in den Frankfurter Universitätsseminaren oder auf Teach-Ins der Berliner APO auf; sie war auch Bestandteil der Gründungslegende der DDR. Geradezu spiegelbildlich antwortete die westdeutsche Linke auf die Anwürfe aus der DDR gegen die Bundesrepublik. Ihre Wortführer übernahmen den Auftrag, den «Faschismus zu beseitigen». Dabei war der kleinste Teil wirklich pro-DDR wie die DKP oder jene lokalen Grüppchen, die von der DDR finanziert wurden.

Dass in der DDR Arbeiter unterdrückt wurden, Opposition eingekerkert wurde, das wussten und sagten jene Militanten, die aus der DDR kamen. Dass man aber den Faschismus in der Marktwirtschaft bekämpfen musste, das schien vielen geradezu folgerichtig. Die antifaschistische DDR, der Sühne gewordene gute Staat, wurde damals selbst für jene zum moralischen Vorbild in der Schuldbewältigung, die zu ihm in Opposition standen. Dass der antifaschistische Staat ein spättotalitärer Machtstaat mit kriminellen Zügen ist, fällt in einem auf radikale «Bewältigung» zentrierten Gesamtbild nicht ins Gewicht. Auch hier zeigt sich ein Fokus der politischen Kultur der Bundesrepublik. Die Kinder der antitotalitären Demokratie saugen den spättotalitären Antifaschismus wie Honig auf, denn aus seiner Denkwelt werden eindeutige Wertungen vermittelt, das Weltbild ist schon immer klar, alles ist aus einer Ursache erklärbar.

So gingen die antidemokratische Klassenkampfideologie der Weimarer radikalen Linken, der antifaschistische Sozialismus der DDR und der antiautoritäre Spontaneismus der westdeutschen Studentenbewegung eine eigenartige Verbindung ein.

Freilich soll das Bild von der plötzlich in Schuldbewältigungs-Euphorie verfallenden westdeutschen Gesellschaft nicht darüber hinwegtäuschen, dass hier eine – wie es damals verächtlich von Seiten der Konservativen hieß – «radikale Minderheit» agierte. Die Aufbruchsbewegung der Sechziger war nicht nur politisch und ideologisch orientiert; in ihr vermengten sich auch hedonistische Lebensphilosophie mit neuen Modetrends; ästhetische Avantgardebestrebungen mit sozialromantischen Utopien.

Moralisierung und Terror

Auf das Dilemma, die Existenz des Bösen in der deutschen Geschichte erklären zu müssen und gleichzeitig auf den Trümmern des Zweiten Weltkriegs und des Holocaust befriedete Gesellschaften aufzubauen, die dieses Böse bannen, antworteten die beiden deutschen Gesellschaften – zeitverschoben – mit einer je eigenen Moralisierung der Politik und des Bewusstseins. Die Nachkriegsgenerationen unterzogen die eigenen Biographien und den Blick auf die Welt einer moralischen Neugründung. Sie erfanden einen neuen Typus von Politik, den antietatistischen, basisdemokratischen Radikalismus (im Westen) und den etatistischen antifaschistischen Radikalismus (im Osten). Beide basierten auf einer Re-Moralisierung der Politik.

Diese Moralisierung speiste sich aus einem Grundgefühl, das die Lebensgeschichten der Nachkriegsgeneration prägte: Zornige oder hilflose Scham und Suche nach dem unbelasteten Neuanfang (im Westen) – Schuldgefühle, Sehnsucht nach Neuanfang und Abgabe von Verantwortung (im Osten). Der Moralisierung liegt die Überzeugung zugrunde, dass die neue Gesellschaft auf moralischen Werten aufgebaut sein, politisches Handeln von moralischen Werten geleitet werden müsse. Sozialismus und radikale Demokratie erscheinen als zwei Varianten einer Antwort auf Auschwitz: Moralisierung als die authentische Antwort auf das Böse.

Die Sprache der Moralisierung findet Worte wie «Tätergeneration» oder «Täterkinder». In ihnen werden kollektive, biologisch erhärtete Zuschreibungen von außen zu Weisen der Selbstbeschreibung. Die Nachkommen der Opfer verwenden diese Bezeichnungen ähnlich wie die Nachkommen jener Generation, die als «Tätergeneration» bezeichnet wird. Noch heute erscheint darin das versteinerte Entsetzen angesichts von Auschwitz. Im Gegenbild erscheinen die Umrisse einer quasireligiösen Lossprechung. Wenn Menschen, die an Verbrechen nicht beteiligt waren, weil sie zu jung oder noch gar nicht geboren waren, sich selbst als «Täterkinder» bezeichnen, sich und ihr Handeln damit auf die biologische Eigenschaft reduzieren, von jenen abzustammen, aus deren Reihen der Genozid hervorgegangen ist, so hat dies etwas Übersteigertes. Indem man das Übersteigerte als das Wahre behauptet, verleiht man unbewusst dem Wunsch Ausdruck, dies möge nicht so sein. Das Sprechen darüber, was eigentlich in der Weimarer Republik geschehen ist, aus der der Nationalsozialismus gleichsam gleitend hervorging, erscheint hier ebenso wenig wie das Nachdenken über die beiden Gesellschaften, die nach dem Ende des Nationalsozialismus entstanden sind. Hier sprechen und handeln keine Bürger, sondern Abstammungswesen. Moralisches Zuschreiben tritt an die Stelle politischen Denkens. Es wird suggeriert, als bräuchte es jenseits des moralischen Urteils kein politisches Denken mehr.

Aus dieser Konstellation entsteht als quasi unvermeidbare Folge die ostentative Lossagung der Nachkriegsgeneration von der deutschen Geschichte, aber auch von politischen Zugehörigkeiten wie etwa der politischen Nation (im Unterschied zur Staatsnation oder zum ethnisch bestimmten Nationsbegriff), dem Staat, dem Politischen überhaupt. Zahllos sind die Geschichten derer, die sich in jungen Jahren lieber als Mitglieder einer anderen Nation gesehen hätten: Wenn die Nation, in die man hineingeboren wurde, sich über Rassismus und ethnischen Massenmord bestimmt hatte, dann mochte man nicht zu dieser Nation gehören. Nicht wenige in der ersten Nachkriegsgeneration hätten lieber Engländer, Franzosen oder Italiener sein wollen als Deutsche. Denn man wollte zu den Guten gehören, nicht zu den Bösen. Der westdeutsche «Transnationalismus», der suggeriert, als hätte Deutschland die Nation längst hinter sich gelassen (ohne zu einer anderen politischen Form zu gelangen), verdankt sich auch diesem Hintergrund.

Noch heute ist das Geschichtsbild in Ost- und Westdeutschland von einem Determinismus geprägt, der die deutsche Geschichte seit dem Mittelalter wie eine außer Kontrolle geratene Maschine auf das Inferno des Holocaust zurasen sieht. Eine Folgerichtigkeit, ja quasi ein geschichtliches Gesetz wird unterstellt, nach dem der Nationalsozialismus zur bloßen Folge vorhergegangener Ereignisse wird.

Im konservativen Gegenbild erscheint die Sehnsucht nach der heilen Geschichte und der Ruf nach der Rehabilitation der großen Gestalten: Karl der Große, Friedrich der Große, Bismarck ... Dem Sog der Polarisierung ist schwer zu entrinnen. Der Vorwurf der Verharmlosung oder – gegenbildlich – der Leugnung der deutschen Geschichte ist jederzeit parat.

Die Geschichte der deutschen Linken nach dem Zweiten Weltkrieg erzählt von folgenschweren Irrtümern, die aus dem Glauben, moralisch zu handeln, zu urteilen, entsprungen sind. Die Geschichte der Rechten erzählt von heimlichen oder offenen Versuchen der stückweisen «Rettung» nationaler Größe aus Untergang und Schande. Dazwischen der mühsame und nicht ganz manipulationsfreie Versuch, Nachkriegsdeutschlands Würde aus der Existenz einer nationalen Opposition unter Hitler zu begründen.

Viele, zu viele Linke glaubten, dass sie nach der Zerstörung aller Werte unter dem Nationalsozialismus nun eine Politik der Eindeutigkeit «herstellen» könnten, in der es nur eine, nämlich die gute, Moral gäbe. Die Einsicht, dass Moral auch instrumentalisiert werden und in dieser instrumentalisierten Form mit Terror und Massenmord in eins gehen kann, diese Lehre haben viele aus Stalins Terror nicht gelernt und lernten sie auch aus dem chinesischen oder kambodschanischen Terror nicht. Menschenrechtsverletzungen, Mord und Totschlag waren in dieser Weltsicht den Rechten, dem Faschismus und Imperialismus vorbehalten; die kommunistischen Regime unterdrückten hingegen «nur» die Schlechten im Dienste der Guten.

Unter dem Palimpsest der Nachkriegsmoral erscheint noch

einmal die Borniertheit der jungen, antirepublikanisch gesinnten Generation der zwanziger und dreißiger Jahre. Wie man überhaupt den Eindruck gewinnt, als hätten die westdeutsche Linke und der ostdeutsche Staat die Kämpfe der Weimarer Republik noch einmal gekämpft: für eine bessere Moral, nur diesmal weniger blutig. Doch während die Linke in den Zwanzigern und beginnenden Dreißigern in einer instabilen, kryptomilitaristischen Demokratie wirkte (was ihre Geringschätzung der Weimarer Republik nicht entschuldigt, aber vielleicht erklärt), ist die Linke in der BRD in einer geschützten Demokratie aufgewachsen, deren Angebot sie jedoch damals weitgehend ausschlug, weil die Republik ihren moralischen Ansprüchen nicht genügte.

Als in den siebziger Jahren bekannt wurde, dass die Roten Khmer in Kambodscha die «gute Gesellschaft» mit systematischem Massenmord erzwangen, weigerten sich viele anzuerkennen, dass sinnloses Morden und kommunistische Moral durchaus zusammengehen können. Es überstieg ihre Vorstellungskraft. In der Unterstützung lateinamerikanischer Guerillabewegungen wiederholt sich Ähnliches. «Unterstützt die Befreiungsbewegungen der Dritten Welt» war der Slogan der Siebziger und Achtziger, beigefügt die Kontonummer des Solidaritätskomitees, das seine Gelder für die Anschaffung von Waffen verwendete. In allen diesen Fällen wurde das Monopol auf Verteidigung der Menschenrechte bewaffneten Gruppen zugesprochen, die Menschenrechtsverletzungen begingen. Es gab eine Faszination des «gerechten Terrors», die aus der Ablehnung von Imperialismus, Kapitalismus und letztlich Demokratie entstand. Der moralisierende Blick auf die Welt war in dieser Perspektive immer auch gewaltlegitimierend. Diese Verblendung entsteht jedoch weder aus Dummheit noch aus jugendlichem Übermut noch – im Osten – aus Staatsräson alleine. Sie entsteht vor allem aus der rigorosen Reduktion politischen Denkens und Handelns auf moralisches Denken und Handeln.

Moralischer Rigorismus schien die einzig praktikable Form von Politik.

Im Rückblick ist man geneigt, zu psychologischen Erklärungen zu greifen. Der Eindruck drängt sich geradezu auf, dass die Moralisierung der Nachkriegsgeneration aus einem Bewusstsein der Angst, der Verunsicherung, des Verlustes und der Verlassenheit heraus entstand. Daraus mag die Sehnsucht entsprungen sein, sich in einem intakten Sinnzusammenhang, in einer geschlossenen Welt zu bergen. Und doch verlangt diese Geschichte mehr als psychologisierende Einordnung oder anklagenden Sarkasmus. Die Moralisierung muss verstanden werden, ehe sie verlassen werden kann. Noch steht die Einsicht aus, dass das moralisierende Denken der Jahrzehnte von 1945 bis 1989 von der Weltsicht des Totalitarismus bis in die Utopien von der «guten Gesellschaft» hinein geprägt war.

In der Einleitung zu Frantz Fanons antikolonialistischem Klassiker «Die Verdammten dieser Erde» fragt Jean-Paul Sartre, nachdem er ein emotionales Tableau der französischen Kolonialverbrechen gezeichnet hat: «Gibt es eine Heilung? Ja. Die Gewalt kann, wie die Lanze des Achill, die Wunden vernarben, die sie geschlagen hat.»[41] Aus dem Mythos rückübersetzt heißt dies: die Gegen-Gewalt der Unterdrückten kann die Wunden heilen, die die Gewalt der Kolonialisten ihnen geschlagen hat. Das Frankreich, das in Algerien Bürgerkrieg führt, zerreibt sich im Streit über die Lösung des Konflikts. In Lateinamerika entstehen zur gleichen Zeit antiamerikanische Guerilla-Bewegungen, die deren Innenpolitik bis heute polarisieren.

In beiden Fällen tritt die Gewalt als revolutionäre Gegengewalt und als «Geburtshelferin» der neuen Gesellschaft (Marx) auf. Sie legitimiert sich aus der Brutalität des Kolonialismus/ Imperialismus und aus dem vagen Versprechen einer befreiten Zukunft ohne Unterdrückung und Armut.

Die «deutsche Gewalt», sosehr sie sich in ihren anspruchsvolleren Texten an die lateinamerikanischen und französischen Ge-

---

41 Frantz Fanon: Die Verdammten dieser Erde, mit einem Vorwort von Jean-Paul Sartre, Frankfurt/M. 1961, S. 27

walttheoretiker anlehnt, hat einen anderen Horizont. In der Bundesrepublik gibt es weder unterdrückte Bauern noch kolonialisierte Eingeborene; auch ist die deutsche Demokratie kein postimperiales Land, wie es Frankreich oder Spanien, Portugal oder auch Belgien und die Niederlande sind. Die Gewalt richtet sich direkt gegen die Demokratie. Ihr wird der Krieg erklärt. Eher Anlass als wirkliches Objekt ist die verschleppte strafrechtliche Verarbeitung der nationalsozialistischen Verbrechen. Für die Anhänger des westdeutschen Terrorismus liegt die Radikalkur für die kryptofaschistische Gesellschaft in der Liquidierung alter NS-Führer und der demokratischen Repräsentanten des als «Schweine-System» apostrophierten Staates. Ihr Terrorismus ist nicht nur elitär, er verfolgt eine erzieherische Mission nach dem Motto: «Wer nicht hören will, muss fühlen.»

Die plötzliche Eruption von gewalttätigen Aktionen Anfang der siebziger Jahre ist nicht nur aus den Biographien der Beteiligten zu erklären. Sie entspringt einer Dynamik der Revolte selber. Was den Übergang zur öffentlichen Gewalttätigkeit ermöglicht, ist der «Verlust der inneren Grenze» (Ulrich K. Preuß), die dem Entgleiten in die Maßlosigkeit innerhalb der Gesellschaft gesetzt ist. Verlust der inneren Grenze heißt aber auch Verlust jener Urteilsmaßstäbe, die sich im Umgang mit anderen herausbilden und in der Öffentlichkeit dann überprüft werden. In den mörderischen Aktionen jener selbsternannten revolutionären Elite, die nicht viel mehr als eine kleine Gruppe städtischer Bohème-Guerilla war, wird das Erbe der «deutschen Schuld» in eine Art mörderische Selbstreinigungsanstalt verwandelt. Sie wird am Rande beflügelt von den Bestrafungspraktiken der sowjetischen Tschekisten. Vor allem aber nährt sie sich von einem *furor teutonicus*, dem es unerträglich ist, dass die NS-Täter und «die Kapitalisten» von der Demokratie geschützt werden. Nicht nur anti-imperialistische Romantik beflügelt diese Militanten, sondern auch rasende Wut und Verachtung über das, was im Namen der Eltern und der Gesellschaft geschehen ist – und der Wille, sich selbst von diesem Makel zu reinigen. In der Journalistin Ulrike Meinhof, die über den Judenmord trauert und gleichzeitig zur Ideologin des Terrors wird, erfährt dieser extreme Versuch, die «deutsche Schuld» zu bewältigen, sein widersprüchliches Sinnbild. Der unterstützende Schutz, den diese Terroristen in den siebziger Jahren von der gemäßigten und liberalen Linken erfahren, erklärt sich auch aus deren schlechtem Gewissen, selbst nicht nachhaltig genug für die Beseitigung der «Überreste des Faschismus» eingetreten zu sein. Die moralische Ambivalenz der Republik war auch ihnen unerträglich.

Im Blickwinkel des westdeutschen Terrorismus verengt sich die Welt auf die manichäische Frontstellung: Faschismus oder Gerechtigkeit, Ihr oder Wir. In der Denkungsweise seiner Protagonisten gehen kollektives und persönliches Schuldgefühl, Jugendkult, kollektive Faszination der Entgrenzung und der *furor teutonicus* eine tödliche Verbindung ein, die die bundesdeutsche Demokratie vor ihre zweite entscheidende Probe nach der Integration der post-nationalsozialistischen Gesellschaft stellt.

Gerade am Ausnahmefall der terroristischen Linken aber wird deutlich, dass es der Aufbruchsbewegung der sechziger Jahre nur teilweise gelungen ist, die Kritik an der zögernden Verarbeitung der Vergangenheit in politische Verantwortung umzusetzen. Viele «Kinder der Täter» wollten sich in einem kollektiven Reinigungsritual befreien von der Schuld. Für die Übernahme der Verantwortung waren sie noch nicht bereit.

Es mutet wie ein ironischer Hintersinn der Geschichte an, dass der bundesdeutsche Terrorismus in den Plattenbausiedlungen der DDR-Provinz endet. In der kleinlauten Existenz am Rande einer Gesellschaft, die im Bewusstsein der Terroristen noch immer davon zehrte, dass sie die «bessere» deutsche Gesellschaft war, deren Bevölkerung zu dieser Zeit allerdings schon tief frustriert war, verläuft sich die rasende Wut auf die Schuldigen von gestern.

IV. Vichy oder Das Gedächtnis Europas

Das Vermächtnis der Geschichte und die Schwierigkeit, es anzunehmen

«Unsere Zeit wird man einst das Jahrhundert der *intellektuellen Organisation des politischen Hasses* nennen.»[1]

Julien Benda

Europa versucht, sein Gedächtnis wieder zu finden. Mit der Katastrophe von Auschwitz hatte ein Ausblendungsakt begonnen, der bis heute fortwirkt. Es ist wie wenn sich alle Völker 1945 verschworen hätten, dieses Ereignis ein für alle Mal zu bannen. Dabei geriet buchstäblich in Vergessenheit, dass in der Zwischenkriegszeit die meisten europäischen Staaten starke pro- oder protofaschistische Gruppierungen aufwiesen: Spanien und Portugal, Polen und Ungarn, Österreich, Italien und Frankreich ... In all diesen Ländern hatte der Erste Weltkrieg verstörende Folgen für die innere Verfasstheit der Gesellschaften. In vielen dieser Länder haben sich in der Zwischenkriegszeit faschistische Bewegungen gegründet, die dann unter der deutschen Besatzung zur Stütze der Kollaboration wurden. Die Enthüllung der Verbrechen von Auschwitz im Jahre 1945 und die eindeutige Verantwortung der Deutschen hat diese Ausrichtung des europäischen Gedächtnisses auf die Verbrechen der Deutschen und in deutschem Namen bewirkt. In ihrem Schatten hat sich eine

---

1 Julien Benda: Der Verrat der Intellektuellen, Frankfurt/M. 1988, S. 102 f.

Amnesie herausgebildet, die für die wirtschaftliche Einigung Europas funktional war, ihre politische Einigung heute jedoch blockiert. In der Tat, ohne Distanz zur Historie, ohne ein «Vergessen» der gegenseitig zugefügten Wunden, hätten Frankreich und Deutschland nicht zehn Jahre nach dem Krieg zu einer bemerkenswerten Kooperation gefunden. Ohne übereinzukommen, die Last der Geschichte in den Hintergrund zu drängen, hätten auch andere europäische Völker sich dem «Projekt Europa» in den fünfziger und sechziger Jahren nicht anschließen können. Es war ein Neuanfang, der mit dem Beginn der deutschfranzösischen Kooperation gewagt wurde. Und doch kommt die Geschichte seit 1989 wieder auf Europa zu. Wer der mühsamen Debatte über die europäische Einigung genau zuhört, vernimmt auch die Stimmen derer, die nach einem politischen Profil Europas verlangen. Das erfolgreiche Zweckbündnis hat hinterrücks die Frage nach der «europäischen Identität» wieder aufkommen lassen. Dieser Prozess verlangt geradezu danach, dass sich die Europäer ihre leidvollen Geschichten noch einmal erzählen.

Im Juli 1995 sprach Staatspräsident Jacques Chirac anlässlich des 53. Jahrestages der antisemitischen Razzia im Stadion Vel' d'Hiv die französische Mitverantwortung an der Ermordung der europäischen Juden aus.[2] Wenig später sprach der sozialistische Premier Jospin von der «kollektive(n) Schuld des französischen Staates». Ein neues Kapitel in der französischen Nachkriegsgeschichte war aufgeschlagen: das öffentliche Sprechen über die Kooperation Vichy-Frankreichs mit Hitler-Deutschland.
    Fünfzig Jahre lang waren die Franzosen damit beschäftigt gewesen, die Demütigung zu verwinden: die militärische Niederlage im «Drôle de Guerre», die Besetzung durch die Deutschen, die Kollaboration mit ihnen und die Opfer der Résistance. Nun veränderte sich der Blick auf die Vergangenheit. Plötzlich tauch-

---

2 Er wiederholte dies zwei Jahre später anlässlich eines Gedenkens an die Opfer von Oradour

ten alte Verbrechen auf, deren Urheber Jahrzehnte von mächtigen Männern der vierten Republik geschützt worden waren. Und es wurden neue Opfer anerkannt: die europäischen (deutschen, tschechischen, österreichischen) und die französischen Juden. Erst in jüngster Zeit wird der Beitrag der europäischen Juden zur Résistance gewürdigt.

Was diese grundstürzende Wendung herbeigeführt hatte, waren unter anderem drei große Prozesse, in denen es um Naziverbrechen in Frankreich und um Kollaboration französischer Behörden mit nationalsozialistischen Institutionen ging: die Prozesse gegen Klaus Barbie (1984), Olivier Touvier (1994)[3] und Maurice Papon (1996-98).

Die Prozesse und die erstmalige kritische Äußerung eines französischen Staatschefs ermöglichten eine neue Debatte über «Schuld» in Frankreich. «Le retour de la culpabilité» – die Rückkehr der Schuld – überschrieb das *Magasin Littéraire* seine Sommernummer 1998.

Der Publizist Georges Suffert schrieb im *Figaro:* «Jeder ist zum Erinnern verdammt.»[4] Offensichtlich hatte Frankreich die Illusion aufgegeben, als wären die Franzosen 1945 zu Siegern der Geschichte geworden, eine Illusion, die in eigentümlichem Kontrast zu seinen Desastern in den Kolonien stand.

«Es wird Zeit, *mit* der Tragödie leben zu lernen anstatt zu versuchen, *ohne* sie zu leben wie nach dem Krieg oder *gegen* sie wie heute.»[5] Jetzt waren – scheinbar plötzlich – auch andere Themen auf dem Tableau, zum Beispiel gibt Frankreich seine Beutekunst zurück. Wann hatte man vorher gehört, dass Frankreich überhaupt Kunst aus jüdischen Besitz sein Eigen nannte?

Anlässlich des Prozesses gegen Maurice Papon stellt man sich

---

3 Vgl. Eric Conan und Henry Rousso: Vichy, Un Passé qui ne passe pas, Paris 1994, S. 119 ff. und 137 ff.
4 Jürg Altwegg: Die langen Schatten von Vichy, München 1988, S. 372
5 Henry Rousso: La hantise du passé. Entretien avec Philippe Petit, Les Editions Textuelles 1998, S. 6.

in Frankreich peinliche Fragen: Woher rührt die Kälte der administrativen Zuarbeit zum deutschen Massenmord an den europäischen Juden? Wie konnte es zu den Massendeportationen kommen? Wie belasten die Schreibtischtäter die nationale Geschichte, das nationale Selbstbewusstsein und die kollektive Erinnerung?

Es geht in Frankreich um zweifache Schuld: gegenüber den deportierten und ermordeten europäischen Juden – und gegenüber der eigenen nationalen Geschichte wegen der Kollaboration mit den nationalsozialistischen Besatzern. Seither hat die Diskussion ein neues Stadium erreicht. Jetzt geht es um Offenlegung der dunklen Kapitel der französischen Geschichte im 20. Jahrhundert – und um das Problem, über fünfzig Jahre nach dem Geschehen historische Wahrheit herauszufinden.

Dabei ist sich Frankreich keineswegs einig in seiner Verarbeitung. Wie könnte es auch anders sein? Treffend zeichnete der Historiker Henry Rousso anlässlich des Papon-Prozesses eine kollektive Befindlichkeit, die mit sich selbst über Kreuz liegt: «Vichy, die Résistance, der Völkermord ... Die Traumata der Vergangenheit sind ständig präsent. Der Albtraum des Zweiten Weltkrieges quält unsere Gegenwart. Das Geschäft der Erinnerungen hat viele Kunden. Die schwarzen Jahre verheddern sich in einem Durcheinander. Die Opfer, so vernahm man, machen sich auf den Gängen des Justizpalastes in Bordeaux gegenseitig Konkurrenz, die Widerstandskämpfer nehmen Anstoß, die Historiker treten auf den Plan, Papon verteidigt sich, der Staat verbürgt sich, die Gerechten erheben sich, die Schweinehunde schweigen still. Und die Mehrheit der Bürger versteht nichts mehr. Frankreich krankt an seiner Vergangenheit, es ist noch nicht mit dem Verdauen der ‹merkwürdigen Niederlage von 1940› und der Wunden, die die Kollaboration hinterließ, fertig geworden.»[6]

Die Beschreibung des Historikers verdeutlicht, über welche

---

6 Henry Rousso: La hantise du passé, a.a.O., S. 6

Untiefen die Debatte fließt. Die verdrängte Niederlage von 1940 kommt in solchen Prozessen ebenso hoch wie die Kollaboration unter der Vichy-Regierung. Angesichts dieses Dilemmas reicht die Siegerpose von 1945, die de Gaulle im Gedächtnis der Nation quasi eingeschreint hatte, nicht mehr aus. Frankreich steht vor der schweren Aufgabe, in das geistige Panthéon der Erinnerung auch die Symbole der Schmach mit aufzunehmen. Des Staatspräsidenten mutiger Versuch, auf einer *terra incognita* neue Zeichen zu setzen, setzt auch Leidenschaften frei. Es ist ein Kampf um die Erinnerung entbrannt, in dem Frankreich tief gespalten ist. Die kollektive Erinnerung erscheint wie ein großes Tuch, an dem verschiedene Gruppen in je unterschiedliche Richtungen zerren.

Eine der widerstrebenden Kräfte in der französischen Erinnerungslandschaft kommt aus dem Lager der Résistance: «Soll Frankreich schuldig sein? Gar alle Franzosen schuldig? ... Wenn man verallgemeinernd behauptet, wir seien ‹alle schuldig›, dann gelangt man letztendlich zu dem irrigen Paradox, dass man einen Ausschluss in die nationale Gemeinschaft hineinbringt oder zumindest eine (nicht minder irrige) Trennung, bei der all jene, die Opfer der Barbarei wurden oder Widerstand geleistet haben, ausgeschlossen werden. Ich weiß, dass jene meiner Leute, die wie so viele im Widerstand ‹für Frankreich gestorben› sind, nicht für ein Frankreich gestorben sind, das sich an die Brust schlägt. Ich hoffe noch immer, es gibt noch ein anderes (Frankreich – AG): das ihre: Und da ich mich mit allen Fasern meines Körpers diesem Frankreich zugehörig fühle, halte ich mich nicht für schuldig.»[7]

Der französische Schriftsteller und frühere Verleger François Maspéro, Veteran der Résistance, verteidigt 1997 die Ehre seiner gefallenen Kameraden, die er mit der nationalen Ehre Frankreichs gleichsetzt. Sein Brandruf ist im Geist der fünfziger Jahre formuliert, als die verschiedenen gesellschaftlichen Gruppen in

---

7 François Maspero, Leserbrief, in: *Le Monde,* 11. Dezember 1997

Frankreich sich alle in einer Überzeugung zusammenfanden: Verantwortung und Schuld für die Katastrophe in der Mitte Europas tragen allein die Deutschen. Frankreich ist unschuldiges Opfer. Alle Verbrechen in französischem Namen sind mindere Vergehen, weil Frankreich dazu gezwungen wurde. Die Deportationen der Juden kamen darin so gut wie nicht vor.

Die Rückkehr der Erinnerung nach Europa kollidiert auch in Frankreich mit nationalen Idealbildern. Dabei wird dreierlei deutlich:

Erstens, spätestens 1989, nach dem Zerfall der Blöcke und dem Neubeginn für Europa, ist dessen jüngste Geschichte – und das heißt vor allem die Zeit von 1914 bis 1945 – zu ihren Akteuren und deren Kindern und Kindeskindern zurückgekehrt. Die nationalsozialistische Ära erscheint so in einem neuen Licht: nicht nur als Geschehen in Europa, sondern als europäisches Geschehen. Ohne die Komplizenschaft oder zumindest die Passivität Europas hätte Hitler nicht sein mörderisches Geschäft verrichten können. Nun werden in Holland die freiwilligen SS-Verbände thematisiert, ähnlich wie in Lettland. In Polen werden die Geschichten der Denunzianten aufgeschrieben, die ihre jüdischen Nachbarn an die Nazis verrieten.[8] Und scheinbar aus dem Nichts kommt die Tötung von 1600 Juden durch die Bewohner des Dorfes Jedwabne an die Öffentlichkeit und erregt die polnische Gesellschaft.[9] In Italien werden die Kollaboration der antifaschistischen Kommunisten mit den Stalinisten in Moskau und die Rachemorde der Kommunisten an Kollaborateuren und Unschuldigen nach 1945 an die Öffentlichkeit gebracht. Die Debatte über Raubgold, über eingefrorene jüdische Bankguthaben, über arisierte Kunstwerke und die Entschädigung der Zwangsarbeiter tun ein übriges zur Europäisierung der nationalen Geschichten.

---

8 Vgl. Karol Sauerland: Dreißig Silberlinge. Denunziation, Berlin 2000
9 Vgl. Karol Sauerland: Der Ort der Gewalt. Was geschah wirklich in Jedwabne? Der polnische Historikerstreit hält an, in: *FAZ*, 3. 2. 2001

In manchen Ländern ist das totalitäre Erbe sogar zweifach präsent, als Kollaboration mit dem Nationalsozialismus (Faschismus) und als stalinistische Vergangenheit. In Russland und seinen ehemaligen sowjetischen Anrainerstaaten legen Menschenrechtskomitees Dokumentationen über die Massenmorde unter Stalin vor. Russische, weißrussische und ukrainische Historiker helfen bei der Aufklärung von Verbrechen der deutschen Wehrmacht.

Zweitens: Das europäische Drama hat seine Vorgeschichte. In allen europäischen Gesellschaften haben sich die politischen Systeme, die demokratischen Regelwerke, die für die politische Stabilität, für den republikanischen Geist und das überlegte politische Handeln stehen, in den dreißiger Jahren aufgelöst. Sie waren seit Jahren von einem Erosionsprozess erfasst, der sie von innen zerstört hat und an ihre Stelle die faschistischen bzw. nationalsozialistischen Bewegungen treten ließ. Ähnliches ist auch in Frankreich geschehen.

Drittens: Am französischen Beispiel zeigt sich auch, dass kollektive öffentliche Erinnerung immer im Spannungsfeld zwischen (Er-)Leiden, Scham und Inszenierung steht. Eine angemessene öffentliche Erinnerung ist nicht «herzustellen», sie ist das Ergebnis eines langdauernden, von Dichotomien und Antagonismen zerrissenen, vom «Trieb des Vergessens» immer wieder heimgesuchten öffentlichen Prozesses, der sich über Generationen hinzieht. Und die historische Wahrheit ist immer schwer herauszufinden.[10] Sie wird, schreiben Eric Conan und Henry Rousso, zerrieben zwischen den Erfordernissen der dominierenden Erinnerungskultur, den Sophistereien einer Rechtsprechung, die politische Rücksichten nehmen muss, und dem Ritual der Geschworenengerichte.[11]

Dies ist im Falle Frankreichs umso nachvollziehbarer, als das Aufdecken der schmutzigen Geheimnisse von Vichy das Selbst-

---

10 Vgl. Conan und Rousso: Vichy, a.a.O., S. 159
11 Vgl. Conan und Rousso: Vichy, a.a.O., S. 170

bewusstsein der Grande Nation nachhaltig stört. Die Protagonisten der neuen Erinnerungskultur werden von denen, die an der alten Legende festhalten, als Verräter empfunden. Doch können die Anerkennung von Schande, die Zulassung von Gefühlen der Scham andererseits dazu verhelfen, zu einem Bewusstsein der Wertschätzung für die erreichte Zivilisation zu gelangen. Nur so ist eine längst fällige europäische Einsicht zu erlangen: Moderne Demokratien müssen für ihre Regenerationsfähigkeit sorgen, sonst werden sie zur leichten Beute totalitärer Bewegungen. Das wird auch an der Vorgeschichte von Vichy deutlich.

Marianne und Germania:
Es waren zwei Königskinder ...

Es gebe in Frankreich eine Demarkationslinie zwischen Erinnern und Vergessen, schreibt der schweizerische Journalist Jürg Altwegg. Diese könne man an drei Indikatoren ablesen: an der Einstellung zur Vergangenheit, am Bild von Deutschland und an der Bereitschaft zur europäischen Integration.[12]

Geht man danach, so müssen noch viele Hindernisse auf diesem Weg verarbeitet werden. Die Einstellung zur Vergangenheit ist gerade einmal aufgebrochen, ohne dass schon sichtbar wird, wie Frankreich wirklich mit seiner Legendenbildung fertig wird. Es gibt nach wie vor ein Leiden der französischen Öffentlichkeit an Deutschland. Das Deutschlandbild ist noch immer davon entfernt, realistisch zu sein, Verzerrungen und negatives Wunschdenken sind an der Tagesordnung. Wenn der Gewinn einer Fußballweltmeisterschaft (wie 1998) zur Revanche für den Zweiten Weltkrieg hochstilisiert wird, dann feiert die deutsch-französische Neurose ihre Urständ'. Die Bereitschaft zur europäischen Integration schließlich hält sich auf der politischen und der historischen Ebene in Grenzen (wie sehr fürchten die Franzosen

---

12 Vgl. Jürg Altwegg, a.a.O., S. 372

doch den Verlust ihres Zentralstaats) – ganz im Gegensatz zur Ökonomie, wo Frankreich Vorreiterin der Integration ist. Kluge Beobachter mutmaßen, dass die Franzosen die Deutschen auf wirtschaftlichem Gebiet in die Zange nehmen wollen, um sie politisch nicht dominant werden zu lassen.

Wollte man die deutsch-französische Geschichte literarisch erzählen, so könnte man sie als Geschichte zweier Schwestern vorstellen, die miteinander nicht leben können und ohne einander nicht leben wollen. Marianne und Germania, die im Mythos als Zwillingsschwestern auftauchen, haben sich so furchtbare Wunden zugefügt, wie es nur nahe Verwandte tun können. Blut und Tränen, Feuer und Schwert, Revolution und Konterrevolution, Hass und Liebe, Arroganz und Unterwürfigkeit, alle Facetten menschlichen Handelns, alle Aspekte der kollektiven Psyche lassen sich zwischen Frankreich und Deutschland, auf beiden Seiten, beobachten.

Der deutsch-französische Gegensatz beherrschte die Jahrhunderte. Zum regelrechten Ausbruch kommt er in der Französischen Revolution, deren Protagonisten in ihrem heiligen Sendungsbewusstsein die Deutschen fast ebenso sehr faszinieren wie ängstigen. Die Französische Revolution hat einen jahrzehntelangen, wenn nicht jahrhundertelangen Einfluss auf das Geschehen in Deutschland, auf die intellektuellen Debatten, auf Bauernaufstände und Kleinbürgerrevolten, auf Institutionen und Ideologien, auf das Denken, das Bewusstsein und die Sprache. Die Revolution und die von ihr ausgehende Welle der Entdeckung von Menschenrechten und nationalstaatlicher Demokratie, sie ist der Angstgegner der europäischen Eliten. Ihre Wirkung in den deutschen Ländern ist ganz unterschiedlich; im Süden und im Westen wird sie positiver aufgenommen als im protestantischen Norden und im Osten. Die gebildete Öffentlichkeit ist über die Geschehnisse gespalten. Goethe und Schiller sind lange Zeit fasziniert. Heinrich Heine, Ludwig Börne, Georg Forster und viele, viele andere werden zu glühenden Anhängern der Revolution. Frankreich bietet ihnen Asyl, als sie wegen revolutionärer Umtriebe aus deutschen Landen verjagt werden. Für den Philosophen und Universitätslehrer Georg Wilhelm Friedrich Hegel ist die Französische Revolution zunächst «ein herrlicher Sonnenaufgang», aber es stellt sich heraus, so argumentiert Hegel, dass dies eine Revolution ohne Reformation ist, das heißt ohne rechte Gesinnung der Freiheit.[13] Angesichts der «Terreur» warnt er vor den Urgewalten, die diese Revolution losgetreten hat. Eine bürgerliche Gesellschaft, die sich für autonom erklärt, muss im Chaos und im Terror enden. Aber er sieht auch, dass sich die geschichtlichen Urgewalten, die in Frankreich losgebrochen sind, nicht durch Verbote eindämmen lassen. Sein Modell für Deutschland ist die staatliche Einbindung der Bürger in einen Staat nach preußischem Muster, ja die sittliche Erhöhung der Bürger durch den Staat. Immanuel Kant in Königsberg sieht in den weltgeschichtlichen Veränderungen, die von Frankreich ausgehen, die Chancen für eine gerechte Weltordnung. Er vertraut auf die Fähigkeit der Bürger der Welt, eine politische Form für die bürgerliche Gesellschaft zu finden und sich ihr zu verpflichten.[14]

Derweil versucht Napoleon, Europa und die deutschen Länder mit einer Strategie aus Zuckerbrot und Peitsche unter französische Kuratel zu zwingen. Er vollzieht die imperiale Unterwerfung der deutschen Länder. Doch sein Regime ist zwiespältig: Er demütigt die deutschen Eliten, beutet die Länder aus, verwüstet und zerstört ganze Landstriche. Gleichzeitig bringt er den Code Civil und den Code Pénal und leitet so eine Verwaltungsreform ein, für die Jahre später in Preußen die Freiherren Stein und Hardenberg stehen. Doch vorerst wollen die deutschen Fürsten dem gefährlichen Revolutionsherd in der Nachbarschaft die Stirn bieten. Alle revolutionären Erhebungen in

---

13 Georg W. F. Hegel: Vorlesungen über die Philosophie der Geschichte, in ders.: Werke, Studienausgabe Bd. 12, Frankfurt/M. 1986, S. 529 und 535
14 Vgl. Immanuel Kant: Zum ewigen Frieden. Ein philosophischer Entwurf, in ders.: Schriften zur Anthropologie, Geschichtsphilosophie und Pädagogik, Werkausgabe Bd. XI, hg. von Wilhelm Weischedel, Frankfurt/M. 1993

deutschen Landen kommen in ihren Augen letztlich aus Frankreich. Die europäischen Mächte machen hinfort den französischen Virus für alles Schlechte verantwortlich.

Die aus dem Bildungsbürgertum und dem Volk kommenden patriotischen Wellen, die die mehrfachen Durchzüge von Napoleons Heeren durch deutsche Länder verursachen, kommen ihnen daher zupass. Das Volk ködern sie mit der Losung der nationalen Einigung. Die Befreiungskriege der Jahre 1812–1814 schaffen den Mythos für das einige Volk. Zum krönenden Abschluss der Befreiungskriege marschieren die alliierten Heere in Paris ein und verjagen Napoleon, vorerst. Im Oktober 1806 war Napoleon nach der Niederlage Preußens bei Jena und Auerstädt in Berlin einmarschiert. 1871 marschieren die Deutschen wieder in Paris ein: In Versailles wird der preußische König zum deutschen Kaiser proklamiert. 1914 hindert nur der erbitterte alliierte Widerstand die Deutschen an der Besetzung von Paris. 1940 erreichen sie Paris ohne ernst zu nehmenden militärischen Widerstand. Erst der Kriegseintritt Amerikas und Russlands sorgten für ein Ende dieser Besetzung.

Eine Fortschreibung der deutsch-französischen Feindschaft, das war eine der Konsequenzen aus dem Zweiten Weltkrieg, hätte nach dieser Zerstörung Europas weiteres Unheil verursacht. Es war daher folgerichtig, eine deutsch-französische Kooperation an die Stelle der traditionellen deutsch-französischen Feindschaft zu setzen. Der Franzose de Gaulle und der (West-)Deutsche Adenauer handelten nach der Maxime: Wer sich nicht besiegen kann, muss sich befreunden.

Ebenso wichtig für die Erkenntnis der deutsch-französischen Verwobenheit ist das, was sich unterhalb des staatlichen Antagonismus vollzieht. Man stößt hier auf verblüffende Affinitäten, geradezu auf Parallelitäten in Kultur und Geschichte zwischen Franzosen und Deutschen.
- In beiden Ländern etablierte sich als Reaktion auf die Französische Revolution eine restaurative Staatspraxis, die Ordnungsliebe, Staats- und Kirchengläubigkeit gegen die demo-

kratischen Bestrebungen setzt. Staatlich regulierter Korporatismus entwickelt sich als Gegengewicht gegen eine Moderne, deren Märkte keine Grenzen mehr kennen – und als Alternative zu den politischen und sozialen Teilhabeansprüchen der nationalen Arbeiterklassen. Dies gilt, obwohl der Fortgang der Arbeiterbewegung in Frankreich und Deutschland geradezu kontrapunktisch verläuft. Die französischen Arbeiter sind nach der Niederschlagung ihres Aufstands von 1871 auf Jahrzehnte hinaus geschwächt, während die deutschen an Stärke immer mehr zunehmen. Der Erste Weltkrieg enthüllt freilich, dass die sozialdemokratische deutsche Arbeiterbewegung tief in das Wilhelminische System eingebunden ist.

- In beiden Ländern bildet sich eine neue Form des Nationalismus heraus, der in Frankreich schließlich zu einem rassistischen Nationalismus und in Deutschland zu einem nationalistischen Rassismus wird. Merkwürdig genug entsteht in Frankreich und nicht in Deutschland ein Rassismus als Gegengewicht gegen die schwächer werdenden Kräfte des Ancien Régime. Die Grafen Gobineau und Boulainvilliers vertreten einen aristokratischen Rassismus, der gegen das Bürgertum gerichtet ist und im 19. Jahrhundert von populistischen und antisemitischen Bewegungen innerhalb des Kleinbürgertums abgelöst wird. Die Revolution von 1789 setzt dem Rassismus der Adelsklasse den Universalismus des 3. Standes entgegen. Den Rassismus delegieren die Revolutionäre an die Deutschen, denen sie nicht zu Unrecht Eroberungsinteressen unterstellen. Im Laufe der Jahrzehnte bildet sich in Frankreich dann jene Spannung zwischen dem Bewusstsein von der eigenen zivilisatorischen Überlegenheit und den Unterlegenheitsängsten gegenüber den Deutschen heraus, die seither stilbildend für das Verhältnis beider Kulturen war. Aus der gleichen Quelle kommt die merkwürdige Affinität von französischen Intellektuellen für die deutsche Rassenideologie, deren Unterschied zum alten französischen Rassismus sich vor allem darin zeigt, dass sie auf völkischer Grundlage – und nicht auf Klassengrundlage – aufbaut.[15] Beide Richtungen des Rassismus gibt es fortan in Frankreich; gleichwohl ist der rassistische Nationalismus stärker als der völkische Rassismus.

Das Trauma von Vichy

Die Verarbeitung von traumatischen Niederlagen im Krieg führt in nicht wenigen Fällen zu einer Art von Gründungslegende, die das Trauma positiv überhöht, sodass es mit dem Geschehen unter Umständen nur mehr wenig zu tun hat. Im Falle Frankreichs tritt diese Legende im Mythos der Résistance auf. Erzählt wird vom heldenhaften Widerstand der Franzosen gegen die deutsche Besatzung.

Tatsächlich verkörpert Vichy ein zweifaches Trauma, das jetzt, mehr als ein halbes Jahrhundert nach dem Geschehen, durch die offenen Worte führender Politiker, Historiker und Publizisten aufgebrochen worden ist:
- Vichy symbolisiert die Angst der französischen Politiker, sich erneut auf einen Krieg mit den Deutschen einzulassen, ihre Bereitschaft, das Land kampflos preiszugeben und sich auf Klerikalismus, Ständestaat und Klientelwirtschaft zurückzuziehen, statt die Demokratie zu verteidigen.
- Schließlich ist Vichy eine traumatische Erfahrung wegen der Kollaboration mit der deutschen Besatzungsmacht, die 1940 zunächst keineswegs als feindliche Macht empfangen wurde.

Das Trauma ist nicht nur von außen hereingebrochen, vielmehr hat sich die französische Gesellschaft, haben sich die politischen Parteien und die politische Klasse schon vorher in eine Sackgasse hineinmanövriert, aus der sie nicht mehr herausfanden. Vichy trieb die negativen Eigenarten der französischen Politik des 19. Jahrhunderts auf die Spitze: die Verachtung gegenüber

---

15 Vgl. Hannah Arendt: Elemente und Ursprünge totaler Herrschaft, a.a.O., S. 277

der parlamentarischen Demokratie, ständische Vettern- und Pfründenwirtschaft, bürokratischer Autoritarismus. Aus der Rückschau gesehen, fügt sich Frankreich mit Vichy eine nationale Kränkung sondergleichen zu, für die die Franzosen mitverantwortlich sind.

Vichy steht dafür, auf welch tönernen Füßen die älteste Demokratie auf dem Kontinent seinerzeit ruhte. Damit ist Vichy zugleich Symbol für die Bereitschaft der europäischen Gesellschaften in der Zwischenkriegszeit, die demokratischen Regelwerke auf dem Altar der nationalistischen, rassistischen und ständischen Interessen zu opfern. Die bittere Erfahrung, nicht nur Opfer, sondern auch Mitbetreiberin der eigenen Zerstörung gewesen zu sein, teilt die französische Gesellschaft mit der österreichischen, der ungarischen und vielen anderen kleineren europäischen Gesellschaften. Doch wo liegen die tieferen Gründe für diese Selbstpreisgabe? Der französische Faschismus sei eine Erfindung der Kommunisten, dieser sei bis 1939 im politischen Leben Frankreichs quasi nicht vertreten gewesen, schreibt François Furet in seinem Buch «Das Ende einer Illusion». Wichtiger sei, zur Kenntnis zu nehmen, dass es ein «Magnetfeld» faschistischer Ideologie in der französischen Politik gegeben habe[16], das aber eher von Mussolini als von Hitler geprägt gewesen sei. Natürlich gibt es eine französische Rechte mit Doriot, Déat, Maurras, Barrès und vielen anderen. Andererseits werden Konservative, die mit dem Faschismus, geschweige denn mit dem Nationalsozialismus nichts zu tun haben, wie Philippe Pétain, Pierre Laval und andere, zu Handlangern der Nationalsozialisten.

Die Frage ist also, wo die Elemente liegen, die die Republik vor dem Einmarsch der Deutschen so schwächen, dass die politische Klasse, die Kirche und das Militär mit Kollaboration und letztlich Unterwerfung antworten.

---

16 François Furet: Das Ende der Illusion, a.a.O., S. 300; vgl. auch Fußnote 49 des 7. Kapitels, bei Furet, a.a.O., S. 666

Die gängigen Antworten auf die Frage, warum es zu Vichy kam, sind bekannt:
- die Furcht vor einem geteilten Frankreich [17]
- der Glaube an ein gemäßigtes Regime der Deutschen und an ihren Willen zu einem Friedensschluss mit Frankreich.

Die mit den Ängsten verbundenen Hoffnungen sind allesamt nicht erfült worden. Vichy bietet das jämmerliche Bild eines sich selbst demontierenden Staates. Dahinter aber verbirgt sich die Selbstdemontage der französischen Zivilgesellschaft in der Dritten Republik. Tatsächlich muss man zur Dreyfus-Affäre 1894 zurückgehen, um zu verstehen, weshalb die französische Gesellschaft zu einem Law-and-order-Regime von deutschen Gnaden wird. Dabei ging es nicht nur um die reale Person des jüdischen Hauptmanns Dreyfus. [18] Vielmehr zeigen sich die Schatten jener zerrütteten, ihrer selbst nicht mehr sicheren Gesellschaft, die sich knapp 50 Jahre später den Deutschen unterwirft:
- ein nationalistischer Antisemitismus, der die französischen Juden für die kränkelnde französische Wirtschaft verantwortlich macht
- der antirepublikanische Machtkampf der katholischen Kirche um ihren Einfluss gegen Juden, Freimaurer, Republikaner und Arbeiterbewegung
- die Wendung der Armee gegen die Republik
- eine seit der Niederschlagung des Pariser Kommune-Aufstands von 1871 geschwächte Arbeiterklasse

---

[17] Diese Furcht war begründet, denn ein Teil Frankreichs bestand in seinen Kolonien, und viele französische Politiker fürchteten eine Abtrennung der Kolonien von Frankreich und ihre Besetzung durch die Deutschen, wenn Frankreich nicht zu einer Übereinkunft mit Deutschland käme.

[18] Hauptmann Dreyfus war 1894 der Spionage für die Deutschen verklagt und verurteilt worden. Jahrzehntelang bemühte er sich um eine volle Rehabilitation, die ihm nicht gelang. Der wahre Urheber der Affäre, die regelrecht angezettelt worden war, gab sich später zu erkennen. Doch stand die Affäre für den erbitterten Kampf zwischen antisemitischen Gegnern der Republik, die die Juden für die schlechte finanzielle Lage Frankreichs verantwortlich machten, und Republikanern.

- die permanente Unterhöhlung rechtsstaatlicher Verfahren
- die Verwandlung des Parlaments in eine Korruptionsbörse
- das Auftreten eines modernen Straßenmobs, der aus der Korruptheit der politischen Klasse und der Ohnmacht der parlamentarischen Strukturen erst entstand.

Die französische Gesellschaft und ihre politische Klasse sind zu diesem Zeitpunkt tief gespalten. Im Ergebnis der Dreyfus-Affäre gründen sich sowohl die protofaschistische Bewegung «Action Française» wie die sozialistische Gewerkschaft «Confédération Générale du Travail» (CGT), die Radikale Partei, die Sozialistische Partei und die Freimaurerlogen. Das politische Leben polarisiert sich. Manichäisches Denken beherrscht den öffentlichen Diskurs.

Aus dem Erbe dieses Skandals entstand die nationalistische Rechte mit ihren Charles Maurras – als «Hohepriester der Antidemokratie» schmäht ihn Julien Benda [19] –, Maurice Barrès und Jacques Doriot, für die die Französische Revolution das Werk von Juden, Protestanten und Freimaurern ist [20], die Restauration der Monarchie das Gegengift zur Demokratie, der Faschismus eine ästhetische Herausforderung und ein Judenpogrom eine surrealistische Tat ist.[21]

Viele von den eben genannten Mechanismen der Selbstzerstörung finden wir zur gleichen Zeit in Deutschland: die Spaltung der Gesellschaft in Befürworter einer sozialistischen Revolution, rassistische Schicksalspropheten à la Chamberlain und Düring und eine politische Mitte, die die Politik zur Dienerin imperialistischer Machtinteressen funktionalisiert; die Anfälligkeit der Eliten für die politischen Extreme; der latente Bürgerkrieg der Lager ... Wer genauer hinschaut, findet diese Zerrissenheit überall in Europa.

19 Vgl. Julien Benda: Der Verrat der Intellektuellen, a.a.O., S. 19
20 Dies gilt insbesondere für Charles Maurras, vgl. Altwegg, a.a.O., S. 69
21 Vgl. auch Louis-Ferdinand Céline: Bagatelles pour un massacre, Paris 1937

Aus dieser Konstellation kommt die Dritte Republik nicht mehr heraus. Die Mobilisierung der Leidenschaften ersetzt zunehmend den politischen Diskurs. Hassgefühle bestimmen die Politik. Nach dem triumphalen Erfolg der Arbeiterschaft in der nationalen Politik bei den Wahlen 1936, die dann zur Volksfrontregierung unter Léon Blum führt [22], hatte es zunächst so ausgesehen, als besinne sich Frankreich auf sein republikanisches Erbe. Doch die Volksfront verschärft die polarisierte politische Lage noch mehr. Das Einlenken der französischen Regierung unter Daladier in München 1938 – die Volksfront ist inzwischen auseinander gebrochen – erklärt sich auch aus der Furcht der französischen Rechten vor einem schwachen Deutschland, das dem Kommunismus ausgeliefert wäre. Sie wünschen sich ein starkes Deutschland. Vichy erscheint so retrospektiv auch als nachträgliche Rache der Rechten an der Volksfront und als Konsequenz einer schon vorher eingeschlagenen Politik der Anbiederung der französischen Rechten an Deutschland. Den zahlreichen Gegnern der Republik war Vichy willkommener Anlass für die endgültige Abschaffung eines parlamentarischen Regelwerks, das ihnen immer schon ein Dorn im Auge gewesen war.

Die Machtergreifung Marschall Pétains, des siegreichen Recken aus dem Ersten Weltkrieg, der zur Bevölkerung im Pluralis Majestatis spricht – «Wir, Philippe Pétain, Marschall von Frankreich ...» –, wird von antirepublikanisch gesinnten Gruppen und Verbänden mit Genugtuung aufgenommen. So erscheint am Ende Vichy als goldener Mittelweg zwischen dem latenten Bürgerkrieg der Vorkriegszeit und der totalen Herrschaft der Deutschen. [23]

Hitlers Siegeszug in Frankreich habe keine faschistischen Merkmale gehabt, schreibt François Furet. [24] Dennoch hat der to-

---

22 Vgl. Furet, a.a.O., S. 313
23 Marschall Pétain war – ähnlich wie Reichspräsident Hindenburg in der Weimarer Republik – wegen seiner Vergangenheit im Ersten Weltkrieg beliebt und akzeptiert. Für viele Franzosen war er der persönliche Garant dafür, dass Frankreich nicht unterging.
24 Vgl. Furet, a.a.O., S. 437

talitäre Machtapparat auch in Frankreich mit Gestapo, SS und SD gewütet. Und doch trifft zu, dass der Unterschied zwischen der Besetzung Frankreichs und dem Feldzug im Osten sehr groß war: hie imperial-paternalistische Bevormundung, die die Institutionen der einheimischen Verwaltung bestehen (wenn auch kontrolliert) lässt und die Intelligenz hofiert, um sie dann zu funktionalisieren – und dort Politik der verbrannten Erde mit der totalen Zerstörung aller zivilen Strukturen und der Vernichtung der nationalen Intelligenzen. Manchen Franzosen scheint es sogar einleuchtend, dass sich die Deutschen für den demütigenden Frieden von Versailles und die Besetzung des Rheinlands revanchieren und Elsass-Lothringen wieder annektieren wollen. Daraus schließen sie, dass die Deutschen mit der Revanche zufrieden wären. Den totalitären Charakter des Nationalsozialismus nehmen sie zunächst nicht wahr. Es herrscht wishful thinking, nach dessen Ratio die Deutschen den Besetzten ein bisschen demütigen, im Grunde aber zum Verbündeten gewinnen wollen.

Dass die Deutschen eine Doppelstrategie verfolgen: die Franzosen zu demütigen, ihnen vorzugaukeln, dass ein Europa unter deutscher Vorherrschaft auch zu Frankreichs Nutzen wäre, um gleichzeitig die Reste der Zivilgesellschaft zu zerstören, das wird erst im Laufe der Zeit deutlich. Die Deutschen spalten die französische Gesellschaft, und sie nehmen ihre Wirtschaft aus wie eine Weihnachtsgans: Ab 1942 zieht der deutsche Staat mehr als die Hälfte der französischen Steuereinnahmen für sich ein.[25] Über 170000 Zwangsarbeiter werden für die deutsche Wirtschaft rekrutiert.

Das offizielle Ziel von Vichy war es, die Einheit Frankreichs zu bewahren. Damit stellten die Franzosen die Ordnung über die nationale Souveränität und die republikanische Identität. Indem sie den Staat retteten, verloren sie nicht nur, wie Robert Paxton anführt, die Nation, sondern sie gaben auch das republikani-

---

25 Robert Paxton: Vichy France, London 1972, S. 143, 144

sche Erbe auf.[26] Und dies nicht nur gegenüber den Deutschen, sondern auch nach innen hin. Nach dem Willen der an diesem Regime Beteiligten sollte Vichy einen neuen Typus von moderner Ordnung auf ständischer Grundlage schaffen. Die neue Gesellschaft mischte Katholizismus mit französischem Faschismus, wollte den Föderalismus gegen den Zentralismus begünstigen, spielte die Werte des Landes (Ordnung, Klarheit) gegen die Dekadenz der Stadt aus, wollte die Agrarwirtschaft gegen den städtischen Kapitalismus stärken.[27]

Daher sahen die Vichy-Anhänger in der Perspektive einer gewaltsamen Befreiung von den Deutschen, wie sie seit der Landung der Alliierten in Nordafrika 1942 aufschien, zeitweise mehr Gefahr als Hoffnung.[28] Die politische Gruppierung, die dann Vichy trug – die Pétain, Laval, Daladier, Darlan – beugte sich den Deutschen im Wesentlichen. Der Besetzung Restfrankreichs 1942 setzten sie keinen Widerstand entgegen.[29]

Das erfolgreiche Wirken der Deutschen verstärkte bei vielen Franzosen das Gefühl, von allen guten Geistern verlassen zu sein. Zahlreich sind die Zeugnisse einer völligen Desorientiertheit in den ersten beiden Jahren. Die Opposition ist zunächst schwach. Viele hoffen auf ein baldiges Ende des Krieges, auf eine Verständigung mit den Deutschen.[30] Tatsächlich zwingt der Waffenstillstand nach dem «Drôle de Guerre» von 1940, der die alte Staatsautorität zum Verschwinden bringt, die Franzosen in eine Komplizität mit den Deutschen, aus der erst das Hervortreten der Résistance ab 1941 einen Ausweg bietet. Auch die Kommunistische Partei plädiert erst nach dem Überfall der deutschen Armeen auf die Sowjetunion für den Widerstand.

Die politische Selbstaufgabe und das weitgehend reibungs-

---

26 Robert Paxton, a.a.O., S. 382
27 Vgl. Paxton, a.a.O., S. 195
28 Vgl. Paxton, a.a.O., S. 142
29 So soll Pierre Laval einmal mit Rücktritt gedroht haben, vgl. Paxton, a.a.O., S. 373
30 Paxton, a.a.O., S. 38 ff.

lose Arrangement mit den Besatzern machen den einen Teil des Traumas von Vichy aus – die Auslieferung der nach Frankreich geflüchteten europäischen Juden durch französische Präfekturen an Gestapo und SS den anderen Teil. Auch hier gibt es eine französische Besonderheit: Der nationalistische Antisemitismus (zum Beispiel in Kirchenkreisen) bewahrte die französischen Juden zum großen Teil vor ihrer Deportation in die deutschen Vernichtungslager. Die französischen Juden wurden – trotz traditionellem Antisemitismus – immer noch als *französische* Juden behandelt. Aber nahezu alle ausländischen Juden, die nach 1933 oder 1938 nach der Besetzung Österreichs und des Sudetenlandes sowie 1939 nach der Besetzung der Tschechoslowakei nach Frankreich geflohen waren und denen nicht die Weiterflucht in ein anderes Land gelang, wurden in französischen Internierungslagern gefangen gehalten, um dann deportiert zu werden. Sie fielen der Xenophobie zum Opfer, um dann Opfer des Rassismus zu werden. Dazu wurden entsprechende Gesetze erlassen.[31]

Zahlreich sind die Beispiele vorauseilenden Gehorsams französischer Behörden gegenüber SS und Gestapo. Französische Politiker und Behörden erledigten die vorbereitende Dreckarbeit für die Deutschen (zum Beispiel bei der Bekämpfung der Résistance und bei der Judenverfolgung) nach 1941. Zahlreich sind ebenso die Beispiele von mutiger Hilfe – von den Bürgermeistern in den Provinzstädten des Südens bis in die Reihen der Wachmannschaften der französischen Lager und in die der Angestellten der französischen Staatsbahn hinein.

Aber erst nach der Landung der Alliierten in Nordafrika 1942 schälte sich langsam eine klarere Linie der Ablehnung heraus, nimmt der Widerstand zu.

Geschichten des Widerstands sind immer verherrlichend, sie zielen darauf ab, das heroische Selbst in den Völkern hervorzubringen. Der Mythos des französischen Widerstands war des-

---

31 Frankreich lieferte alle deutschen, österreichischen, tschechischen, polnischen und ungarischen Juden aus (vgl. Paxton, a.a.O., S. 182)

halb jahrzehntelang so unangefochten, weil er die Demütigungen im «Drôle de Guerre» und in der Kollaboration kompensieren konnte. So erscheint der spätere Hass auf die Deutschen *auch* als kompensatorische Reaktion auf die eigene Schwäche. Aus einer Mischung von Abneigung, Furcht und Faszination speist sich die Deutschland-Fixiertheit von Teilen der französischen Öffentlichkeit noch heute.

Die symbolische Wirkung des Widerstands ist weit höher als die faktische. Sein tatsächlicher Erfolg – gemessen an den Racheaktionen, die er auslöst, und den Opfern, die er kostet – ist sehr unterschiedlich. Und dennoch geben die Aktionen der Résistance der Bevölkerung das Gefühl, dass die französische Nation nicht untergegangen ist, dass es noch etwas gibt: den «französischen Geist», der sich auch unter extremen Bedingungen behaupten kann. In symbolischen Umrissen erscheint jene Zivilgesellschaft, die die Dritte Republik preisgegeben hatte.

Das alles hebt eine Besonderheit nicht auf, die den Franzosen auch heute noch zu schaffen macht: die prekäre Rolle der Intellektuellen in Vichy. Das Einknicken von namhaften Intellektuellen gegenüber den Besatzern, ihre Korrumpierbarkeit, all dies ist nur zu verstehen, wenn man den «Verrat der Intellektuellen» (Julien Benda) an der Dritten Republik berücksichtigt. Bendas Philippika, in Ton und Stil durchaus Émile Zolas Kampfschrift «J'Accuse» in der Dreyfus-Affäre vergleichbar, ist Mitte der zwanziger Jahre geschrieben worden. Was er seinerzeit an den französischen Intellektuellen kritisierte, wirkt im Angesicht von Vichy geradezu prophetisch. Er beklagt ihren Verrat an der Französischen Revolution und der Universalität des Denkens. Er wirft ihnen vor, ihre Berufung (das Denken und Urteilen im Namen eines universalen Humanismus) auf den Altären marxistischer oder rassistischer Ideologien geopfert zu haben. Damit spricht er auf die Polarisierung des Denkens zwischen Marxismus und Nationalismus/Rassismus im Europa des 19. und 20. Jahrhunderts an. Er diagnostiziert, den Intellektuellen sei die Fähigkeit abhanden gekommen, Demokratie zu stiften; stattdessen verlören sie sich im Kampf um Sonderinteressen. Wie weit sie sich im Denken von ihrem einstigen Selbstverständnis entfernt hätten, verdeutlicht er an einer Polemik zwischen Ernest Renan und Maurice Barrès. Renan hatte gesagt: «Der Mensch gehört weder seiner Sprache noch seinem Volk; er gehört allein sich selbst, denn er ist ein freies, das heißt ein moralisches Wesen», und Barrès antwortete: «Moralisch sein heißt: *eben nicht zu meinen, man sei unabhängig von seinem Volk.*»[32]

Die Parallelen zur deutschen Ideologie sind verblüffend. Vernimmt man hier nicht den Widerschein der völkischen Ideologie in Deutschland, die die Dazugehörigkeit des Denkens einklagt und die Figur des Intellektuellen als biologische Entartung stigmatisiert? Seit der Romantik gibt es in Deutschland die Tendenz, Volk und Nation, politisches Denken und nationale Identität zu vermengen und so die völkische über die politische Gründung zu setzen. Das deutsche Beharren auf der nationalen Zerteilung der europäischen Kulturen sei von den Franzosen nachgeahmt worden, meint Benda. Allerdings erscheint von heute aus gesehen die «Volkisierung» der Kulturen einerseits und ihre nationalistisch-rassistische Ideologisierung andererseits auch ein europäisches Phänomen, das gleichzeitig auftritt und nicht als Folge einer «deutschen Ursache» zu erklären ist.

Dies erklärt aber die nachhaltige Ambivalenz der französischen Intellektuellen gegenüber dem Nationalsozialismus nur zum Teil. Was einige beunruhigt und zugleich fasziniert, ist die von den Deutschen vertretene neue Mischung von Rassismus und Modernismus. Es ist ein rassistisch orientiertes Regime, das auf den französischen Nationalismus aufgepfropft wird, aber es ist kein bloß ideologisches Regime. Die Modernisierung von Industrie und Technik erhält – auch in Frankreich – entscheidende Antriebe durch die nationalsozialistische Besetzung und Auspressung des Landes.

---

32 Julien Benda: Der Verrat der Intellektuellen, a.a.O., S. 125

Diese Mischung aus altbekanntem deutschem Nationalismus und unbekannter, rassistisch untermalter Moderne verunsichert und fasziniert Intellektuelle. Nicht zufällig kommt eine der Hauptfiguren in Simone de Beauvoirs Roman «Die Mandarins von Paris», dessen Geschehen sie in die Jahre 1944/45 legt, auf dieses neue Moment zu sprechen: «Ich nehme an, Sie haben diesen Krieg zu sehr aus der Nähe erlebt, um ihn richtig verstehen zu können. Das ist etwas ganz anderes als ein Krieg: es ist die Liquidierung einer Gesellschaft, ja sogar einer Welt. Der Beginn der Liquidierung, Fortschritt von Wissenschaft und ökonomische Veränderungen werden die Erde derartig erschüttern, dass auch unsere Art zu denken und zu fühlen davon revolutioniert sein wird: ungern werden wir uns daran erinnern, wer wir gewesen sind. Kunst und Literatur werden uns wie manches andere nur noch wie unzeitgemäße Zerstreuungen erscheinen.»[33] In de Beauvoirs Roman erscheinen die Deutschen als böse Engel der Moderne, die die Geschicke des Nachbarvolks im Sturm vor sich hertreiben und alle zivilen Strukturen, die ihnen im Wege stehen, niederwalzen.

Die Protagonisten und Sympathisanten des französischen Kryptofaschismus, die Charles Maurras, Pierre Drieu la Rochelle, Bertrand de Jouvenel ..., die schon eine Vergangenheit in der «Action Française» haben und vom italienischen Faschismus begeistert sind, gehen mit fliegenden Fahnen auf die Deutschen ein. Die Kulturabteilung der deutschen Botschaft in Paris gefällt sich darin, die französischen Intellektuellen und Künstler für die deutsche Kulturpolitik einzuspannen. Der deutsche Bildhauer Arno Breker organisiert eine Deutschlandreise von französischen Künstlern, an der so bekannte Maler wie André Derain und Maurice de Vlaminck teilnehmen. Zahlreiche Autoren debütieren unter der deutschen Besatzung. Jean Giraudoux und Henri de Montherlant feiern die Befreiung durch Hitler.[34]

33 Simone de Beauvoir: Die Mandarins von Paris, Hamburg 1955, S. 32
34 Vgl. Altwegg, a.a.O., S. 18 ff.

Aber es gibt eben nicht nur die Feuerreiter des europäischen Rassismus, sondern auch die Schwankenden, Unsicheren. Für jene, die schwanken, steht der Philosoph Jean-Paul Sartre, für den ein deutsches Straflager zum existenziellen Erlebnis wird. Dort entdeckt er die Philosophie Martin Heideggers; möglicherweise liegen in diesem extremen Erlebnis – der Gemeinschaft der Ausgeschlossenen – auch einige Wurzeln für seine spätere existenzialistische Philosophie, die den Begriff der Schuld ontologisch und nicht politisch bestimmt. Schuldig wird danach jeder, auch und gerade der, der seine Wahl trifft. Der Existenzialismus produziert den Mythos der Résistance ex post, unterschlägt aber dabei, dass der Mythos auch eine Reaktion auf das Arrangement mit der Besatzung, auf die Entwurzelung durch die Besatzung ist. Namhafte Intellektuelle schwimmen mit dem Strom, solange die Dominanz der Deutschen fraglos zu sein scheint.[35]

Die Militanten der Résistance sind zunächst in der Minderheit. Erst als sich nach der Landung der Alliierten in Nordafrika 1942 und dann nach der deutschen Niederlage in Stalingrad 1943 abzeichnet, dass die Deutschen den Krieg verlieren werden, wenden sich auch viele Intellektuelle der Résistance zu.

Hier soll nicht die Geschichte der Résistance erzählt werden, ihrer Träume und ihrer Opfer, ihrer Spaltung, ihrer Versöhnung 1944 und ihrer Säuberungskampagnen nach Ende der Kampfhandlungen. Hier interessiert der Ort, an dem der Mythos entstand. Und dies hat viel mit der innerfranzösischen Reflexion über Kollaboration und Widerstand in den letzten beiden Kriegsjahren zu tun. Dazu trägt jenes Denken, das unter dem Begriff «Existenzialismus» firmiert, entscheidend bei.

---

35 Philippe Burrin spricht von einer Multiplizität von Motiven intellektueller Kollaboration in Paris: das Trauma des Ersten Weltkrieges, das auch in der Intelligenz weiterwirkt; professionelles Interesse (man wollte gedruckt werden), Neugier und Eitelkeit – und schließlich die faszinierende Vision eines vereinigten Europa, die manche zu einem Opportunismus sondergleichen verleitet: Man wollte unter den Ersten sein, die die neue Ordnung in Europa mitgestalteten (Philippe Burrin: France under the Germans. Collaboration and Compromise, New York 1996, S. 306 ff.).

Der Mythos von der reinen und harten Résistance[36] besteht aus einer Mischung von marxistischer Revolutionsideologie – die «klassenlose Gesellschaft» der Résistance – Jugendkult, Abenteuerromantik und existenzieller Erschütterung. Am Horizont erscheint im Schattenriss die Volksfront der Dritten Republik. Der französische Marxismus ersetzt die Leere, die durch Vichy entstanden ist, doch auch er verdrängt Vichy. Die Rehabilitierung der Kommunisten durch de Gaulle nach der Befreiung 1944 führt zur Erstarkung des linken Lagers. Viele französische Intellektuelle bekennen sich jetzt zur Linken und ergreifen Partei für die Sowjetunion im Kalten Krieg. Das Trauma ihres eigenen Schwankens in der Vichy-Ära macht es geradezu verpflichtend, sich jetzt endlich auf die richtige Seite zu stellen. Es herrschte ein Sog, sich zum linken Lager zu bekennen. Der globale Kampf zwischen den Lagern wurde in den Salons der Pariser Intellektuellen reproduziert. Dabei schien es nur eine Wahl zu geben, die Sowjetunion. Und dies, obwohl längst Berichte über die Massenmorde und den Gulag unter Stalin in Zeitungen und Büchern erschienen waren. Die Moral des guten Willens setzte das Denken zugunsten des Bekennens außer Kraft. Die Bezeichnung Antikommunist war die übelste Beschimpfung im intellektuellen Milieu der 50er Jahre. «Ein Antikommunist ist ein Hund», dieses Wort Jean-Paul Sartres bringt den ins Absurde gesteigerten Manichäismus der Nachkriegszeit auf den Punkt.

Gewiss nicht überzeichnend legt Simone de Beauvoir ihren Protagonisten Robert und Anne folgenden Wortwechsel in den Mund: «‹Nun verstehst du›, sagte Robert, ‹dass meine Pflichten als Intellektueller, die Achtung vor der Wahrheit Lappalien sind. Allein wichtig ist die Entscheidung, ob man durch Denunziation der Lager für die Menschheit oder gegen die Menschheit arbeitet.›

‹Mag sein›, entgegnete ich, ‹was berechtigt Sie aber zu dem

---

36 Vgl. Altwegg, a.a.O., S. 53

Gedanken, dass die Sache der UdSSR heute mit der der Menschheit zusammenfällt?›»[37]

Auf diese Frage gibt Robert keine Antwort, weil sie für ihn längst entschieden ist: die Sowjetunion verkörpert die bessere Welt, der sowjetische Sozialismus ist der Demokratie vorzuziehen, das Streben der Intellektuellen muss dahin gehen, die Demokratie zugunsten des Sozialismus «aufzuheben» (Hegel). Trotz Krieg und Auschwitz, Moskauer Prozessen und dem Wissen um die Lager, die französischen Kommunisten und ihre intellektuellen Sympathisanten kämpfen darum, die Illusionen der zwanziger und dreißiger Jahre zu verwirklichen.

Vichy und die Schuld

«Seit Jahren, Jahrzehnten sühnt Frankreich seine Mitschuld am Faschismus. Es hat seine ‹Gewissensprüfung› kollektiv geleistet. Chirac anerkannte die ‹untilgbare Schuld›, welche die Republik auf sich geladen habe. Anlässlich einer denkwürdigen Veranstaltung im ehemaligen Internierungslager von Drancy baten Frankreichs Bischöfe die Juden um Verzeihung. Ganze Berufsstände haben gleiches getan. Zum hundertsten Jahrestag der Dreyfus-Affäre schrieb Chirac den Nachkommen des jüdischen Hauptmanns einen Brief. Die katholische Tageszeitung *La Croix* publizierte zum gleichen Anlass ein Dossier über ihre antisemitischen Verfehlungen.»[38] Jürg Altweggs Beobachtungen über das Erwachen der öffentlichen Erinnerung an Vichy richten sich an die Intellektuellen, denen er Scheuklappendenken und Ausweichen vor der Vergangenheit vorwirft.

Vichy sei nicht vergangen, schreibt andererseits der Historiker Henry Rousso, im Gegenteil: es gebe eine prekäre Tendenz in der öffentlichen Erinnerungskultur: eine «Obsession mit der

---
37 Simone de Beauvoir: Die Mandarins von Paris, a.a.O., S. 323
38 Altwegg, a.a.O., S. 370

Vergangenheit.»[39] Dies war nicht immer so. Die missliebige Vergangenheit drängte sich phasenweise nach vorne. Unmittelbar nach der Befreiung 1944, als das Bedürfnis nach Rache und der Zwang zur Versöhnung gegeneinander standen, entledigten sich die Kämpfer der Résistance ihrer Gegner und der Mitläufer von Vichy. Zwischen 8000 und 10000 Opfer habe die erste Säuberung gekostet, wird geschätzt.[40] Es war de Gaulle, der nach dem ersten Racherausch, in dem wirkliche und vermeintliche Kollaborateure erschossen und Frauen öffentlich geteert und geschoren wurden, die Versöhnung einleitete, indem er die Kollaborateure aus der Verwaltung von Vichy in die neue Administration integrierte und zugleich die Kommunisten in die Regierung aufnahm. Den Regierungen unter de Gaulle waren aus Gründen der politischen und sozialen Integration des in Lager zerstrittenen Frankreich nicht an einer Aufarbeitung gelegen, es gab großzügige Amnestiebestimmungen. So fand das Land zu einer Normalität, die auf einer Umdeutung der Geschichte beruhte: Die Franzosen, auch die Vichy-Funktionäre, waren danach selbst Opfer der Geschichte, vor allem aber der Deutschen. Indem er Kommunisten und Vichysten zusammenbrachte, schuf de Gaulle eine Gründungslegende: die Wiedererstehung der Republik im Geiste des Widerstands. Vergessen war die Selbstzerfleischung der Parteien in der 3. Republik; vergessen werden sollte die Kollaboration mit den Deutschen. Frankreich benötigte die Einheit nach innen, waren dies doch auch die Jahre, in denen das französische Kolonialreich zerbrach; der Bürgerkrieg in Algerien kündigte sich zu jener Zeit schon an. Hartnäckig hielten der General und die Seinen an der Legende fest, dass die Franzosen nichts von der Judenvernichtung gewusst hätten. Dies ging über zwanzig Jahre gut, bis die Maierevolte 1968 in Frankreich jenen Nachkriegskonsens lautstark in Frage stell-

---

39 Vgl. Henry Rousso, a.a.O., S. 117
40 Vgl. Altwegg, a.a.O., S. 71.

te.[41] Fast dreißig Jahre dauerte es, bis 1995 Präsident Chirac öffentlich von Frankreichs Mitverantwortung für den Genozid an den europäischen Juden sprach. Es waren nicht die dekorierten Widerstandskämpfer und nicht die Kommunisten, die die erneute Thematisierung von Vichy aufbrachten. Es war die geschichtliche Zäsur von 1989, die die alten Geschichten enthüllte. Funktionale Legenden verloren in der Folgezeit ihre Wirksamkeit. Und schließlich waren da noch die jüdischen Opfer, die gehört werden wollten.

Die Umorientierung der französischen Öffentlichkeit wurde vor allem an den drei großen Prozessen sichtbar: Der Prozess gegen den als «Schlächter von Lyon» zu trauriger Berühmtheit gelangten SS-Mann Klaus Barbie 1984, das Verfahren gegen Paul Touvier 1994 und der Prozess Papon 1997/98. Konnte es in dem ersten Prozess noch gelingen, die Aussagen Barbies zu dem Widerstandshelden Jean Moulin[42] als Verleumdung aus Eigeninteresse abzutun, so machten die anderen beiden Prozesse eines deutlich: Die Geschichte von Vichy und der Résistance musste teilweise neu geschrieben werden. Vieles konnte in den Prozessen nicht gelöst werden. Im Gerichtsprozess wird – im glücklichsten Falle – die Tat rekonstruiert, die Schuld festgestellt, ein Urteil gesprochen; dann werden die Akten geschlossen. Aber in der öffentlichen Erinnerung geht es darum, wie ein Geschehen aufbewahrt wird. Seit Jahren tauchen nun in der französischen Öffentlichkeit jene Opfer auf, die man bisher «vergessen» hatte: die europäischen Juden.

Mit den Jahren und den Prozessen trat auch jene Grauzone immer deutlicher in Erscheinung, in der die Repräsentanten von Vichy und jene der Résistance quasi schattenhaft ineinander übergingen. Das Urteilen über Vorgänge in der Zeit der Besatzung sei auch deshalb so schwierig, bemerkt der Historiker

---

41 Altwegg, a.a.O., S. 87

42 Barbie hatte Moulin postum beschuldigt, in der Haft seine Genossen verraten zu haben.

Rousso, weil viele Funktionäre von Vichy irgendwann dem Regime die Treue aufgekündigt hätten und zur Résistance gegangen seien: was man am Lebensweg von François Mitterrand sehen könne – was aber auch beim Prozess Papon sichtbar wurde.[43] Das Vichy-Regime sei durchlässig gewesen, und die Résistance habe sich aus ganz verschiedenen politischen Lagern, unter anderem auch aus ehemaligen Vichyisten, zusammengesetzt.[44]

Wie kein anderer verkörperte der französische Staatspräsident Mitterrand den Übergang von Vichy zur Résistance.[45] Er hatte in der Dritten Republik auf der Seite der Rechten gestanden, dann für Vichy gearbeitet, ehe er zur Résistance ging. Bis zu dessen gewaltsamen Tod war er mit dem Polizeichef von Vichy, René Bosquet, befreundet. Unter seiner Präsidentschaft wurde jene Geschichtskonstruktion befestigt, nach der Vichy einen Bruch in der französischen Staatsgeschichte symbolisierte, den durch deutsche Usurpation zustandegekommenen so genannten «État Français», nach dessen Verschwinden 1944 die französische Geschichte wieder in die richtigen Bahnen zurückkehrte. Der «richtige» französische Staat, die Republik, konnte so nicht verantwortlich gemacht werden. Erst Jacques Chirac brach mit dieser Übereinkunft. Dennoch hat Mitterrand die Voraussetzungen dafür geschaffen, dass sich die starren Fronten der Erinnerungspolitik öffnen. Seine Formulierung 1994: «Lassen wir es nicht zu, dass die Zeit ihr Werk des Vergessens vollbringt. Die Erinnerungen sind unsere Stärke, sie zerreißen die Nebel. Man muss die großen Daten wie Kerzen anzünden»[46] bezeichnet jenen Raum, der sich zwischen einer nationalen Geschichtspolitik

---

43 Vgl. Henry Rousso, a.a.O., S. 121 Papon war Generalsekretär der Gironde-Präfektur unter Vichy und wechselte dann in die vom Résistance-Chef Gaston Cusin geleitete Nachkriegsverwaltung in Bordeaux; er stieg bis zum Polizeipräsidenten von Paris auf.
44 Vgl. Rousso, a.a.O. ebd.
45 Vgl. Conan und Rousso: Vichy, a.a.O., S. 186 ff. und 190 ff.
46 François Mitterrand in einer Rede 1994, zit. nach Altwegg, a.a.O., S. 361

und einem öffentlichen Erinnern ohne taktische Rücksichten eröffnet. Sein Sinn für symbolische Politik vermittelte Mitterrand ein Gespür für die Inszenierung der deutsch-französischen Versöhnung. Und doch weigerte er sich, die französische Verantwortung für Vichy und die Deportation der Juden aus Frankreich öffentlich anzunehmen.

Inzwischen ist die Geschichte «unten» angekommen. Jüdische Veteranen des Maquis – denen erst jetzt Anerkennung zuteil wird – suchen nach den Spuren ihrer deportierten Leidensgenossen. Gemeinden schaffen Orte der Erinnerung. Die Museen der Résistance in der Provinz nehmen sich der Geschichte der Deportationen der Juden an. Die Staatsbahn SNCF lässt ihre Rolle bei den Deportationen untersuchen.

Frankreich, Deutschland und die Schuld

Die französische und die deutsche Geschichte sind derart miteinander verzahnt, dass die eine jeweils zum Verstehen der anderen notwendig ist. Beiden Gesellschaften ist eigen, dass ihre Zivilgesellschaften schon lange vor der Heraufkunft des Nationalsozialismus bzw. der faschistischen Bewegungen sich quasi von innen her auflösen. In Deutschland hat sich freilich eine Zivilgesellschaft, die das Gemeinwesen hätte tragen können, nach dem Ersten Weltkrieg nur in Spurenelementen herausbildet. In Frankreich haben die antagonistischen Kräfte der Dritten Republik die Zivilgesellschaft über Jahrzehnte hinweg nachhaltig beschädigt, sodass Vichy wie eine (wenn auch reaktionäre) Neugründung erscheinen konnte.

Vieles an der Art, wie Frankreich mit seiner Geschichte umgegangen ist, erinnert an (West-)Deutschland nach dem Krieg: das Trauma und die Verdrängung, die Leugnung und die Scham, die Politik der Integration der belasteten Eliten, der Aufstand der Jugend, die langsame Wiederannäherung an die tabuisierten Bereiche der Erinnerung und schließlich die Übernahme politischer Verantwortung. Und doch hat Frankreich keinen Faschismus etabliert, hat die französische Gesellschaft dem Nationalsozialismus nicht «entgegengearbeitet»[47] wie die deutsche.

Am Beispiel der französischen und der deutschen Geschichten versteht man jedoch noch besser, wie verheerend der imperialistisch-rassistische Nationalsozialismus auf die zerspaltenen europäischen Gesellschaften der Zwischenkriegszeit gewirkt hat – und wie tief er die Nachkriegsgeschichte prägt.

Für Frankreich besteht eine dieser Nachwirkungen in dem sich unterhalb der offiziellen Kooperation restituierenden anti-deutschen Nationalismus. Noch immer gibt es eine Art nationalistische Fixiertheit der französischen Intelligenz auf die Deutschen. Und doch sind in den letzten beiden Jahrzehnten Verbindungen und Verflechtungen entstanden, die das Denken in den alten nationalistischen Kategorien wie ein Schauspiel aus dem 19. Jahrhundert erscheinen lassen.

Was die beiderseitige Geschichte angeht, so wird folgendes deutlich:

- Offensichtlich gehört es zur politischen Kultur der Völker, dass große Verbrechen jenseits der juristischen Aufklärung eine lange Nachgeschichte haben. Über politische Verantwortung wird oft erst aus großer Distanz öffentlich gesprochen. Diejenigen, die in das Geschehen involviert waren, die an Verbrechen beteiligt waren oder die nur Zeugen waren, sind daran nicht interessiert. Nach großen Kriegen richtet sich die Aufmerksamkeit auf die Integration der beschädigten (oder zerstörten) Gesellschaft und ihrer Eliten, den materiellen Aufbau, das Wegräumen der Trümmer, die Beseitigung von Hunger und Not. Erst das Zusammenwirken von materieller Gesundung und politischer Stabilisierung ermöglicht die Herausbildung einer demokratischen politischen Kultur. Erst

---

47 Der Begriff bezieht sich auf ein Zitat aus einer Rede von Werner Willikens, Staatssekretär im preußischen Landwirtschaftsministerium im Jahre 1934 (vgl. Ian Kershaw: Hitler 1889–1936, S. 665)

der historische Abstand und das Heranwachsen einer neuen Generation schaffen einen neuen Raum des Sprechens in der Öffentlichkeit, in dem sich dann auch, vielleicht, die Alten äußern. Mit anderen Worten: Erinnerungskultur sowohl in Frankreich wie in Deutschland setzt einen Wandel der politischen Kultur voraus, der nicht herstellbar ist, sondern langsam wachsen muss. Mindestens ebenso wichtig wie die öffentliche Erinnerung ist die Einsicht:
- Verbrechen wie der Mord an den europäischen Juden und die französische (wie auch die holländische, polnische, lettische, ungarische ...) Mithilfe sind aus dem Kontext zerstörter politischer Gesellschaften entstanden.

Beide, die französische wie die deutsche Zivilgesellschaft mussten nach dem Zweiten Weltkrieg erst langsam wieder aus den realen und mentalen Trümmern aufgebaut werden. Die große Aufgabe jenseits der öffentlichen Organisierung und Inszenierung der Erinnerung ist die Regeneration der demokratischen Gesellschaften und ihrer Bürger. Die eigentliche Herausforderung ist die republikanische Belebung der Demokratie. Von dem Schriftsteller Marc Lambron stammt das Wort, dass «Reue ... ein republikanischer Begriff» sei. Damit ist jene Fähigkeit innerhalb von republikanischen Demokratien angesprochen, das, was geschehen und nicht wieder gutzumachen ist, zu bedauern – es zu bereuen – und mit diesem Wissen neu zu beginnen. Aber dies macht nur Sinn im Kontext jenes Erneuerungshorizontes, jener Vision vom «republikanischen Moment» in der Gesellschaft, in dessen Medium sich die Bürgerinnen und Bürger gewahr werden, dass es ihr Gemeinwesen war, aus dem das Verbrechen hervorging, und dass es ihr Gemeinwesen ist, das sich aus sich selbst heraus erneuern muss und kann.
- Was Frankreich und Deutschland anerkennen müssen, ist die Tatsache, dass kein Erinnerungsritual und kein Prozess das, was geschehen ist, aufheben kann. Aufgabe der Gegenwart und der Zukunft sei: das Irreparable, das nicht Wiedergutzu-

machende zu vergegenwärtigen und zu akzeptieren, schreibt Henry Rousso.[48]

Erst wenn die Gesellschaften an dem Punkt angelangt sind, wo große Teile der Bürger in der Lage sind, das Tun ihrer Väter und ihre Geschichte zu reflektieren, kann eine halbwegs unvoreingenommene Beschäftigung mit der Vergangenheit entstehen. Unvoreingenommen heißt auch: alles, die Verbrechen, die Taten des Widerstands und jenen «grauen Raum» zu erforschen, in denen sich Verbrechen und Widerstand begegnen. Daraus könnte ein angemessenes Bild der Vergangenheit entstehen.

«Die Vergangenheit anzunehmen bedeutet, sich die Mittel in die Hand zu geben, um die Zukunft zu bauen», formulierte Staatspräsident Chirac am 5. Dezember 1997. Man sollte ergänzen: Die Vergangenheit annehmen heißt für die Gegenwart politische Verantwortung zu übernehmen.

---

48 Vgl. Rousso, a.a.O., S. 118

V. Die Lust an der Schuld oder die Lust an der Demokratie

Wider die Macht der Geschichte über die Politik

Ein Spaziergang durch das Bayerische Viertel in Berlin: Münchner Straße, Rosenheimer Straße, Landauer Straße, Berchtesgadener Straße, Meraner Straße, Bozener Straße, Aschaffenburger Straße ... Wer es eilig hat und den Kopf gesenkt hält, bemerkt die Tafeln nicht. Sie hängen über Kopfhöhe an Laternenmasten. Auf ihnen sind kurze Texte abgedruckt:

«Jüdische Anwälte und Notare dürfen in Zukunft nicht in Rechtsangelegenheiten der Stadt Berlin tätig sein.» (18. 3. 1933)

«Berufsverbot für jüdische Schauspielerinnen und Schauspieler.» (5. 3. 1934)

«Jüdischen Schriftstellern wird jede schriftstellerische Tätigkeit in Deutschland untersagt.» (März 1935)

«Um bei den Besuchern aus dem Ausland einen schlechten Eindruck zu verhindern, sollen Schilder mit extremem Inhalt abgenommen werden; es genügen Schilder wie *Juden sind hier unerwünscht.*» (29. 1. 1936)

«Mit Jüdinnen verheiratete Postbeamte werden in den Ruhestand versetzt.» (8. 6. 1937)

«Nur ehrbare Volksgenossen deutschen oder artverwandten Blutes können Kleingärtner werden.» (22. 3. 1938)

«Jüdische Kinder dürfen keine öffentlichen Schulen mehr besuchen.» (15. 11. 1938)

«Bei der Auswanderung dürfen Schmuck und Wertsachen nicht mitgenommen werden.» (16. 1. 1939)

«Juden dürfen nach 8 Uhr abends (im Sommer 9 Uhr) ihre Wohnungen nicht verlassen.» (1. 9. 1939)
«Telefonanschlüsse von Juden werden von der Post gekündigt.» (29. 7. 1940)
«Juden erhalten keine Eier mehr.» (22. 6. 1942)
«Akten, deren Gegenstand anti-jüdische Tätigkeiten sind, sind zu vernichten.» (16. 2. 1945)[1]

In ihrer lapidaren Art führen die Texte auf den Tafeln in eine entschwundene und doch so präsente Welt ein. Sie informieren über die allmähliche Vernichtung der bürgerlichen Existenz der Berliner Juden, etwa so wie dies Viktor Klemperer in seinen Tagebüchern über die Dresdner Juden berichtet hat.[2]

Trauer legt sich über das vergangene Jahrhundert. Der Nationalsozialismus (und der Kommunismus) hat das intellektuelle Leben in allen europäischen Ländern beschädigt, in Deutschland aber fast zum Erliegen gebracht. Es scheint, als wenn in den zwölf Jahren, die das Jahrhundert nach vorwärts und rückwärts überwölben, der öffentliche Geist so nachhaltig vertrieben wurde, dass er noch immer verschollen ist. Die Gewalttätigkeit jener Zeit lastet noch immer auf der Gegenwart.

Die Vernichtung der deutsch-jüdischen Kultur der vergangenen zwei Jahrhunderte hat – im Rückblick gesehen – eine Ödnis hinterlassen. Bis heute spürt man den gewaltsamen Abbruch eines reichen kulturellen Lebens nach der gewalttätigen Zäsur ab 1933: in der Musik, in der Wissenschaft, in der Literatur. Man spürt den Mangel an Ironie und Satire vor allem in der politischen Essayistik, in der öffentlichen Rede und der Belletristik. Es fehlt des öfteren an jener intellektuellen Schärfe, wie sie sich am Spannungsverhältnis der deutschen Juden zur deutschen Kultur,

---

1 Die Tafeln repräsentieren Objekte einer Ausstellung der Künstlerin Renata Stih und des Künstlers Frieder Schnock (vgl. Orte des Erinnerns, hg. vom Kunstamt Schöneberg in Zusammenarbeit mit der Gedenkstätte Haus der Wannseekonferenz, 2 Bde., Bd. 1: Beiträge zur Debatte um Denkmale und Erinnerung, Berlin 1995).

2 Viktor Klemperer: Ich will Zeugnis ablegen bis zum letzten. Tagebücher 1933–1945, Berlin 1995

zum politischen Leben entzündete. Die Heraufkunft des rassistischen deutschen Antisemitismus seit Ende des 19. Jahrhunderts sorgte dafür, dass sich viele deutsche Juden stets eine kritische Distanz zum politischen Geschehen bewahrt hatten, was dem öffentlichen Leben zugute kam.

Alle Suche nach den Spuren des verlorenen deutsch-jüdischen Erbes verstärkt nur das Gefühl des unersetzbaren Verlustes. Mühsam wird das verlorene Erbe archiviert: Else Lasker-Schüler, Nelly Sachs, Stefan Zweig, Walter Benjamin, Hannah Arendt, Kurt Tucholsky, Lion Feuchtwanger, Arnold Schönberg, Albert Einstein, Walter Benjamin, Igor Strawinsky ... Dazu jene, die aus politischen Gründen flohen oder der Verfolgung erlagen: Carl von Ossietzky, Alfred Döblin, Thomas Mann, Heinrich Mann, Bruno Walter, Otto Klemperer, Bertolt Brecht, Rudolf Hilferding, Franz Werfel, Gustav Landauer ...

Die intellektuelle Verkümmerung Deutschlands konnte nach dem Krieg nicht mehr aufgeholt werden. Sie ist noch in der dritten Generation zu spüren.

Stattdessen entwickelte sich eine Kultur der Vorsicht, des Kleinmuts bzw. der ideologischen Borniertheit. Wie unter Schock steht die wissenschaftliche und literarische Produktion lange Jahrzehnte. Fluchtreflex und Innerlichkeit, ja mitunter auch Engstirnigkeit im Denken prägen das künstlerische und wissenschaftliche Nach-Denken der Jahrzehnte nach 1945. Bis heute lastet der Verlust an geistigem Potenzial auf dem öffentlichen Leben ebenso sehr wie auf dem wissenschaftlichen und kulturellen.

Eine Szene: Eine deutsche Stiftung verleiht einen Preis, der den Namen Hannah Arendts trägt. Nicht der deutsche Laudator, ein berühmter Soziologe, sondern ein italienischer Minister nimmt in einer anschließenden Podiumsdiskussion auf die Namenspatronin Bezug und spricht zum Begriff des «öffentlichen Wohls» bei Hannah Arendt. Warum hört man solche Rede so selten von deutschen Politikern? Weil eine Denkerin wie Hannah Arendt für sie der Geistesgeschichte angehört, in der Referenten nach passenden Zitaten suchen. Für den italienischen Politiker dagegen handelt es sich um politisches Denken, das nicht an Präsenz verloren hat.

Wie wenig große Literatur ist nach dem Epochenbruch durch Nationalsozialismus und Kommunismus in Deutschland Ost und West entstanden. Im Rückblick drängt sich der Eindruck auf, als sei nach Heinrich Bölls frühen Romanen und Erzählungen, nach Günter Grass' Danziger Trilogie und nach der dramatischen, noch vom Pathos des Proletkults der Weimarer Republik zehrenden antifaschistischen Literatur der vierziger und frühen fünfziger Jahre in der DDR kein literarisches Werk erschienen, das den Zivilisationsbruch als Jahrhundertereignis literarisch überzeugend und weltoffen hätte darstellen können. Rückzug in die Selbstanklage oder in das Biedermeier des sozialistischen Realismus, in die provinzielle Innerlichkeit, in das Klein-Klein einer Betroffenheitsprosa, die den Bezug zur Welt verweigert, dominierten in den fünfziger und sechziger Jahren. Eine gewiss verständliche Reaktion auf das Trauma und die Ideologisierung der Kultur, die nichtsdestotrotz verheerende Folgen hatte. Die Revolte der Studenten und jungen Intellektuellen im Westen vermochte diese Lähmung nur teilweise zu überwinden.

Man gewinnt den Eindruck, als dächten und schrieben Schriftsteller, Künstler oder wissenschaftlich Arbeitende noch heute wie von einer unsichtbaren Hand gebremst. Italienische Freunde fragen, wo denn die deutsche Philosophie geblieben sei, sie spiele jedenfalls – gemessen an der Vorkriegszeit – international keine Rolle mehr. Ich werfe Namen ein – und ernte ein höfliches Nicken. Die Antwort liegt auf der Hand, sie ist jedoch offensichtlich nur von außen so deutlich wahrzunehmen: Nicht plötzlicher Abbruch der Intelligenz ist die Ursache für die Abwesenheit des deutschen Diskurses auf internationaler Ebene, sondern ein intellektueller Einbruch im Gefolge der Katastrophe, der zu einem Weltverlust führte und zu einer antinationalen Wir-Bezogenheit.

Im öffentlichen Raum hat stattdessen ein antiintellektueller

Pragmatismus Platz gegriffen, der seine Opfer fordert. Die Geringachtung der Geisteswissenschaften, die einseitige Verherrlichung von Natur- und Wirtschaftswissenschaften, der schleichende, von Institutionen und Lehrplänen geförderte Verlust jener reichhaltigen, scheinbar zu nichts nutzenden Bildung, jenes Wissens und jener Phantasie, die im 18. und 19. Jahrhundert dazu dienen sollten, die «Humanität des Menschengeschlechts» (Herder) weiterzutragen, sie sind gewiss auch der allgemeinen Ökonomisierung des öffentlichen Lebens zu verdanken. Man findet sie in allen westlichen Ländern. Aber in Deutschland verbindet sich die zeitgemäße Wegwerfhaltung mit einem Verlust an historischer Tiefendimension. Es hat den Anschein, als habe es – zumindest im Westen Deutschlands – nach 1945 eine heimliche Übereinkunft aller gegeben, den alten Ballast wegzuwerfen. Zwei Generationen später ist daraus der weit verbreitete Zweifel geworden, ob denn Wissen über die eigene Geschichte überhaupt noch notwendig sei. Denn einen Arbeitsplatz kann man ja in der Regel damit nicht erwerben.

Gewiss, das kollektive Vergessen der Geschichte ist keine nur deutsche Eigenart; gewiss auch, dass die nationalistische deutsche Geschichtsideologie historisiert und nicht aktualisiert werden sollte. Aber welches Geschichtsbild hinterlassen die heute Tätigen eigentlich den nächsten Generationen?[3] Wie die Nachkommen anderer europäischer Völker benötigen auch die Deutschen ein öffentliches historisches Gedächtnis, das weiter zurückreicht als bis 1933 und das nicht deterministisch geprägt ist. Freilich, so unbefangen wie in den europäischen Nachbarvölkern lässt sich dieses öffentliche Gedächtnis nicht gestalten. Aber dies entbindet doch nicht davon, es zu gestalten. Es ist sicher von Vorteil, dass sich nationalistisches Gepränge in Deutschland ad absurdum geführt hat. Aber die neue, nüchterne und offene Form der geschichtlichen Tiefendimension will noch gefunden

---

3 Diese Einstellung ist die Kehrseite jenes Historismus in der Architektur. In Segmenten überlebt die Geschichte, doch sie wird zur Dekoration.

werden. Wie stellt man die geschichtliche Leistung eines Luther dar, der gleichzeitig einem volkstümlichen Antisemitismus Vorschub leistete und den deutschen Hang zum Rückzug in die Innerlichkeit verstärkte? Welcher Platz wird einem Bismarck im öffentlichen Gedächtnis eingeräumt, der der letzte Friedenspolitiker im Zeitalter des Imperialismus war und gleichzeitig den deutsch-französischen Krieg zu verantworten hatte? Wie wird man sich in drei Generationen an die Weimarer Republik erinnern? Als nationales Unglück, als Betriebsunfall, als vertane Chance? Es gäbe viel zu tun.

Vorerst jedoch sind die Deutschen, die von der Vergangenheit nicht loskommen, die ersten darin, sie abzuschaffen. Überall schlägt die *Tabula-rasa*-Einstellung der «Macher» zu, jener Funktionäre der Reform, die darunter Anpassung an einen übermächtigen Zeitstrom verstehen. Statt «Deutschland, Deutschland über alles», heißt es nun: Globalisierung, Ökonomisierung, Effektivierung über alles. Das, was in den Reden mancher Industriemanager, Politiker und Wissenschaftsmanager als unnützer Ballast, bestenfalls Nischenwissen für Spezialisten preisgegeben wird, ist ein öffentliches Erbe, welches, einmal verspielt, nicht so ohne weiteres wieder zurückgeholt werden kann. Der deutsche Pragmatismus, diese Ideologie des Agierens, dieser ewige Wiederaufbau, ist in eine Art bewusstlose Dynamik geraten. Noch 50 Jahre nach Kriegsende sind wir in Berlin und in Ostdeutschland mit dem Wiederaufbau beschäftigt, als ob es einen Wieder-Aufbau geben könnte.

Das Gegenstück zu diesem Pragmatismus ist die Abwesenheit von Intellektualität, das Abgeschnittensein von der Tradition, vom intellektuellen Hinterland, das Zugedecktsein mit einer Vergangenheit, die auf verquere Art und Weise zu einer Obsession geworden ist. Der Preis, den wir für diese Art «Normalität» zahlen: Uns fehlt die Freiheit im Denken. Die «deutsche Angst», sie lässt uns nicht los.

In beiden Deutschlands hat das Trauma von Nationalsozialismus und Kommunismus zu einer paradoxen Wirkung geführt:

- zu einer Moralisierung des öffentlichen Denkens und gleichzeitig
- zu einer Ökonomisierung und Privatisierung der öffentlichen Sphäre.

Es ist verständlich, dass die Deutschen in Ost und West wieder auf der Seite des Guten stehen wollten. Ihre Bereitschaft zum Mit-Leiden ist groß, ihre schier unbegrenzte Hilfsbereitschaft bei Katastrophen irgendwo auf dem Globus spricht Bände. Sie wissen, wie das Böse aussieht. Die Kehrseite dieser Fähigkeit zum Mit-Leiden: Nach wie vor werden alle Untaten auf dieser Welt entweder auf ihre sozialen Folgen reduziert. In diesem Blickwinkel werden das Rote Kreuz und die UN-Hilfsorganisationen zu Ersatzorganisationen für die Zivilgesellschaft. Oder alles Übel wird an Auschwitz gemessen. Mit paradoxen Folgen: Deutsche Minister legitimierten 1999 die deutsche Beteiligung an den Bombenangriffen der NATO auf serbische Einrichtungen im Kosovo mit dem Verweis auf Auschwitz. Um das verbrecherische Handeln der serbischen Soldateska in Bosnien und im Kosovo zu qualifizieren, wurde an die Ermordeten von Auschwitz erinnert: So etwas dürfe sich nicht wiederholen. Mit anderen Worten: Im Kosovo wiederhole es sich. Als sich nach dem Krieg herausstellte, dass manche Fotografien manipuliert, auch Massengräber nachträglich arrangiert und Zahlen gefälscht worden waren, kam peinliche Verlegenheit auf. Das alles macht die serbischen Untaten nicht ungeschehen, lässt aber doch nach dem rechten Maß in der Beurteilung des Geschehens fragen.

Es scheint nach wie vor schwierig zu denken, dass das Wüten der serbischen Soldateska eine Dimension des Verbrechens darstellt, die mehr mit der serbischen Geschichte, dem Zerfall der Gesellschaften in den ehemaligen jugoslawischen Teilstaaten und modernen Formen des Guerilla-Terrorismus zu tun hat als mit einer Ähnlichkeit zu Auschwitz. Die deutsche Hypermoralisierung öffentlicher Debatten hat zu einer Überfrachtung des Geschehens mit symbolischer Dramatik und im Endeffekt zu einem Realitätsverlust geführt, der gefährliche Folgen haben kann. Zum einen kann dies dazu führen, dass weniger megalomanische Verbrechen nicht mehr angemessen wahrgenommen werden; zum anderen kann man die Natur der Verbrechen nicht mehr erkennen, wenn sich jedwedes Geschehen in der Auschwitz-Metapher auflöst. Auschwitz als universales Paradigma zu sehen, ist so verführerisch, wie es falsch ist. Es ist verführerisch, weil es das Maximum an Grauen repräsentiert und wir dazu neigen, jedes neue Verbrechen mit einer Hyper-Vokabel zu stilisieren. Es ist falsch, weil zum Beispiel die modernen Verbrecherbanden auf Regierungsebene in semitotalitären Staaten etwas Neues sind, die nicht durch den Vergleich mit anderen Terrorsystemen erklärt werden können. Neu an diesem Typus von Terror ist auch, dass die Täter aus der Geschichte ihre Lehren gezogen haben und sich unter Berufung auf Auschwitz selbst als Opfer stilisieren: so geschehen von den serbischen Tschetniks, die ihr Morden zynisch zur Gegenwehr eines von der Weltöffentlichkeit zum Opfer erkorenen Volkes erklärten.

Der moralische Rigorismus, der hierzulande um sich gegriffen hat, hat etwas typisch Deutsches an sich. In ihm zeigt sich hinter der tiefen Prägung durch das Trauma auch die Lust am Absoluten. Nur schlecht verbirgt sich die negative Faszination des Totalitären. Wir kommen davon nicht los. Wollen wir davon nicht loskommen?

Die paradoxe Situation, dass ein Volk von Übeltätern zur Nation der Moralhüter geworden ist, produziert Opportunismus gegenüber realen und vermeintlichen Kritikern. Wir wissen es angeblich immer schon besser. Dass auch Griechen und Türken, Inder und Australier, Chinesen und Japaner, Spanier, Südafrikaner, Nordamerikaner Erfahrung mit Genoziden und deren Folgetraumata auf Seiten der Opfer *und* der Täter haben, interessiert uns vor allem insoweit, als wir unser – nicht zu vergessen: zunächst keineswegs freiwilliges, sondern von den demokratischen Gesellschaften des Westens erzwungenes – öffentliches Umgehen mit Schuld und Verantwortung als vorbildlich ansehen, was es in gewisser Weise auch ist. Aber die Selbstbezüglichkeit im Umgang mit deutscher Schuld und Verantwortung ist mitunter schon erschreckend. Und sie führt dazu, dass die politische Dimension des Geschehens, die auch in der Mitverantwortung für die Gestaltung einer zivilisierten Welt liegt, allzu oft in den Hintergrund tritt. An deren Stelle tritt dann manchmal eine Art opportunistische Abwartehaltung.

Warum verhalten sich die Deutschen oftmals vor allem gegenüber Amerikanern noch immer als Empfänger und nicht auch als Geber? Warum begründen kluge Männer die Wichtigkeit der europäischen Integration noch immer mit der Notwendigkeit, die Deutschen in Europa «einzubinden» und nicht damit, ein freies Europa aufzubauen? Die Antwort ist komplizierter, als es zunächst scheint.

Noch immer wirft die Geschichte lange Schatten. Noch immer kommen neue Zusammenhänge und Verantwortlichkeiten ans Licht; immer wieder gibt es Verbrechen und willige Kooperation aufzudecken. Noch immer werden – zumal auf europäischer Ebene – neue Fakten bekannt. Doch man hat den Eindruck, dass sich alle an der Katastrophe Beteiligten mit der geschilderten Rolle der Deutschen bequem eingerichtet haben.

Zur Aufrechterhaltung des Bildes der Deutschen von sich selbst tragen auch die anderen Beteiligten auf der Weltbühne bei, so auch die ehemaligen Siegernationen. Auf Spuren der deutschen Verklemmung stößt man zum Beispiel, wenn man die *New York Times* aufschlägt. Deren politische Kommentatoren wähnen Deutschland immer noch und immer von neuem auf dem Weg ins «Vierte Reich».

Man trifft das Bild von den bösen Deutschen wieder, wenn französische Intellektuelle ihren Nachbarn wahlweise einen obskuren «Schuldkomplex» (Emmanuel Todd) oder eine mangelnde Bewältigung ihrer Vergangenheit vorwerfen, wie es zum Beispiel immer wieder gerne Jean-Pierre Chevènement tut, auch wenn es «nur» um die Frage geht, ob das zukünftige Europa zentralistisch oder föderalistisch strukturiert werden soll.

Als schwarzer Humor nur unzureichend verkleidet wird das Klischee zum ständigen Begleiter bei der Lektüre der englischen Boulevardpresse. Da werden deutsche Botschafter als «mit der DNA eines Jagdfliegers» ausgestattet tituliert, weil ihre Väter oder Verwandten seinerzeit Offiziere waren. Kinder an der deutschen Schule in London werden von Gleichaltrigen als Nazis beschimpft. Laut einer Umfrage halten englische Schulkinder Bosnien für ein besseres Ferienziel denn Deutschland.[4] Man könnte solche Einstellungen mit Heiterkeit übergehen, wären sie nicht auch Ergebnis einer kulturellen Dauerprägung, die sich seit 1945 in europäischer Dimension perpetuiert hat: Die Deutschen sind schuldig. Die Schuld hat sich verselbständigt, ist zu einer eigenen Rede- und Denkkultur herangewachsen. Solche Rollenzuschreibungen sind historische Konfigurationen, die sich vom Geschehen gelöst haben und nicht vergehen wollen – und nicht Ausdruck etwa von originärer Xenophobie oder ausgeprägtem Hass auf die Deutschen. Sie zeigen, dass auch die anderen Völker mit dem furchtbaren Geschehen im 20. Jahrhundert nicht angemessen umgehen können. Solange dies so bleibt, wird die gemeinsame politische Verantwortung zwischen den europäischen Staaten und Gesellschaften nur unter Aussparung des geschichtlichen Erbes wahrgenommen werden können, was wiederum zur Aussparung einer wichtigen politischen Dimension Europas führt.

Offensichtlich trifft zu, was François Furet bemerkte: Es gibt seit 1945 eine Art «universelle Übereinkunft, die über das traditionelle ‹Schande den Besiegten› ... weit hinausgeht ... Sie verleiht einer politischen Verurteilung die Unversöhnlichkeit einer moralischen Empfindung.»[5] Und die *post festum* nachgeholt hat, was beim Geschehen selbst versäumt wurde.

Jean Améry beschreibt diese Unversöhnlichkeit aus zwanzig

---

[4] Vgl. Gina Thomas: Kalau liegt in England. Wie britische Medien den deutschen Botschafter verabschieden, in: FAZ, 14. 10. 1999

[5] François Furet: Das Ende der Illusion, a.a.O., 1995, S. 447

Jahren Distanz und der Perspektive desjenigen, der gelitten hat: «Nicht nur der Nationalsozialismus – *Deutschland* war Gegenstand eines allgemeinen Gefühls, das vor unseren Augen aus Haß zu Verachtung erstarrte. Nie wieder würde dieses Land, wie man damals sagte, ‹den Weltfrieden gefährden›. Mochte es leben, aber nicht mehr als das. Mochte es als Kartoffelacker Europas diesem Kontinent mit seinem Fleiß dienen, doch mit nichts anderem als ihm. Man sprach viel von der Kollektivschuld der Deutschen. Es wäre eine glatte Wahrheitsbeugung, gestände ich hier nicht ohne alle Bemäntelung ein, daß es mir recht war so. Mir schien, ich hätte die Untaten als kollektive erfahren: Vor dem braungewandeten NS-Amtswalter mit Hakenkreuzbinde hatte ich auch nicht mehr Angst gehabt als vor dem schlichten feldgrauen Landser.»[6]

Fremdbild und Selbstbild sind, so scheint es, in einer unauflöslichen dialektischen Beziehung befangen, die sich inzwischen habitualisiert hat. Man kommt nicht mehr davon los. Doch die politische Union Europas verlangt nach einem politischen Neuanfang.

Die Deutschen selbst sind über fünfzig Jahre in eine Gemengelage aus schlechtem Gewissen, einsichtsvoller Erkenntnis und (Selbst-) Stigmatisierung hineingewachsen, aus der sie sich nur mühsam herausarbeiten. Diese Rolle ist ihnen angepasst, und sie haben sich ihr angepasst. Jedenfalls ist sie so ausgeprägt, dass der gesamte öffentliche Diskurs davon beeinflusst wird: In Deutschland will man die europäische Einigung, damit Europa die Deutschen im Zaume hält. Man begründet die starke Rolle des Staates damit, die Wiederholung von «Weimarer Verhältnissen» verhindern zu wollen. Geschichtsunterricht oder Politische Bildung werden als deshalb notwendig dargestellt, weil sich Auschwitz nicht wiederholen dürfe und nicht etwa, weil eine lebendige politische Kultur die beste Grundlage jedes Gemeinwesens ist. Deutschland betreibt die Aussöhnung mit Polen aus

---

6 Jean Améry: Jenseits von Schuld und Sühne, a.a.O., S. 105 f.

Gründen der Wiedergutmachung und nicht mit der Maxime, dass man von den polnischen Nachbarn unter Umständen auch lernen könnte, was republikanische Kultur ist. Deutsche Regierungen unterstützen das semidiktatorische Regime in Russland und ignorieren seinen mörderischen Krieg gegen Tschetschenien mit dem Argument, dass Russland nicht abermals gedemütigt werden dürfe nach all dem Leid, das der deutsche Überfall im Krieg angerichtet hatte. Es vermischen sich hier begründete politische Rücksichtnahme, Ignoranz und wirtschaftliche Interessen.

Natürlich werden unter dem Mantel dieses Diskurses auch ganz normale Interessen durchgesetzt, aber begründet wird Politik noch immer, und wenn nicht explizit, so doch implizit durch die zur Schau gestellte Haltung: ‹Wir haben unsere Lektion gelernt›.

Was einmal wie eine «gerechte» Lösung des Antagonismus zwischen Opfern und Tätern aussah, dass nämlich die Nation, aus der das Verbrechen hervorging, die Folgen des Verbrechens auf unabsehbare Zeit zu tragen hat, hat inzwischen zum Verschwinden des Politischen in Europa geführt.

Über Generationen ist Deutschland von der Überlagerung der politischen Sphäre durch ein kollektives schlechtes Gewissen, das Politik durch Gesinnung und Opportunismus ersetzt, geprägt worden. Inzwischen hat sich das schlechte Gewissen mehr und mehr von seiner Ursache gelöst, es kreist um sich selbst. Wir sind wie fasziniert von der Schuld, denn wir sind darin die Einzigen, die «Besten». Selbst noch in der Sühne für das Verbrechen sind wir die Besten. Wir stellen eine Lust an der Schuld zur Schau.

Auschwitz ist zur «Chiffre» geworden, deren Bedeutung weit über den Ort und das furchtbare Geschehen hinausgeht. Eine Chiffre aber ist abstrakt; und daher kann sie manipuliert werden. Hinter vorgehaltener Hand hört man von nicht wenigen, wie verlogen die Attitüde des permanenten Schuldbekenntnisses sei. Doch wenn einer sein Unbehagen laut ausspricht, wie der Schriftsteller Martin Walser in einer öffentlichen Rede, dann steht die politische Korrektheit über dem Nachdenken. Dabei geht vielleicht verloren, dass in dieser Rede ein wichtiges Problem der politischen Kultur der Bundesrepublik offen zutage trat: Der Schriftsteller äußerte sein Unbehagen als Privatperson; er sah sich nicht in der Lage, das von ihm Kritisierte als öffentliches Problem zu formulieren.

Die Schuld ist das Jahrhundertparadigma, das wir mit in das neue Jahrtausend nehmen – und mit ihm ein reduziertes Verständnis von Politik, als liege in der verbalen Moralisierung ein legitimerer Zugang zur Politik als im Austausch über Möglichkeiten, Interessen, Differenzen, Konflikte im Gemeinwesen und zwischen den Staaten. Die Moralisierung der Politik jedenfalls hindert nicht daran, an Militärdiktaturen oder Semidiktaturen Waffensysteme zu liefern.

Dieser Schuld-Opportunismus ist eine glänzende Verbindung eingegangen mit dem Glauben an die allein selig machende Kraft der Wirtschaft. Den Platz, den der große Soziologe Max Weber als den Platz des «Prestige» im Gefüge einer Nation bezeichnet hat, das Selbstwertgefühl, hat ein veritabler «Wirtschaftschauvinismus» eingenommen.[7] Den Glauben an die selig machende Wirkung des wirtschaftlichen Wachstums haben die Deutschen im Westen begeistert von den Amerikanern übernommen; im sozialistischen Osten versuchte man diese Strategie passiv und glücklos seit den siebziger Jahren nachzuahmen. Nur haben wir übersehen, dass in den Vereinigten Staaten eine jahrhundertealte Fähigkeit zur politischen Selbsterneuerung (auch wenn sie sich nicht immer zeigt) hinter dem wirtschaftlichen Optimismus steht. Und manche scheinen ebenso zu vergessen, dass die Ursache des wirtschaftlichen Desasters in der Sowjetunion und im gesamten Osten die fehlende politische Freiheit war.

---

7 Vgl. Alphons Silbermann und Manfred Stoffers: Auschwitz: Nie davon gehört? Berlin 2000, S. 76

Das nahezu grenzenlose Vertrauen in den ökonomischen Erfolg, dessen Faszination wir mit vermutlich allen modernen Gesellschaften teilen – auch dieses Vertrauen führt in Deutschland zur Verinnerlichung des Schuldgefühls zurück. Das Vertrauen in die Wirtschaft beruht zugleich auf einer Vermeidungsstrategie: bloß nicht «politisch» werden, kein politisches Profil zeigen, es könnte falsch ausgelegt werden.

Dieses Arrangement haben die Deutschen mit sich und der Welt getroffen, damit sie bei den Interessen, die ihnen nun die wichtigsten sind, unbefangen agieren können. Denn sie sind ja die Musterschüler der Demokratie. Sie haben diese Lektion gelernt: dass man Ideologien nicht mehr vertrauen darf, nur noch der Wirtschaft. Denn Wirtschaft ist ja ideologiefrei ...

Die Tendenz, öffentliches politisches und geschichtliches Denken mit Daten über den Aktienmarkt beiseite zu drängen, verbindet sich auf eine ungute Weise mit einem deutschen Hang zum Rückzug aus der öffentlichen Sphäre. Nachdem die deutsche Gesellschaft in der Zwischenkriegszeit gewalttätig politisierte und sich gegen eine demokratische Zivilisierung sperrte, haben sich die deutschen Eliten nach 1945 weitgehend in Abstinenz vom politischen Diskurs geübt, die erst in den sechziger Jahren teilweise aufgebrochen wurde. So haben gesellschaftliche Bereiche eine überdimensionierte Bedeutung bekommen, ohne dass ihre politische Dimension auch nur angesprochen wird.

Dies ist ein bekanntes Phänomen in Deutschland, und es wird nur von wenigen infrage gestellt. Tatsächlich führt aber diese Überlagerung des Politischen durch wirtschaftliche und soziale Interessen zu einer Schwächung der Rolle der Bürgerinnen und Bürger. Die viel beklagte Passivität derer, die sich vom Staat ernähren lassen müssen, weil sie keine Arbeit finden, sie zeigt auch, dass hier ein Bereich weggebrochen ist: die Selbstverantwortlichkeit des Bürgers, der den berechtigten Anspruch auf Unterstützung mit Eigeninitiative verbindet.

Am Beispiel des alt-neuen deutschen Rechtsradikalismus lässt sich etwas Ähnliches zeigen: Die Reduzierung des Gemeinwesens auf den Sozialverband hat in den ostdeutschen Bundesländern zu einer noch um vieles gegenüber dem Westen gesteigerten Erwartungshaltung in den Staat geführt. Und je mehr dieser den Erwartungen entgegenkommt, desto mehr scheint die Unzufriedenheit zuzunehmen. Es ist überdeutlich, dass in diesem Falle die politische Autorität des demokratischen Gemeinwesens fehlt. Da sich das Gemeinwesen nicht zeigt, entsteht ein leerer Platz der öffentlichen Macht, ein Vakuum, das dann der jugendliche Protest und seine Manipulateure einnehmen. Indirekt ist im Protest noch die Ambivalenz spürbar zwischen der enttäuschten Erwartungshaltung in den Staat und einer als Entmündigung empfundenen Reduzierung des Bürgers auf den Empfänger von staatlichen Leistungen ohne Gegenleistung.

Heute ist Politik zur Funktion des Sozialen geworden, ohne dass die politische Funktion des Sozialen diskutiert werden kann. Politik ist Sozialpolitik, Wirtschaftspolitik, Gesundheitspolitik, allenfalls (für die wenigsten) noch Außenpolitik. Das Politische – der Bezug der Bürgerinnen und Bürger auf das Gemeinwesen, das mehr ist als ein Interessenkonglomerat oder eine hehre Idee – droht in der Fürsorgefunktion des Staates zu verschwinden. Dies ist deshalb so problematisch, weil hier auch ein schwacher Punkt der Zivilgesellschaft liegt. Wenn es keinen Bezug der Bürgerinnen und Bürger untereinander mehr gibt, wird der Staat zum Adressaten einer kollektiven Erwartungshaltung, und die Bürger entmündigen sich selbst. Wenn es keine Sphäre zwischen Bürgern und Staat gibt – der öffentliche Austausch über Wohl und Wehe des Gemeinwesens –, dann wird das Staatswohl zum Gemeinwohl. Und damit wird die unselige deutsche Tradition fortgesetzt, den Staat vor das Gemeinwesen zu setzen und letzteres bis zur Unkenntlichkeit zu schwächen.

Diese Überlagerung der politischen Sphäre teilen die Deutschen mit der französischen, der amerikanischen oder der italienischen Gesellschaft. In der ganzen westlichen Welt ist die Politik zur Dienerin der sozialen Nöte und Bedürfnisse der modernen Gruppen-Gesellschaften geworden. Alexis de Tocqueville hat diesen Bruch bereits im 19. Jahrhundert in seinem metaphorischen Alptraum über die Gesellschaft der Zukunft so treffend beschrieben, als hätte er die Deutschen – und nicht die Amerikaner – vor Augen.

«Ich will entwerfen», schreibt Tocqueville, «unter welchen neuen Zügen der Despotismus sich in der Welt einstellen könnte: Ich sehe eine unübersehbare Menge ähnlicher und gleicher Menschen, die sich rastlos um sich selbst drehen, um sich kleine und persönliche Freuden zu verschaffen, die ihr Herz ausfüllen. Jeder von ihnen ist, ganz auf sich zurückgezogen, dem Schicksal aller anderen gegenüber wie unbeteiligt: seine Kinder und seine besonderen Freunde sind für ihn die ganze Menschheit; was seine übrigen Mitbürger angeht, so ist er zwar bei ihnen, aber er sieht sie nicht; er berührt sie, aber er spürt sie nicht; er lebt nur in sich und für sich selbst, und wenn ihm auch noch eine Familie bleibt, so kann man doch zumindest sagen, ein Vaterland hat er nicht mehr.

Über diesen Bürgern erhebt sich eine gewaltige Vormundschaftsgewalt, die es allein übernimmt, ihr Behagen sicherzustellen und über ihr Schicksal zu wachen. Sie ist absolut, ins Einzelne gehend, pünktlich, vorausschauend und milde (...) sie sucht (...) die Menschen unwiderruflich in der Kindheit festzuhalten; sie freut sich, wenn es den Bürgern gut geht, vorausgesetzt, dass diese ausschließlich an ihr Wohlergehen denken ... Auf diese Weise macht sie den Gebrauch des freien Willens immer überflüssiger und seltener (...) und entwöhnt jeden Bürger allmählich der freien Selbstbestimmung.»[8]

Tocquevilles Albtraum kehrt zu Beginn des 21. Jahrhunderts in der Schwäche der westlichen Gesellschaften wieder, ein angemessenes politisches Selbstverständnis hervorzubringen und das Überhandnehmen einerseits von staatlicher Macht und andererseits von gesellschaftlicher Gruppenmacht auszubalancie-

---

8 Alexis de Tocqueville: Über die Demokratie in Amerika, ausgewählt und hg. von J. P. Mayer, Philipp Reclam jun., Leipzig 1985, S. 343 f.

ren. Es hat den Anschein, als würden die westlichen Gesellschaften in dem Maße, in dem sie sich als Konglomerat von Interessengruppen definieren, auf vormoderne Formen des Gemeinschaftsbewusstseins (wie zum Beispiel ethnische Identität) zurückfallen oder hypermoderne, auf biologische Kriterien gegründete Identitäten (wie etwa Rasse, Minderheit oder Geschlecht) quasi neu erschaffen. In diesen Identitäten verschwindet das Politische. Im ethnischen Mythos oder im Kampf der Interessengruppen um Anerkennung und Verteilungsgerechtigkeit taucht es bis zur Unkenntlichkeit verzerrt auf. In den Verfahrensprozeduren des Interessenausgleichs verschwindet es. In allen diesen Konzeptionen wird deutlich, dass die westlichen Gesellschaften – und nicht nur die deutsche – über die zwiespältige Möglichkeit verfügen, die politische Sphäre, die sie geschaffen haben, zu zerstören, und dass ihre Erneuerungskräfte von dieser Selbstschwächung in Mitleidenschaft gezogen werden.

Hier taucht ein Motiv auf, das Hannah Arendt in den auseinander brechenden europäischen Zivilgesellschaften im Zeitalter des Imperialismus entdeckte: der Nihilismus der bürgerlichen Gesellschaft, der seinen Widerschein in den populistischen Bewegungen der Straße findet, die dann das Zerstörungswerk vollbringen (siehe die Dreyfus-Affäre in Frankreich; siehe die völkische Bewegung in Deutschland nach dem Ersten Weltkrieg). Die Bedingungen, unter denen dieser latente Nihilismus gedeiht, sind: Aushöhlung der parlamentarischen Kontrolle; Verfall der politischen Autorität, Erosion der politischen Instrumentarien (wie der Schaffung von Gegengewichten gegen die Dominanz einer Interessengruppe); unkontrollierter Machtzuwachs des Lobbyismus; omnipräsente Protesthaltung großer Gruppen der Bürgerinnen und Bürger. In solchen Prozessen der Selbstschwächung enthüllt sich, dass Demokratie unter Umständen (zum Beispiel in einer langanhaltenden wirtschaftlichen Krise) auf konkurrierende Gewaltpotenziale zurückfällt, wenn die politische Autorität weggebrochen ist. Dann zeigt sich, dass die Firnis über all den politischen Bauwerken, Regularien und Prinzipien dünn ist, das Politische wird schließlich auf das Gewaltmonopol reduziert.[9]

Es hat den Anschein, als finde diese Erosion gegenwärtig in Ansätzen in den westlichen Gesellschaften statt, und als sei Deutschland darin die heimliche Vorreiterin.

Der französische Historiker François Furet verweist auf Spuren des gleichen Phänomens seit der Französischen Revolution: den Selbsthass der europäischen bürgerlichen Elite auf ihre eigene Klasse, ihre Tendenz, das politische Regelwerk, das sie schuf, nicht für schützenswert zu halten.[10] Furet spricht von einem «Charakteristikum der modernen Demokratie, das sicherlich einzigartig in der Weltgeschichte ist: die unbegrenzte Fähigkeit, Menschen hervorzubringen, die das soziale und politische System verabscheuen, in das sie hineingeboren sind; die die Luft hassen, die sie atmen, obwohl sie die Grundlage ihres Lebens ist ... (Ich) denke ... dabei an diese grundlegende politische Leidenschaft, die in der Demokratie verankert ist, an diese übersteigerte moralische Prinzipientreue, die in der modernen Gesellschaft alle, auch den Bürger selbst, zum Feind des Bürgers macht.»[11]

Furet spricht von den europäischen Gesellschaften seit Mitte des 19. Jahrhunderts, in denen sich die Faszination für den Sozialismus – und im 20. Jahrhundert für den Faschismus – aus der leidenschaftlichen Abneigung gegen die Ergebnisse der bürgerlichen Revolution und ihre Schattenseiten (Korruption und Pfründenwirtschaft) entwickelte. Auch er thematisiert die Fähigkeit zur Selbstzerstörung.

Spuren dieses Phänomens findet man in der Verachtung der Intellektuellen für die schwächliche Republik von Weimar, in der Hinwendung von Schriftstellern von Format zur Sowjetunion (Bertolt Brecht, Georg Lukács, Johannes R. Becher, Gustav Reg-

---

9 Hannah Arendt: Elemente und Ursprünge totaler Herrschaft, a.a.O., S. 266
10 Vgl. François Furet: Das Ende der Illusion, a.a.O., S. 17 ff., S. 28 ff.
11 Vgl. Furet: a.a.O., S. 30

ler und andere) oder aber zum Nationalsozialismus (Martin Heidegger, Carl Schmitt und andere). Man findet Anklänge davon in den militanten Teilen der Studenten- und Intellektuellenrevolte von 1968, bei denen, die die Demokratie nicht als den Rahmen sahen, innerhalb dessen für Öffnungen und Reformen gestritten wurde, sondern als hassenswertes «System» apostrophierten. Man findet schließlich die latente und offene Verachtung für das Politische nicht nur bei Intellektuellen, sondern auch bei Industriellen.

Alle diese Elemente haben die Rolle und das Selbstverständnis der Bürger in der Demokratie bis zur Unkenntlichkeit schrumpfen lassen.

Hierzulande hält man – laut Umfragen – in schön populistischer Manier alle Politiker für korrupt und das Parlament günstigstenfalls für ohnmächtig. Dies sind Einstellungen, die man auch schon im 19. Jahrhundert finden kann. Und natürlich gibt es dafür Anlässe. Wo sind denn die Kontrollbefugnisse oder Kontrollmöglichkeiten der Parlamente gegenüber den außer Kontrolle geratenen internationalen Finanzströmen? Haben die Parlamente wirklich noch eine Zukunft, wenn gleichzeitig die Souveränität der Nationalstaaten im Namen des Zusammenschlusses von Europa abgebaut wird? Die politische Gestalt des neuen europäischen Raumes ist erst in Ansätzen sichtbar, und man gewinnt den Eindruck, als werde alles getan, um ihn durch eine Superbürokratie zu ersticken.

Doch zeigt sich hinter der deutschen Skepsis gegenüber der Politik und dem Politischen auch die mangelnde Herausbildung eines Sinnes für Wohl und Wehe des Gemeinwesens. Wir sind und bleiben «Vernunftrepublikaner». Dahinter verbirgt sich nicht nur die berechtigte Angst vor völkischer Gefühlsduselei – einen republikanischen Geist gibt es hierzulande nur als Gespenst –, sondern auch die Angst vor der Offenheit der Demokratie und des parlamentarischen Systems. Es ist paradox: In Deutschland akzeptiert man die Demokratie, weil sie wirtschaftlichen Wohlstand gebracht hat. Dagegen ist nichts einzuwenden, wenn nicht die Zustimmung parallel zum Auf- und Abstieg des Bruttosozialprodukts zu- und abnehmen würde. Denn auf das politische Regelwerk, auf die Demokratie und ihre Repräsentanten traut man sich nicht zu bauen.

Über die dringliche Erneuerung der Demokratie machen sich hierzulande nur wenige Gedanken, denn man glaubt, dass diese mit der periodischen Anrufung eines Wertehimmels (Die zehn Gebote, die soziale Solidarität, Anti-Rassismus) und des Bruttosozialprodukts geleistet wird. Dass zivile Tugenden nicht produziert werden können, sondern Teil einer langsam entstehenden Kultur sind, die sich auf das lebendige politische Regelwerk bezieht und auf das Selbstvertrauen der Bürger, das tritt dabei in den Hintergrund. Es geht darum, wie der Raum ausgestattet wird, in dem wir leben, denken, arbeiten, denn sein Mobiliar wird älter und brüchiger und müsste erneuert werden. Doch man tut so, als sei das Mobiliar für die Ewigkeit gemacht.

Die spezifisch deutsche Mischung aus einer Privatisierung des Denkens, dem Verlust der geschichtlichen Tiefendimension und der Traditionen, dem Ersatz von politischem Denken durch Moral und ein wirtschaftliches Sicherheitsdenken – sie ist eine beiläufige Folge der Modernisierung und zugleich eine nachhaltige Folge der Vergangenheit. Daher trifft es nicht zu, dass die Deutschen – wie manche europäische Nachbarn aufgrund der deutschen Wirtschaftsmacht argwöhnen – den Krieg hinterrücks gewonnen hätten. Im Gegenteil: Sie haben das ganze Jahrhundert so entschieden verloren, dass sie nur weiterleben können um den Preis der Verleugnung dieses Verlustes.

Was die Deutschen unter der Schirmherrschaft der Amerikaner gewonnen haben, ist ein demokratisches Rahmenwerk westlichen Typs. Was sie verloren beziehungsweise nur kümmerlich entwickelt haben, ist ihr *public spirit*, ihr geistiges Potenzial. Mittlerweile hat sich eine borniertes Zufriedenheit mit dieser Reduzierung des Gemeinwesens auf den Sozialstaat und des Bürgers auf den Bourgeois – oder, seine Kehrseite, den Sozialhilfeempfänger – eingestellt. Sie ist ungerüstet für die Unwägbarkeiten zukünftiger Herausforderungen. Mit dieser Zufriedenheit ist die noch immer tief sitzende Angst vor dem Fremden und das ängstliche Kreisen um die Identität – als könne sich diese durch bloße Selbstschau einfinden – durchaus zu vereinbaren.

Nur scheinbar sieht die Lage in Deutschland Ost anders aus. In Wirklichkeit hat sich unter dem Schutzschirm der posttotalitären Herrschaft eine ähnliche Befindlichkeit herangebildet. Viele Bürger sind die verkörperte Erwartungshaltung an den Staat. Die positive und die negative Abhängigkeit vom Staat ist seit 1989 eher noch ausgeprägter und die Angst vor der Übernahme von Verantwortung ist eher noch stärker geworden. Auch im Osten sind die Deutschen nur halb in dieser Welt: Nur der Wirtschafts- und Sozialbürger tritt auf die Bühne. Der Bürger des öffentlichen Lebens hat sich seit Jahrzehnten in die Privatheit zurückgezogen. Der *citizen*, er lässt sich verleugnen. Eigentlich will er sich am liebsten ganz verdrücken.

Die Rede von der Transnationalität der Deutschen, so gut gemeint sie auch daherkommt, ist auf der Verleugnung des *citizen* aufgebaut. Auch kluge Leute sind allen Ernstes der Meinung, die Deutschen hätten – als aufgeklärte Reaktion auf die Verbrechen des Nationalsozialismus – das Zeitalter des Nationalstaats übersprungen und könnten nun der Welt zeigen, was danach kommen müsse: der Weltstaat. Der braucht den Weltbürger. Woher aber nehmen und nicht stehlen, wenn man dem *citizen* nur ein stiefmütterliches Dasein in der Kellerecke reserviert hat? Auch hier stößt man wieder auf ein Paradox: Das Zeitalter der Globalisierung braucht den *citizen* mehr denn je; Bürger und Politiker agieren jedoch, als ob politisches Handeln nach wie vor auf staatliches Handeln begrenzt sei.

Wenn die Deutschen auf europäische Irritationen mit Zukunftsentwürfen à la «Weltgesellschaft» und «Weltbürger» antworten, so zeigt sich hierin eine Art negativer Nationalismus. Er verdankt sich dem kollektiven schlechten Gewissen, das Nation mit Rassismus gleichsetzt. Eine solche negationistische Einstellung gegenüber der Frage nach der politischen Form des Gemeinwesens ist aber denkbar ungeeignet, um die Konflikte und die Auseinandersetzungen der Gegenwart und der Zukunft zu bestehen. Weder kann zum Beispiel der gewalttätige Rechtsradikalismus mit dem Hinweis in die Schranken verwiesen werden, der Begriff der Nation habe sich überholt, noch kann dadurch ein anderer Umgang mit der Einwanderungsfrage entstehen. Die Kombination von negativem Nationalismus, antipolitischer Interessenpolitik und privaten rassistischen Angstpotenzialen könnte vielmehr eine tödliche Mischung ergeben.

Eine zivile Identifikation mit dem Gemeinwesen bietet besseren Schutz vor der Wiederkunft einer Ära totalitärer Herrschaft als das repetitive Zuschaustellen einer moralischen Gesinnung. Wie aber sähe ein solches Gemeinwesen aus? Es ist aufschlussreich, wie die Spannung zwischen Wirtschaft und Politik vor zweihundert Jahren diskutiert wurde. Für den Königsberger Philosophen Immanuel Kant lag das Problem nicht darin, wie man moralisches Handeln in der politischen Sphäre durchsetzen könne. Eher anders herum wurde ein Schuh daraus: «Das Problem der Staatserrichtung ist, so hart wie es auch klingt, selbst für ein Volk von Teufeln (wenn sie nur Verstand haben), auflösbar und lautet so: ‹Eine Menge von vernünftigen Wesen, die insgesamt allgemeine Gesetze für ihre Erhaltung verlangen, deren jedes aber in Geheim sich davon auszunehmen geneigt ist, so zu ordnen und ihre Verfassung einzurichten, daß, obgleich sie in ihren Privatgesinnungen einander entgegen streben, diese einander doch so aufhalten, daß in ihrem öffentlichen Verhalten der Erfolg eben derselbe ist, als ob sie keine solche böse Gesinnungen hätten.›»[12]

Die Kunst des politischen Stiftens besteht demnach darin, einen Zustand herzustellen, in dem auch der Teufel Mensch nicht wollen kann, dass seine eigennützigen Absichten zum allgemeinen Gesetz des Handelns würden, denn dann würde er ge-

---

12 Immanuel Kant: Zum ewigen Frieden, a.a.O., S. 224

wärtigen müssen, das Nachsehen zu haben, wenn andere ihn übervorteilen. Er hat also durchaus ein Interesse an der Aufrechterhaltung allgemeiner Regeln. Die *conditio sine qua non* dieser Konstruktion ist freilich, dass alle Teufel vernunftbegabt sind und wissen, wo die Grenze zwischen öffentlicher und privater Sphäre liegt. Mit anderen Worten: Ein Gemeinwesen muss so gebaut sein, dass auch schlechte Menschen gute Bürger sein können. Die gute Verfassung, nicht die moralische Ausrichtung des Einzelnen ist ausschlaggebend für das Gemeinwesen. Und wenn das Gemeinwesen Schaden erleidet, ist nicht die Berufung auf die Moral das Heilmittel, nach dem man suchen sollte, sondern die Reform des Regelwerks.

Kants Vertrauen, dass es sich bei der modernen Staatsform ähnlich wie in der Antike um einen überschaubaren Raum handele, in dem man die Teufel bändigen kann, dieses Vertrauen teilen wir gleichwohl nicht mehr. Im Stadium der Transformation der europäischen Nationalstaaten, in dem noch nicht deutlich sichtbar ist, welche politische Form ein zusammengewachsenes Europa annehmen wird, scheint sich jene Überschaubarkeit des Ortes immer mehr aufzulösen. Die Überschaubarkeit weicht zunehmend einer Diffusität der Orte und der Waren- und Geld-Ströme, die für sich keineswegs mehr autonom sind, wovon Kant noch ausgehen konnte.

Sicher ist, dass der Nationalstaat des 18. oder 19. Jahrhunderts nicht im Zentrum der Globalisierung stehen wird, auch wenn manche französische Intellektuelle bis heute davon überzeugt sind. Ebenso gewiss ist aber auch, dass die einfache Übertragung nationalstaatlicher demokratischer Regularien (Parlamente, Zentralregierungen) auf überstaatliche oder globale Räume die politischen Prozesse abstrakter und anonymer macht und das Misstrauen der Bürgerinnen und Bürger weckt.

Die mittel- und osteuropäischen Nationalstaaten, die nach 1989 wieder entstehen, sind gewiss nicht mehr dieselben wie in der Vorkriegszeit. Es ist jedoch kein Zufall, dass ihre Völker mitnichten den Nationalstaat «übersprungen» haben. Wohin hätten sie springen sollen? Woher hätte die politische Regeneration kommen können, wenn nicht aus den Überresten des zivilen Gemeinwesens – beziehungsweise, wie in Polen, aus Institutionen wie der katholischen Kirche oder der Solidarność-Bewegung – und aus der Erinnerung an die Fähigkeit der Bürger, ihr Gemeinwesen selbst aufzubauen?

In Mittel- und Osteuropa zeigt sich jedoch auch, wie sich der wirtschaftliche und der politische Aufbauprozess gegenseitig blockieren können, wenn die öffentliche Sphäre vom Kampf wirtschaftlicher Interessengruppen usurpiert oder auf ein Ensemble von Verfahrensregelungen reduziert wird, wenn es also keinen politischen Raum gibt. Dort zeigt sich, dass der Aufbau einer wirtschaftlichen Struktur ohne zivile Grundlagen zu einem wilden Kapitalismus führt, der üble Konsequenzen zeitigt: Massenarmut, Kriminalität, Aushebelung der Marktwirtschaft zugunsten vorkapitalistischer Akkumulationsmethoden, tiefe Unsicherheit bei den Bürgern. Gerade vor dem Hintergrund der ost- und mitteleuropäischen Szenerie wird deutlich, wie falsch die in den USA entwickelte These (zum Beispiel bei Samuel Huntington) ist, Marktwirtschaft und Demokratie stünden zueinander in einem Ursache-Wirkungs-Verhältnis. Marktwirtschaft macht Demokratie zwar möglich, aber keineswegs notwendig.

Andersherum wird ein Schuh daraus: Wenn es nicht von allem Anfang an ein Wechselspiel zwischen dem institutionellen, kulturellen und politisch-öffentlichen Aufbau der Demokratie und der Entstehung der Marktwirtschaft gibt, wenn also demokratische Verfahren und Mentalitäten nicht schon beim Aufbau mitwachsen, dann kann die wirtschaftliche Dynamik sich sowohl gegen die Marktwirtschaft selbst als auch gegen die Demokratie richten. Diktaturen sind sehr wohl mit Marktwirtschaft vereinbar, wie man aus den letzten hundert Jahren zur Genüge weiß. Offensichtlich gibt es keinen generativen Automatismus zwischen Marktwirtschaft und Demokratie, wohl aber ein kompliziertes Wechselverhältnis.

Auch die diffuser und offener gewordene Welt braucht bezeichenbare Räume und Orte. Sie braucht sie als physische Orte – die Städte, die Kommunen, die Heimat(en), die Landschaften – wie als symbolische Orte. Politisches Denken lässt sich nur auf Erfahrungsräume beziehen. Mindanao ist kein Erfahrungsraum für die Bewohner des Hunsrücks, wohingegen Marseille, Thessaloniki, Mailand und Kopenhagen sehr wohl Orte einer erweiterten Erfahrung für die Kinder und Enkel der Familien im Hunsrück sein werden. Die Vernetzung der nationalen Rechtsordnungen, der Warenströme und der Finanzsysteme ist inzwischen so engmaschig geworden, dass man von der Eröffnung eines erweiterten Erfahrungsraums ausgehen kann. Die Generationen der Zukunft werden nach europäischem Recht leben und wirken. Es ist – auch jenseits des virtuellen Raums des Internet – ein erheblich erweiterter Raum im Vergleich zu der Zeit von vor fünfzig oder vor hundert Jahren. In diesem erweiterten Raum spielen Orte nach wie vor eine wichtige Rolle für die Selbstvergewisserung, die Sicherheit und das Wohlbefinden der Bürgerinnen und Bürger. Es sind die Orte, in denen sie wohnen, in denen sie arbeiten, in denen sie sich versammeln, zu denen sie reisen. Diese Orte sind offener als früher für die Welt, sie sind und bleiben jedoch die Kristallisationspunkte für menschliche Beziehungen, für Handlungsräume.

Die offene Welt – sie braucht den *citizen* als die Figur, die sich diese Räume und Orte aneignet. Der *citizen*, das ist die gesammelte Fähigkeit der Bürger, ihrem Zusammenleben Sinn zu verleihen und zum Beispiel gegen jedes überhand nehmende Einzelinteresse ein Gegengewicht zu schaffen. Dies ist ein unabschließbarer Prozess. So wie Einzelinteressen immer wieder überhand nehmen, werden sich die Gegengewichte erneuern müssen.

Übersetzt für heute heißt das: Die gewiss wünschenswerte Verinnerlichung von Werten ersetzt nicht die Fähigkeit, ein öffentliches Gemeinwesen zu stiften und zu tragen. Aus den Überzeugungen von moralisch denkenden Individuen oder Gruppen ergibt sich noch kein Allgemeinwohl. Sehr wohl aber müsste das Eigeninteresse am Erhalt des Gemeinwesens gestärkt werden. Es geht also nicht darum, gegen die individuellen Interessen im Namen des Gemeinwohls zu sprechen, sondern das Aufeinander-angewiesen-Sein von Eigeninteresse, Verfassung und politischem Gesamtrahmen in der öffentlichen Sphäre deutlicher werden zu lassen. Der *citizen* muss aus dem Schatten heraustreten, in den er sich zurückgezogen hat. Wenn er – oder sie – in die Öffentlichkeit der Nachbarschaft, der Schule der Kinder, des städtischen Beirats tritt und an dem Geschehen Anteil nimmt, nimmt er – oder sie – aus eigenem Interesse Anteil am Wohl des Gemeinwesens. Denn das zeigt sich nicht nur auf der Ebene der «großen Politik», sondern auch in den Bereichen, wo die Interessen von Menschen direkt aufeinander treffen. Doch zeigt es sich nur dann, wenn es nicht auf den Sozialverband der Bedürftigen reduziert wird. Es gilt nicht nur, dass ohne politische Freiheit kein ziviles Zusammenleben möglich ist, sondern auch, dass Freiheit ein vergängliches Gut ist, das erneuert werden will.

Verantwortung des *citizen* für das Gemeinwesen besteht nicht nur in den alle vier Jahre stattfindenden Wahlen, sondern auch in der Sorge um die angemessene Erziehung, in der Auseinandersetzung mit den radikalen Protestkulturen.

Verantwortung besteht nicht nur darin, dass Auschwitz «nie wieder passieren darf», sondern in der Erneuerung und der Sorge für ein demokratisches Gemeinwesen, das sich in den letzten fünfzig Jahren – zum ersten Mal in der deutschen Geschichte – herausgebildet hat. Seine Stabilität aber ist kein Geschenk.

Mitunter gewinnt man den Eindruck, als herrsche hierzulande das Bewusstsein vor, das Gemeinwesen sei eine staatliche Angelegenheit, um das sich dieser gefälligst zu kümmern habe; schließlich füttere man den gefräßigen Staat ja ständig mit Steuern. Dass die Bürger selbst dieses Gemeinwesen sind und es am Leben halten, das hat hierzulande leider wenig Tradition. An diese, wenngleich nur bruchstückhaft in Deutschland vorhandene, Tradition müsste angeknüpft werden.

Politik kann nicht darin bestehen, politisches Handeln aus der Schuld zu betreiben. Es gibt keine Politik der Schuld, sondern nur eine der Freiheit. Politisches Handeln im Namen der Schuld bleibt immer der Schuld verhaftet – und den Schulden. Politik der Schuld ist Politik des schlechten Gewissens, das sich – unbewusst und bewusst – zu entschulden sucht. Folgenreicher noch: eine Politik der Schuld kann nicht transformiert werden in eine Politik der Freiheit, denn sie nimmt die Realität der Welt nur teilweise wahr. Sie orientiert sich an der «Wiedergutmachung» bzw. an der Vermeidung der Schuld und nicht an der Öffnung von neuen Horizonten und Handlungsmöglichkeiten. Wenn deutsche Außenpolitik mit dem Verweis auf Auschwitz begründet wird, zeugt dies weder von politischem Weitblick noch von Kenntnis der Lage, sondern von einem schlechten Gewissen. Aber hier liegt auch eine der Ursachen für die deutschen Unsicherheiten, Unbeholfenheiten, die latente Aggression, das «Man muss doch mal wieder normal sein dürfen». Historisch war die Politik der Schuld ein aus den Umständen verständlicher, erzieherischer Imperativ der westlichen – und der östlichen – Welt gegenüber Westdeutschland. Diese Politik der Schuld befindet sich heute in einer Falle: Einerseits wird die Schuld in Schulden umgewandelt und somit die Hoffnung genährt, es lasse sich durch einen gleichsam marktförmigen Prozess doch noch ein «Schlussstrich» ziehen. Andererseits beharrt ein Teil der Öffentlichkeit darauf, dass hinter den Schulden eine unsühnbare moralische Schuld stehen bleibt.

Wozu dient es, die Bürger dieser Republik nicht als Bürger, sondern als Täterkinder oder Täterenkel zu apostrophieren? Politisches Handeln kann nur auf Verantwortung und dem Bewusstsein fußen, in Freiheit handeln zu können.

Ein Umdenken in dieser Frage ist aber nur zu erreichen, wenn der dezidiert antipolitische Pragmatismus der westdeutschen politischen Klasse, der die Zufriedenheit der Bürger ausschließlich an das Wachstum bindet, geöffnet werden kann. Nur dann kann – möglicherweise – die Wichtigkeit des politischen Ge-

meinwesens, also der Verfassung, der Institutionen und der Rechtsordnung, die den öffentlichen Raum schützen *und* die zentrale Bedeutung des *citizen* im öffentlichen Raum, sichtbar werden.

Politik darf nicht zur Geisel der Moral werden, dann es gibt falsche Moral. Moral darf nicht zur Geisel der Politik werden, denn es gibt falsche Politik. Politik beginnt eine Handlungskette, die zu Bösem und Gutem führen kann. Das politische Handeln nimmt darauf Einfluss, aber sein Ergebnis kann nicht vorherbestimmt werden. Das Böse kann nicht ausgeschlossen werden, indem man es bannt. Es ist und bleibt als Gefahr in der modernen Demokratie präsent.

Gerade deshalb darf es aber auch nicht zum dunklen Leitstern politischen Denkens und Handelns werden. Aus Lust an der Schuld entsteht schwerlich die Liebe zur Freiheit, aus Angst vor der Wiederkehr einer Vergangenheit entspringt noch nicht der Mut, sich einer offenen Zukunft zu stellen. Die Selbsterneuerung des politischen Gemeinwesens aber erfordert Mut. Denn auch das ist eine Lehre aus der deutschen – und der europäischen – Geschichte: Totalitäres Denken und Handeln können dort Raum greifen, wo die Kraft des demokratischen Gemeinwesens zur Selbsterneuerung schwindet, weil zu viele der Meinung sind, das politische Gebäude sei nicht mehr als ein funktionaler Apparat im Dienste von Interessengruppen.

In diesem Kontext hat die Erinnerung an Auschwitz eine zentrale Bedeutung, weil sie auf die mögliche Präsenz des Bösen hinweist. Aber diese Präsenz erschöpft sich eben nicht darin, dass sich Gleiches wiederholen könnte.

Danksagung

Dieser Text ist mit den Debatten der letzten Jahre über Schuld, Erinnerung und Vergessen gewachsen.

Inniger Dank gebührt all denen, die geduldig zugehört, gelesen und mich durch ihre Fragen kräftig geplagt haben.

Gerhard Kraiker und Marie-Luise Knott haben geduldig mitgelesen und mich mit reichhaltigen kritischen Hinweisen versorgt.

Dieter Simon brachte mich mit seinen Punktlandungen im Text immer wieder in Teufels Küche.

Yaak Karsunkes abendlicher Vortrag hat das altbekannte Gedicht «Die Lüge» von Bertolt Brecht zu neuem Leben erweckt und mich so auf eine Idee gebracht.

Jörg Friedrich gab mir wertvolle Hinweise auf die anhaltende Diskussion über den Ersten Weltkrieg.

Maria Kreiner hat geduldig Literatur beschafft und dadurch zum Zustandekommen des Buches wesentlich beigetragen.

Last but not least, Frank Strickstrock hat mal wieder eine Engelsgeduld an den Tag gelegt.